"十三五"职业教育规划教材

职业教育汽车类专业互联网＋多媒体融合创新示范教材

汽车发动机构造与维修

QICHE FADONGJI GOUZAO YU WEIXIU

李胜永　叶建学　张国琛　主　编
张琎翔　江　滔　李永辉　陶金忠　副主编

化学工业出版社

·北京·

内容简介

《汽车发动机构造与维修》以专业教学标准为依据，讲解了发动机认知、曲柄连杆机构、配气机构、汽油机电控燃油喷射系统、柴油机燃油供给系统、润滑系统、冷却系统、点火系统等方面内容，理论与实践有机结合，突出专业实践技能经验积累培养，重视启发学生思维和培养学生运用知识的能力。本书内容深入浅出，难易适中，全彩色印刷，实物图片清晰美观。

本书配套了丰富的课程资源。运用"互联网+"形式，通过二维码嵌入动画、高清微视频、微课；配套多媒体PPT课件，与纸质教材无缝对接。

本书可作为高职高专院校、中等职业学校汽车类专业的教材，也可作为汽车维修技术人员培训用书，并可供相关技术人员参考使用。

图书在版编目（CIP）数据

汽车发动机构造与维修 / 李胜永，叶建学，张国琛主编 . —北京：化学工业出版社，2020.12
"十三五"职业教育规划教材　职业教育汽车类专业互联网+多媒体融合创新示范教材
ISBN 978-7-122-38172-9

Ⅰ.①汽⋯　Ⅱ.①李⋯ ②叶⋯ ③张⋯　Ⅲ.①汽车-发动机-构造-职业教育-教材②汽车-发动机-车辆修理-职业教育-教材　Ⅳ.①U472.43

中国版本图书馆CIP数据核字（2020）第243697号

责任编辑：韩庆利　　　　　　　　　　装帧设计：刘丽华
责任校对：王鹏飞

出版发行：化学工业出版社（北京市东城区青年湖南街13号　邮政编码100011）
印　　装：北京瑞禾彩色印刷有限公司
889mm×1194mm　1/16　印张16½　字数451千字　2021年4月北京第1版第1次印刷

购书咨询：010-64518888　　　　　　　　售后服务：010-64518899
网　　址：http://www.cip.com.cn
凡购买本书，如有缺损质量问题，本社销售中心负责调换。

定　　价：59.80元　　　　　　　　　　　　　　　　　　　　　版权所有　违者必究

前 言

为了适应我国高等职业教育教材建设和信息化教学改革的需要，在深入分析汽车维修行业实际需求的基础上，根据高等职业教育培养高技能型、应用型人才的要求和最新的高等职业学校专业教学标准，编写了"职业教育汽车类专业互联网+多媒体融合创新示范教材"。

教材在编写过程中，紧紧围绕课程标准，书中内容以完成工作任务为目标，注重理实一体教学；通过理论知识的介绍和相关视频、动画，了解汽车相关知识和操作技能；通过现场实操，熟悉并掌握汽车必备技能的使用。本系列教材具有以下特点：

1. 编写理念先进。以就业为导向，以学生为主体，注重职业核心能力的培养，注重做中学、做中教，教学做合一，理实一体。

2. 教学内容科学。按照岗位需求、课程目标选择教学内容，体现"四新"、必须和够用。将国内外新知识、新技术引入教材，以体现内容上的先进性和前瞻性。

3. 教材结构合理。按照职业领域工作过程的逻辑确定教学单元；以项目、主题、任务、活动、案例等为载体组织教学单元，体现模块化、系列化。

4. 编写队伍强大。编写人员构成合理，行业企业深度参与；编写团队汇聚职教汽车专业名校名师、全国大赛金牌教练、行业知名职教专家。

5. 课程资源丰富。以课程开发为理念，运用互联网+形式，通过二维码嵌入高清微视频、微课；开发多媒体PPT、电子教案，与纸质教材无缝对接。

《汽车发动机构造与维修》教材较好地吸收了当前高职教育最新理论和实践研究成果，符合高职教育人才培养目标定位要求。教材内容深入浅出，难易适中，突出专业实践技能经验积累培养，重视启发学生思维和培养学生运用知识的能力。全书共分为发动机认知、曲柄连杆机构、配气机构、汽油机电控燃油喷射系统、柴油机燃油供给系统、润滑系统、冷却系统、点火系统8个单元。可作为高职高专院校、中等职业学校汽车类专业的教材，也可作为汽车维修技术人员培训用书，并可供相关技术人员参考使用。

《汽车发动机构造与维修》由江苏航运职业技术学院李胜永和山东劳动职业技术学院叶建学、张国琛主编，副主编为兰州现代职业学院张琎翔、合肥职业技术学院江滔、周口职业技术学院李永辉、江苏航运职业技术学院陶金忠，参加编写的有新乡职业技术学院郜振海、河南工学院侯锁军、河南交通职业技术学院崔源、河南交通职业技术学院秦军磊、河南交通职业技术学院贾东明。本书在编写过程中，参考和借鉴了大量的相关资料和书籍，并得到许多汽车企业的帮助，在此一并向有关作者和工程技术人员致以诚挚的谢意！

由于编者水平所限，书中难免有不妥之处，恳请广大读者批评指正。

编　者

目录

单元一 发动机认知

项目一 发动机类型及工作原理
任务一　发动机类型识别 …………………………… 001
任务二　发动机基本术语 …………………………… 006
任务三　发动机工作原理 …………………………… 009

项目二 发动机基本结构认识
任务　认识发动机基本结构 ………………………… 013

项目三 发动机主要性能指标及编号
任务一　认识发动机主要性能指标 ………………… 017
任务二　发动机编号识别 …………………………… 019

单元二 曲柄连杆机构

项目一 机体缸盖组的构造与检测
任务一　汽缸盖和油底壳的拆装与检测 …………… 022
任务二　汽缸体的检测 ……………………………… 027

项目二 活塞连杆组的构造与检测
任务　活塞连杆组的拆装与检测 …………………… 033

项目三 曲轴飞轮组的构造与检测
任务　曲轴飞轮组的拆装与检测 …………………… 044

项目四 曲柄连杆机构故障的诊断与排除
任务　曲柄连杆机构常见故障的诊断与排除 ……… 053

单元三 配气机构

项目一 配气机构的构造与拆装
任务　配气机构的拆装 …………………… 058

项目二 气门传动组的构造与检测
任务　气门传动组的拆装与检测 …………… 066

项目三 气门组的构造与检测
任务　气门组零件的检测 …………………… 072

项目四 配气机构故障的诊断与排除
任务　气门间隙的检测与调整 ……………… 079

单元四 汽油机电控燃油喷射系统

项目一 空气供给系统的组成与检测
任务一　进气测量装置的构造与检测 …………… 088
任务二　进气量调节装置的构造与检测 ………… 098
任务三　废气排放装置的构造与检测 …………… 109

项目二 燃油供给系统构造与维修
任务一　电动燃油泵的构造与检测 ……………… 115
任务二　喷油器构造与检测 ……………………… 122

项目三 电子控制系统构造与检测
任务一　传感器的构造与检测 …………………… 128
任务二　ECM 的构造与控制功能 ……………… 136

项目四 电控燃油喷射系统常见故障的诊断与排除
任务　电控燃油喷射系统常见故障的诊断与排除 ……… 140

单元五　柴油机燃油供给系统

项目一　传统柴油机燃油供给系统的构造与检修

任务一　柴油机可燃混合气的形成与燃烧过程 ………… 148
任务二　传统柴油机燃油供给系统的组成与检测 ………… 152
任务三　喷油泵的构造与检测 ………………………… 157
任务四　喷油器的构造与检测 ………………………… 167
任务五　传统柴油机燃油供给系统常见故障的诊断与排除 … 170

项目二　柴油机电控燃油喷射系统的组成与检修

任务一　柴油机电控燃油喷射系统的组成及主要传感器的
　　　　检测………………………………………… 174
任务二　共轨柴油机常见故障的诊断与排除 …………… 192

单元六　润滑系统

项目一　润滑系统的构造与检修

任务　润滑系统主要部件的拆装与检测 ………………… 196

项目二　润滑系统故障诊断与排除

任务　润滑系统常见故障的诊断与排除 ………………… 209

单元七　冷却系统

项目一　冷却系统的构造与检修

任务　冷却系统主要部件的拆装与检测 ………………… 215

项目二　冷却系统故障诊断与排除

任务　冷却系统常见故障的诊断与排除 ………………… 230

单元八　点火系统

项目一　点火系统的组成与检修

任务一　点火系统的组成与工作原理认知 ················ 234
任务二　点火系统主要部件的构造与检测 ················ 241

项目二　点火系统典型故障的诊断与排除

任务　火花塞缺火的故障诊断与排除 ················ 250

参考文献 ················ 256

单元一　发动机认知

单元描述

发动机是汽车的动力源,是把其他形式的能量转化为机械能的机器。汽车发动机是由多种机构和系统组成的复杂机器,现代汽车发动机的结构形式很多,本单元要求会识别各种汽车发动机类型及型号,掌握汽车发动机的工作原理和主要性能指标,了解汽车发动机的组成。

项目一　发动机类型及工作原理

项目导入

汽车发动机类型很多,不同类型的发动机有不同的特点,甚至工作原理也有所不同。通过本项目学习,能了解到不同类型发动机的特点和工作原理,同时掌握发动机的基本结构和术语。

任务一　发动机类型识别

知识目标:
1. 理解并掌握发动机的作用;
2. 熟悉发动机的基本分类。

能力目标:
1. 能识别主要发动机的类型;
2. 能比较各类型发动机的特点。

针对不同类型发动机,通过标识及外观特征能说出发动机类型及其特点。

发动机是汽车的动力源。现代汽车发动机主要采用的是往复活塞式内燃机。本书所提及的发动机,无特别说明均指往复活塞式内燃机。发动机的作用是通过燃料在汽缸内的燃烧将化学能转化为热能,再把热能通过膨胀转化为机械能并对外输出动力。汽车发动机的分类方法有很多,按照不同的分类方法可以把发动机分成不同的类型。

一、按照活塞运动方式分类

汽车发动机按照活塞运动方式的不同,可以分为往复活塞式和旋转活塞式两种。活塞在汽缸内做往复直线运动的发动机称为往复活塞式发动机(图1-1);活塞在汽缸内做旋转运动的发动机称为旋转活塞式发动机,这种发动机又称为三角活塞转子发动机(或转子发动机),还称为米勒循环发动机(图1-2)。

图1-1 往复活塞式发动机

转子发动机与往复活塞式发动机相比,具有体积较小、重量轻、重心低、高功率容积比(发动机工作容积较小就能输出较多动力)、曲轴平衡简单、转速高、振动和噪声较低、故障率低等优点。但是其制造成本高昂,耐用性也低于往复活塞式发动机。转子发动机成功运用于市场产品的仅有马自达RX系列跑车。

图1-2 旋转活塞式发动机

二、按照所用燃料分类

汽车发动机按照所使用燃料的不同可以分为汽油机和柴油机。使用汽油为燃料的发动机称为汽油机(图1-3);使用柴油为燃料的发动机称为柴油机(图1-4);另外也有一些发动机使用其他液体或气体(如酒精、植物油、天然气等)为燃料,这些发动机往往根据结构和工作原理也划入汽油机或柴油机之列。

汽油机与柴油机相比较各有特点:汽油机转速高,体积小,重量轻,工作中振动及噪声小,启动容易,制造成本低,但热效率和经济性不如柴油机,适合于中、小型汽车,尤其是高速汽车的使用;柴油机转速低,压缩比大,热效率高,燃料消耗率低,经济性能和排放性能比汽油机好,但体积大、重量重,工作中振动及噪声较大,启动性差(尤其是低温时),价格高,超负荷运转时容易冒黑烟,最大功率时的转速低,适合于载货汽车的使用。但随着发动机电控技术的发展,柴油机在噪声、启动性、排放等方面的缺点逐渐克服,开始越来越多地应用于轿车。

图1-3 汽油机

图1-4 柴油机

三、按照行程分类

汽车发动机按照完成一个工作循环所需的冲程数可分为四冲程发动机和二冲程发动机。曲轴转两圈（720°），活塞在汽缸内往复运动四个行程，完成一个工作循环的发动机称为四冲程发动机（图1-5）；曲轴转一圈（360°），活塞在汽缸内往复运动两个行程，完成一个工作循环的发动机称为二冲程发动机（图1-6）。

二冲程发动机体积小、重量轻、功率大、结构简单、可靠性高、价格便宜，但油耗高、排放高，主要用于一些对重量、体积和可靠性要求较高的汽车或摩托车；四冲程发动机体积大、结构复杂、油耗低、排放低，价格相对较高，用于大多数汽车。

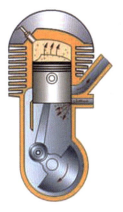

图1-5　四冲程发动机　　图1-6　二冲程发动机

四、按照冷却方式分类

汽车发动机按照冷却方式的不同可以分为水冷发动机和风冷发动机。利用在汽缸体和汽缸盖冷却水套中进行循环的冷却液作为冷却介质进行冷却的发动机称为水冷发动机（图1-7）；以空气作为冷却介质的发动机称为风冷发动机（图1-8）。

水冷发动机冷却均匀，水路和冷却强度可调节，工作可靠，冷却效果好，广泛地应用于现代车用发动机。风冷发动机结构简单，重量轻，维护和使用方便，对气候变化适应性强，启动快，不需要散热器，但缸体和缸盖刚度差，振动大，噪声大，容易过热。主要应用于对于重量要求轻的一些小型发动机、某些军用汽车、个别载货汽车及缺水地区。

图1-7　水冷发动机　　　　图1-8　风冷发动机

五、按照汽缸数目分类

汽车发动机按照汽缸数目的不同可以分为单缸发动机和多缸发动机。仅有一个汽缸的发动机称为单缸发动机（图1-9）；有两个以上汽缸的发动机称为多缸发动机（图1-10）。汽车发动机常用缸数有3、4、5、6、8、10、12、16缸等。

单缸发动机工作平稳性差，转速波动大，振动大，且随着转速或排量的增加而增大，但其结构简单，重量轻，结构尺寸小，制造成本较低，维护方便。多缸发动机在同等缸径下，排量和功率较大；在同等排量下，多缸发动机的缸径小，允许转速高，

图1-9　单缸发动机　　图1-10　多缸发动机

升功率大，运转平稳，振动与噪声较小。现代汽车都采用多缸发动机。

六、按照汽缸排列方式分类

汽车发动机按照汽缸排列方式的不同分为L形、V形、H形和W形四种。所有的汽缸均按同一角度排列成一个平面的发动机称为L形（直列式）发动机（图1-11）；所有的汽缸分成两组，呈V字形夹角排列在两个平面的发动机称为V形发动机（图1-12）；将V形发动机每侧汽缸再进行小角度的错开，从侧面看汽缸呈W字形的发动机称为W形发动机，W形发动机是德国大众专属的发动机技术（图1-13）；V形发动机左右两列汽缸之间的夹角等于180°的V形发动机又称为H形（水平对置式）发动机（图1-14）。

图1-11　L形发动机

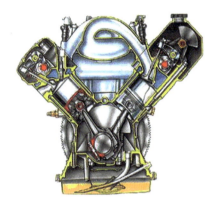

图1-12　V形发动机

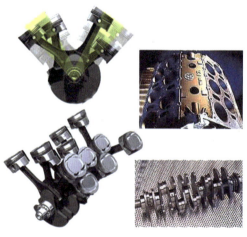

图1-13　W形发动机

图1-14　H形发动机

L形（直列式）发动机结构简单、体积小、制造成本低，但是L形发动机随着缸数的增加长度也将增加，缸数、最大功率同时也受到限制，主要有L3、L4、L5、L6形。几乎所有中档以下的国产车及采用四缸发动机的车型都是L形发动机。宝马的L6发动机在技术含量、性能表现上是直列发动机的极致。

V形发动机缩短了机体的长度和高度，高度的降低可以减小汽车的迎风面积，提高汽车的空气动力学性能；长度的缩短可以增加驾乘舱的空间，还可以扩大汽缸直径和汽缸数来提高发动机的排量和功率。V形发动机振动较小，运转平顺。但V形发动机结构复杂、制造成本高、保养和维修较为困难。V形发动机从V3到V5、V6、V8、V10、V12、V16都有，排气量可以从很小做到很大。

W形发动机比V形发动机的长度更短，重量更轻，体积更小。但W形发动机结构过于复杂，制造成本高昂，其宽度更大，发动机室更满。W形发动机是大众的专利技术，只有大众集团旗下的顶级车型上才使用W形发动机，目前主要有W12和W16。

H形（水平对置式）发动机的汽缸平放，降低了机体的高度和汽车的重心，增强了汽车的行驶稳定性和操控性；H形发动机较V形发动机运转平顺性更好、油耗更低、功率损耗更小。但水平对置发动机的结构复杂，造价和养护成本高，而且由于重力作用，在活塞的上侧润滑效果较差。富士WRX-Sti和保时捷911车都采用的是水平对置发动机。

七、按照进气系统是否采用增压方式分类

发动机按照进气系统是否采用增压方式可以分为自然吸气（非增压）式发动机和强制进气（增压）式发动机两种。将空气预先压缩后再供入汽缸的发动机称为强制进气（增压）式发动机（图1-15）；空气未经压缩直接供入汽缸内的发动机称为自然吸气（非增压）式发动机（图1-16）。

发动机增压可以分为机械增压、气波增压、废气涡轮增压、复合增压四种，其中废气涡轮增压是利用发动机排出废气的惯性冲力来推动涡轮室内的涡轮，涡轮带动同轴的叶轮压送空气。增压使进入燃烧室内的空气量增多，发动机的功率及扭矩可增大20%～30%。但采用增压技术后对发动机强度、机械加工精度、装配技术等要求更严格。

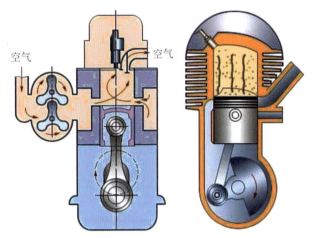

图1-15　强制进气式发动机　图1-16　自然吸气式发动机

一、填空题

1.汽车发动机按照活塞运动方式的不同，可以分为_____和_____两种。

2.汽车发动机按照所使用燃料的不同可以分为_____和_____。

3.汽车发动机按照完成一个工作循环所需的冲程数可分为_____发动机和_____发动机。

4.汽车发动机按照冷却方式的不同可以分为_____和_____两种。

5.汽车发动机按照汽缸数目的不同可以分为_____发动机和_____发动机。

6.汽车发动机按照汽缸排列方式的不同分为_____、_____、_____和_____四种。

7.发动机机按照进气系统是否采用增压方式可以分为_____式发动机和_____式发动机两种。

二、判断题

1.水冷发动机冷却均匀，工作可靠，冷却效果好。　　　　　　　　　　　　（　　）

2.同等缸数的V形发动机比L形发动机要紧凑。　　　　　　　　　　　　　（　　）

3.只有柴油机才能使用增压方式。　　　　　　　　　　　　　　　　　　　（　　）

4.转子发动机由于工作原理不同，所以不需要经过进气、压缩、做功、排气这四个过程。（　　）

三、名词解释

1. 增压发动机

2. L形发动机

3. V形发动机

4. H形发动机

5. W形发动机

四、问答题

1. 转子发动机的特点有哪些？

2. L形（直列式）发动机和V形发动机的特点各有哪些？

3. 二冲程发动机的特点是什么？

4. 单缸发动机有哪些优缺点？

任务二　发动机基本术语

知识目标：
掌握发动机的基本术语。

能力目标：
理解发动机的基本术语。

在发动机构造学习和维修实践操作中经常会涉及发动机方面的相关专业术语，本任务主要理解发动机基本术语的含义。

一、上止点

活塞在汽缸内做往复直线运动时，当活塞运动到距离曲轴旋转中心最远时活塞顶所处的位置，称为上止点（图1-17）。

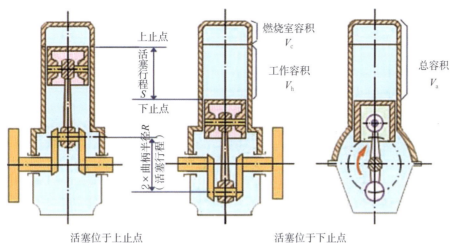

图1-17 发动机的基本术语

二、下止点

活塞在汽缸内做往复直线运动时,当活塞运动到距离曲轴旋转中心最近时活塞顶所处的位置,称为下止点(图1-17)。

三、活塞行程

活塞从一个止点到另一个止点所移动的距离,即上、下止点之间的距离称为活塞行程。一般用S表示,对应一个活塞行程,曲轴旋转180°(图1-17)。

四、曲柄半径

曲轴旋转中心到曲柄销(连杆轴颈)中心之间的距离称为曲柄半径,一般用R表示。通常活塞行程为曲柄半径的两倍,即$S=2R$(图1-17)。

五、汽缸工作容积

活塞从一个止点运动到另一个止点所扫过的容积,称为汽缸工作容积(图1-17)。一般用V_h表示:

$$V_h = \frac{\pi}{4} D^2 S \times 10^{-6} \text{ (L)}$$

式中　D——汽缸直径,mm;
　　　S——活塞行程,mm。

六、燃烧室容积

活塞位于上止点时,其顶部与汽缸盖之间的容积称为燃烧室容积(图1-17)。一般用V_c表示。

七、汽缸总容积

活塞位于下止点时,其顶部与汽缸盖之间的容积称为汽缸总容积。一般用V_a表示(图1-17)。
汽缸总容积就是汽缸工作容积和燃烧室容积之和,即$V_a = V_c + V_h$。

八、发动机排量

多缸发动机各汽缸工作容积的总和,称为发动机排量。一般用V_L表示:

$$V_L = V_h \times i$$

式中　V_h——汽缸工作容积;
　　　i——汽缸数目。

九、压缩比

压缩比是指气体压缩前的容积与气体压缩后的容积之比值,即汽缸总容积与燃烧室容积之比称为压缩比。压缩比表示了汽缸内气体的压缩程度，发动机实际的压缩比往往受汽缸密封程度的影响而改变。一般用 ε 表示。

$$\varepsilon = \frac{V_a}{V_c} = \frac{V_h + V_c}{V_c} = 1 + \frac{V_h}{V_c}$$

式中　V_a——汽缸总容积；
　　　V_h——汽缸工作容积；
　　　V_c——燃烧室容积。

通常汽油机的压缩比为 6～10，柴油机的压缩比较高，一般为 16～22。

十、工作循环

发动机完成进气、压缩、做功和排气四个过程叫发动机的一个工作循环。即每一个工作循环都包括进气、压缩、做功和排气过程。

一、判断题

1. 多缸发动机各汽缸的总容积之和，称为发动机排量。　　　　　　　　　　　　　　　　（　　）

2. 活塞上、下止点间的汽缸容积称为发动机排量。　　　　　　　　　　　　　　　　（　　）

3. 活塞行程是指上、下两止点之间的距离。　　　　　　　　　　　　　　　　　　　（　　）

4. 活塞行程是曲柄旋转半径的 2 倍。　　　　　　　　　　　　　　　　　　　　　　（　　）

5. 汽油机的压缩比小于柴油机的压缩比。　　　　　　　　　　　　　　　　　　　　（　　）

6. 活塞处于下止点时活塞上方的容积称为工作容积。　　　　　　　　　　　　　　　　（　　）

7. 活塞处于上止点时活塞上方的容积称为燃烧室容积。　　　　　　　　　　　　　　（　　）

8. 活塞总容积越大，发动机的功率就越大。　　　　　　　　　　　　　　　　　　　（　　）

二、名词解释

1. 上止点

2. 下止点

3. 活塞行程

4. 曲柄半径

5. 汽缸工作容积

6. 燃烧室容积

7. 汽缸总容积

8. 发动机排量

9. 工作循环

10. 压缩比

单元一　发动机认知

任务三　发动机工作原理

知识目标：
1. 掌握四冲程发动机的工作原理；
2. 了解四冲程发动机的工作循环过程。

能力目标：
1. 能够结合实物，准确认知主要零部件名称；
2. 能描述各工作行程的区别。

发动机类型较多，因此工作原理也有所差异。理解发动机的工作原理，对后面发动机的构造及维修的学习具有很重要的引导作用。

发动机是一种将燃料燃烧产生的热能转变成机械能的机器。这个能量转换必须经过进气、压缩、做功、排气四个过程，这四个过程叫作发动机的一个工作循环，工作循环不断地重复，就实现了发动机连续运转。

一、四冲程汽油机的工作原理

1. 进气行程

汽油机随着曲轴的旋转，活塞从上止点向下止点运动，这时进气门打开，排气门关闭（图1-18）。进气过程开始时，汽缸内残存有上一循环未排净的废气，随着活塞下移，汽缸内容积增大，压力减小，当压力低于大气压时，在汽缸内产生真空吸力，可燃混合气或纯空气（缸内直喷汽油机）经空气滤清器、进气管道、进气门等被吸入汽缸。

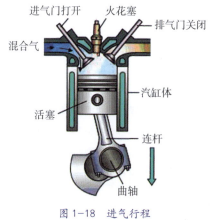

图1-18　进气行程

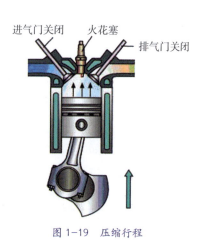

图1-19　压缩行程

汽油发动机
工作原理

四行程
工作过程

进气行程

009

压缩行程

做功行程

2. 压缩行程

活塞在旋转曲轴的带动下,从下止点向上止点运动(图1-19),这时进气门和排气门都关闭,汽缸内形成封闭容积,进入汽缸内的可燃混合气受到压缩,当活塞到达上止点时气体压力约为0.6~1.2MPa,温度可达600~700K(326.85~426.85℃)。

3. 做功行程

当活塞接近压缩行程至上止点(即点火提前角)位置时,火花塞产生电火花点燃混合气并迅速燃烧,这时进气门和排气门保持关闭,汽缸内的气体温度和压力急剧升高,推动活塞从上止点向下止点运动,通过连杆使曲轴旋转并输出机械能(图1-20)。

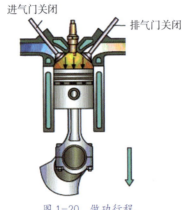
图1-20 做功行程

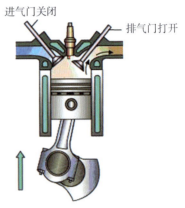
图1-21 排气行程

4. 排气行程

当做功接近终了时,排气门开启,进气门仍然关闭(图1-21),靠废气的残余压力先进行自由排气,活塞到达下止点再向上止点运动时,继续把废气强制排出到大气中去,活塞越过上止点后,排气门关闭,排气行程结束。

曲轴继续旋转,开始了下一个新的工作循环。

排气行程

二、四冲程柴油机与四冲程汽油机的主要区别

① 汽油机一般是在汽缸外形成可燃混合气(缸内直喷汽油机除外),而一般柴油机是在汽缸内形成可燃混合气。

② 在压缩行程,柴油机的压缩比大,而汽油机的压缩比小。

③ 点火方式不同,柴油机使用压燃式,汽油机使用点燃式。

④ 柴油机和汽油机燃烧室的构造不同。

⑤ 柴油机转速低,汽油机转速高。

柴油机工作可靠,寿命长,燃油消耗率低,使用经济性好,有一定的功率储备,能适应短期超载工作,一般噪声较大。汽油机噪声和振动小,但燃油消耗率高,经济性较差。

三、二冲程发动机的工作原理

二冲程汽油机的工作循环也是由进气、压缩、做功、排气四个过程组成,但它是在曲轴旋转一圈(360°),活塞上下往复运动的两个行程内完成的。因此,二冲程发动机与四冲程发动机工作原理不同,结构也不一样。

曲轴箱换气式二冲程汽油机的工作过程:这种二冲程汽油机的汽缸体上开有高度不同的三排孔,利用这三排孔分别在一定时刻被活塞打开或关闭来进行进气、换气和排气。当活塞向上运动到将三排孔都关闭时[图1-22(a)],活塞上部形成了密闭的空间并开始压缩混合气,此时压缩过程开始;活塞继续上行,活塞下方进气孔开始打开,可燃混合气进入曲轴箱,此时进气过程开始[图1-22(b)];活塞接近上止点时,火花塞点燃混合气,气体燃烧膨胀,推动活塞向下运动,此时做功过程开始[图1-22(c)],随后进气孔关闭,曲轴箱内的混合气受到压缩,当活塞接近下止点时,排气孔打开,排出废气,此时排气过程开始;活塞再向

下运动，换气孔打开，受到压缩的混合气便从曲轴箱经换气孔流入汽缸内，并扫除废气，此时换气过程开始[图1-22（d）]。

曲轴继续旋转，开始了下一个新的工作循环。

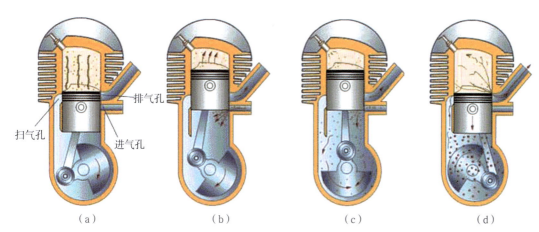

图1-22 二冲程发动机工作原理

转子发动机的工作原理

转子发动机是由德国科学家汪克尔发明的，全称为三角活塞转子发动机，是一种特殊的活塞式发动机。转子发动机的活塞形状是一个凸弧边三角形，当转子在近似椭圆的缸体内旋转时，弧边三角形的三个顶点与缸壁保持接触，从而使转子弧面同缸壁之间形成三个相互分隔的工作室。这三个工作室的容积大小随转子的转动而周期性变化，转子每旋转一周，各个工作室都能完成一次进气、压缩、做功、排气四个的工作过程（图1-23），这四个步骤同活塞往复式发动机的四个冲程相对应，从而形成完整的工作循环。

（a）进气　　　　（b）压缩　　　　（c）做功　　　　（d）排气

图1-23 转子发动机工作过程

转子发动机的工作原理

一、判断题

1. 四冲程柴油机的一个工作循环包括进气、压缩、做功、排气四个行程，但曲轴转一周。（　　）

2. 曲轴箱换气式二行程汽油机，汽缸上有三排孔，这三排孔的高度是一样的。（　　）

3. 柴油机在汽缸外形成可燃混合气，而一般汽油机则在汽缸内形成可燃混合气。（　　）

4. 四冲程发动机在压缩冲程中进、排气门都是开启的。（　　）

5. 汽油机有点火系统，而柴油机没有点火系统。（   ）

6. 在工作循环中，汽油机的进气终了压力稍高于大气压。（   ）

二、名词解释

1. 四冲程发动机

2. 二冲程发动机

三、问答题

1. 试分析汽油机和柴油机各有哪些特点。

2. 简述四冲程柴油机的工作过程。

3. 简述四冲程汽油机的工作过程。

4. 简述二冲程汽油机的工作过程。

项目二　发动机基本结构认识

项目导入

了解发动机的整体结构组成及各部分作用，对于发动机整体构造有初步的认识。

任务　认识发动机基本结构

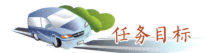

知识目标：
掌握发动机的基本组成。

能力目标：
1. 能够结合实物准确认识发动机的主要组成；
2. 能够简要描述发动机各主要组成部分的功用。

保证发动机持续正常工作，完成能量转换，实现工作循环，都必须具备特定的基本结构和系统。本任务就是要了解发动机的基本组成。

发动机是一种由许多机构和系统组成的复杂机器。无论是汽油机还是柴油机，要完成能量转换，实现工作循环，保证连续正常工作，都必须具备以下一些机构和系统。

一、曲柄连杆机构

曲柄连杆机构（图1-24）是发动机实现工作循环，完成能量转换的传动机构。在做功行程中，活塞承受燃气压力在汽缸内做直线运动，通过连杆转换成曲轴的旋转运动，并从飞轮对外输出动力。而在进气、压缩和排气行程中，飞轮释放能量又把曲轴的旋转运动转化成活塞的往复直线运动。一般由机体缸盖组、活塞连杆组和曲轴飞轮组等组成。

1. 机体缸盖组

（1）功用

① 吸收发动机运行过程中产生的各种作用力。

图1-24　曲柄连杆机构

② 对燃烧室起到密封作用。

③ 对机油和冷却液起到密封作用。

④ 固定曲轴连杆机构、配气机构以及其他部件。

（2）组成　机体缸盖组主要由气门室罩盖、汽缸盖、汽缸体、油底壳和密封垫等零件组成，如图1-25所示。

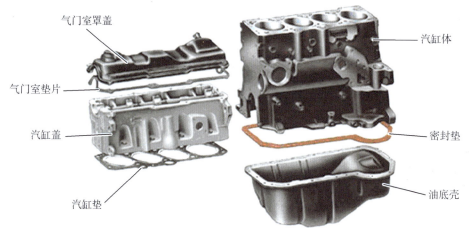

图1-25　机体缸盖组

2. 活塞连杆组

（1）功用　活塞连杆组是发动机中的主要运动组件。其功用是将活塞的往复直线运动转变成曲轴的旋转运动以及将作用在活塞顶上的气体压力转变为曲轴转矩。

（2）组成　活塞连杆组主要由活塞、活塞环、活塞销、连杆、连杆轴瓦等组成，如图1-26所示。

3. 曲轴飞轮组

（1）功用　曲轴飞轮组的功用是把活塞连杆组传来的气体压力转变为转矩，然后通过飞轮对外输出动力，飞轮将贮存做功行程的部分能量，使曲轴的旋转角速度和输出转矩尽可能均匀。

（2）组成　曲轴飞轮组主要由曲轴、飞轮、轴承、轴承盖、皮带轮和一些附件组成，如图1-27所示。

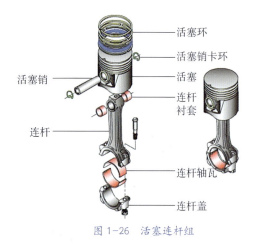

图1-26　活塞连杆组　　　　图1-27　曲轴飞轮组

二、配气机构

配气机构（图1-28）的功用是根据发动机的工作顺序和工作过程，定时开启和关闭进气门和排气门，使可燃混合气或空气进入汽缸，并使废气从汽缸内排出，实现换气过程。配气机构大多采用顶置气门式配气机构，一般由气门组和气门传动组等组成。

单元一 发动机认知

图 1-28 配气机构

三、燃料供给系统

汽油机燃料供给系统的功用是根据发动机的要求，配制出一定数量和浓度的可燃混合气，供入汽缸，并将燃烧后的废气从汽缸内排出到大气中去；柴油机燃料供给系统的功用是把柴油和空气分别供入汽缸，在燃烧室内形成可燃混合气并燃烧，最后将燃烧后的废气排出。一般由燃油供给装置（图1-29）、空气供给装置（图1-30）和废气排除装置（图1-31）等组成。

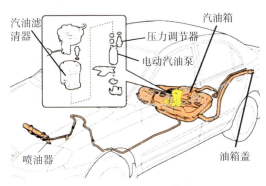

图 1-29 燃油供给装置

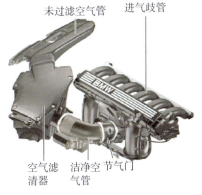

图 1-30 空气供给装置

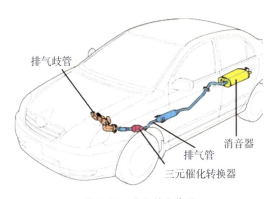

图 1-31 废气排除装置

四、润滑系统

润滑系统（图1-32）的功用是向做相对运动的零件表面输送定量的清洁润滑油，减小摩擦阻力，减轻机件的磨损，并对零件表面进行清洗和冷却。润滑系统通常由润滑油道、机油泵、机油滤清器和一些阀门等组成。

五、冷却系统

冷却系统（图1-33）的功用是将发动机受热零部件吸收的多余热量及时散发出去，保证发动机在最适宜的温度状态下工作。水冷发动机的冷却系统通常由冷却水套、水泵、风扇、水箱、节温器等组成。

六、点火系统

点火系统（图1-34）的功用是按照汽油机的工作顺序定时产生足够

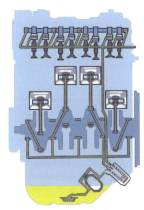

图 1-32 润滑系统

强度的电火花把混合气点燃。点火系统通常由蓄电池、点火线圈和火花塞等组成。

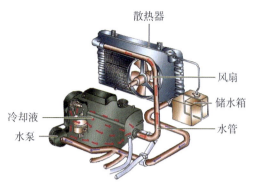

图1-33 冷却系统

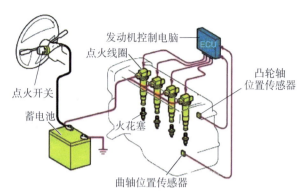

图1-34 点火系统

七、启动系统

要使发动机由静止状态过渡到工作状态，必须先用外力转动发动机的曲轴，发动机才能自行运转。曲轴在外力作用下从开始转动到发动机开始运转的全过程，称为发动机的启动。完成启动过程所需的装置，称为发动机的启动系统（图1-35）。

汽油机由曲柄连杆机构、配气机构、燃料供给系统、润滑系统、冷却系统、点火系统和启动系统等两大机构和五大系统组成；柴油机由曲柄连杆机构、配气机构、燃料供给系统、润滑系统、冷却系统、启动系统等两大机构和四大系统组成，柴油机是压燃的，不需要点火系统。

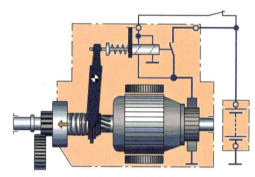

图1-35 启动系统

一、填空题

1. 曲柄连杆机构由_____、_____和_____等组成。

2. 配气机构一般由_____和_____组成。

3. 水冷发动机的冷却系统通常由_____、_____、_____、_____等组成。

4. 燃料供给系统一般由_____、_____和_____等组成。

二、简答题

1. 简述汽油机及柴油机各由哪几部分组成。

2. 简述汽车发动机配气机构及曲柄连杆机构的功用。

3. 简述汽油机燃料供给系统及柴油机燃料供给系统的功用。

4. 简述汽车发动机润滑系统及冷却系统的功用。

项目三　发动机主要性能指标及编号

项目导入

发动机的性能要通过一定的指标参数来体现；发动机性能、结构特征、主要结构参数及用途等也都要通过发动机铭牌编号来进行标识，以便于发动机的生产管理及选择使用。本部分主要了解发动机的性能指标和发动机编号。

任务一　认识发动机主要性能指标

知识目标：
理解并掌握发动机的主要性能指标。
能力目标：
能根据发动机主要性能指标评价发动机性能。

查阅相关技术资料了解发动机的主要性能指标参数。

发动机的性能指标是用来衡量发动机性能好坏的标准。发动机的主要性能指标有：动力性能指标、经济性能指标、排放性能指标、可靠性指标和耐久性指标等。

一、动力性能指标

动力性能指标指曲轴对外做功能力的指标，包括有效扭矩、有效功率和转速。

1. 有效扭矩

有效扭矩指发动机通过曲轴或飞轮对外输出的扭矩，通常用 T_e 表示，单位为 N·m。有效扭矩是克服了摩擦、驱动附件等损失之后从曲轴对外输出的净扭矩。

2. 有效功率

有效功率指发动机通过曲轴或飞轮对外输出的功率，通常用 P_e 表示，单位为 kW。有效功率同样是曲轴对外输出的净功率。它等于有效扭矩和曲轴转速的乘积。

3. 转速

转速指发动机曲轴每分钟的转数，单位为 r/min。
发动机产品铭牌上标明的功率及相应转速称为额定功率和额定转速。

二、经济性能指标

通常用燃油消耗率来评价发动机的经济性能。燃油消耗率是指单位有效功的燃油消耗量，也就是发动机每发出1kW有效功率在1h内所消耗的燃油质量（以g为单位），有效燃油消耗率通常用 g_e 表示，其单位为 g/kW·h。

有效燃油消耗率越小，其经济性越好。通常发动机铭牌上给出的有效燃油消耗率 g_e 是最小值。

三、排放性能指标

排放性能指标包括排放烟度、有害气体（CO、HC、NO_x）排放量、噪声等。

四、可靠性指标

可靠性指标是指发动机在规定的使用条件下，在规定的时间内，正常持续工作能力的指标。可靠性有较多的评价方法，如首次故障行驶里程、平均故障间隔里程等。

五、耐久性指标

耐久性指标是指发动机主要零部件磨损到不能继续正常工作的极限时间。

一、填空题

1. 发动机的主要性能指标有_____指标、_____指标和_____指标。

2. 动力性能指标主要包括有效_____、有效_____和_____。

3. 排放性能指标包括_____、_____排放量、_____等。

4. 有效功率通常用_____表示，单位为_____。

5. 有效扭矩通常用_____表示，单位为_____。

二、判断题

1. 有效燃油消耗率越大，其经济性越好。　　　　　　　　　　　　　　　　（　　）

2. 发动机的有效扭矩越大动力性越好。　　　　　　　　　　　　　　　　　（　　）

3. 发动机的有效功率越大经济性越好。　　　　　　　　　　　　　　　　　（　　）

4. 发动机的有效扭矩越大经济性越好。　　　　　　　　　　　　　　　　　（　　）

5. 通常发动机铭牌上给出的有效燃油消耗率 g_e 是最大值。　　　　　　　（　　）

三、选择题

1. 发动机有效转矩的单位为（　　）。

   A. N·m　　　B. kg·m　　　C. kW　　　D. kN·m

2. 发动机产品上标明的功率及相应转速称为（　　）。

   A. 有效功率和曲轴转速　　　　B. 额定功率和额定转速

   C. 最大功率和最高转速　　　　D. 以上都不对

3. 通常用（　　）来评价发动机的经济性能。
A. 燃油消耗量　　B. 燃油消耗率　　C. 油耗　　D. 百公里耗油量

4. 发动机排放性能指标不包括（　　）等。
A. 排放烟度　　B. 有害气体排放量　　C. 噪声　　D. 黑烟大小

四、名词解释

1. 发动机的性能指标
2. 动力性能指标
3. 燃油消耗率
4. 转速
5. 额定功率
6. 额定转速

任务二　发动机编号识别

知识目标：
掌握发动机编号的组成以及所代表的意义。

能力目标：
识别发动机编号。

根据发动机铭牌上的编号能了解发动机的主要参数、特征及用途。

为便于发动机的生产管理和使用，国家标准（GB 725—2008）《内燃机产品名称和型号编制规则》中对发动机的名称和型号作了统一规定。

一、发动机型号的排列顺序及符号所代表的意义

发动机型号的排列顺序及符号所代表的意义规定如图1-36所示。

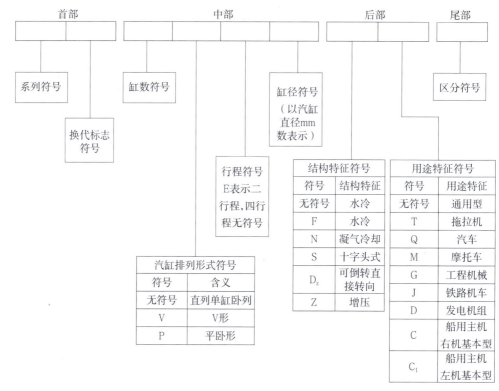

图1-36 发动机型号的排列顺序及符号所代表的意义

二、发动机的名称和型号

发动机名称均按所使用的主要燃料命名，例如汽油机、柴油机、煤气机等。

发动机型号由阿拉伯数字和汉语拼音字母组成。发动机型号由以下四部分组成：

① 首部：为产品系列符号和换代标志符号，由制造厂根据需要自选相应字母表示，但需主管部门核准。

② 中部：由缸数符号、行程符号、汽缸排列形式符号和缸径符号等组成。

③ 后部：结构特征符号和用途特征符号，以字母表示。

④ 尾部：区分符号，同一系列产品因改进等原因需要区分时，由制造厂选用适当符号表示。

三、型号编制举例

1. 汽油机

1E65F：表示单缸，二行程，缸径65mm，风冷通用型。

4100Q：表示四缸，四行程，缸径100mm，水冷车用。

CA6102：表示六缸，四行程，缸径102mm，水冷通用型，CA表示系列符号。

2. 柴油机

195：表示单缸，四行程，缸径95mm，水冷通用型。

165F：表示单缸，四行程，缸径65mm，风冷通用型。

495Q：表示四缸，四行程，缸径95mm，水冷车用型。

X4105：表示四缸，四行程，缸径105mm，水冷通用型，X表示系列代号。

笔记

一、填空题

1. 1E65F 发动机表示 _____ 缸，_____ 行程，缸径 _____，冷却方式为 _____ 冷。

2. CA6102 发动机表示 _____ 缸，_____ 行程，缸径 _____，冷却方式为 _____ 冷。

3. 8V100 发动机表示 _____ 缸，_____ 行程，缸径 _____，汽缸排列方式为 _____，冷却方式为 _____，适用范围 _____。

二、简答题

1. 解释汽油发动机型号 CA488 的含义。

2. 解释柴油发动机型号 12V 135 ZG 含义。

单元二　曲柄连杆机构

单元描述

曲柄连杆机构是内燃机实现工作循环，完成能量转换的传动机构，用来传递力和改变运动方式。曲柄连杆机构在做功行程把活塞的往复运动转变成曲轴的旋转运动，对外输出动力；而在其他三个行程，即进气、压缩、排气行程中又把曲轴的旋转运动转变成活塞的往复直线运动。曲柄连杆机构又分为机体缸盖组、活塞连杆组和曲轴飞轮组三个部分。

本单元要求会拆装与检测机体缸盖组、活塞连杆组、曲轴飞轮组的主要零部件，能诊断与排除曲柄连杆机构简单故障。

项目一　机体缸盖组的构造与检测

项目导入

机体缸盖组是发动机的基础件，保证发动机上各运动件相互安装位置，构成燃烧室、气道、水道、油道等，以保证燃烧、换气、冷却及润滑等的需要。本项目主要学习机体缸盖组零件的构造，拆装、检测方法及技术规范。

任务一　汽缸盖和油底壳的拆装与检测

知识目标：
1. 掌握汽缸盖的作用及构造；
2. 掌握油底壳的作用及构造。

能力目标：
1. 能正确使用工量具完成汽缸盖的拆装、检测；
2. 能正确使用工量具完成油底壳的拆装、检测。

单元二 曲柄连杆机构

能正确使用工量具完成汽缸盖和油底壳的拆装、检测；通过拆装检测进一步了解汽缸盖和油底壳的功用、构造特征。

发动机的机体缸盖组主要由汽缸体、油底壳、汽缸盖和汽缸垫等零件组成（图2-1）。

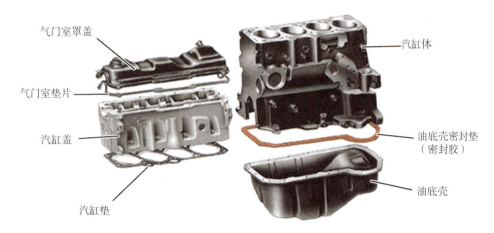

图2-1 机体缸盖组

一、汽缸盖

汽缸盖安装在汽缸体的上面，从上部密封汽缸并构成燃烧室。它经常与高温高压的燃气相接触，承受很大的热负荷和机械负荷。

汽缸盖一般由灰铸铁或铝合金等铸成。由于铝合金的导热性好，有利于提高压缩比，铝合金汽缸盖近年来被采用得越来越多。

汽缸盖是燃烧室的组成部分，燃烧室的形状对发动机的工作影响很大。由于汽油机和柴油机的燃烧方式不同，汽缸盖上组成燃烧室的部分差别较大，汽油机的燃烧室主要在汽缸盖上，而柴油机的燃烧室主要在活塞顶部的凹坑。汽油机燃烧室常见的有楔形燃烧室、盆形燃烧室、半球形燃烧室三种形式，如图2-2所示。柴油机的燃烧室对可燃混合气的形成和燃烧过程影响较大，将在柴油供给系统部分介绍。

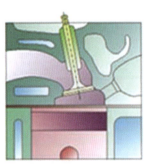
（a）楔形燃烧室

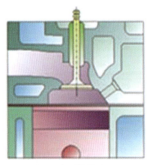
（b）盆形燃烧室

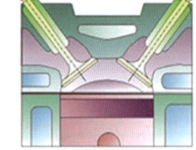
（c）半球形燃烧室

图2-2 汽油机燃烧室类型

笔记

二、汽缸垫

汽缸垫（图2-3）装在汽缸盖和汽缸体之间，其功用是保证汽缸盖与汽缸体接触面的密封，防止漏气、漏水和漏油。汽缸垫要求有一定的弹性，能补偿结合面的不平度，以确保密封；要有好的耐热性和耐压性，确保在高温高压下不烧损、不变形。目前应用较多的是铜皮和石棉结构的汽缸垫；有的汽缸垫还采用在石棉中心用编织的钢丝网或有孔钢板为骨架，两面用石棉及橡胶黏结剂压制而成。近年来，用纯金属片做成的汽缸垫（钢板垫）和无石棉汽缸垫得到越来越广泛的应用。

安装汽缸垫时，首先要检查汽缸垫的质量和完好程度，所有汽缸垫上的孔要和汽缸体上的孔对齐；其次要注意汽缸垫的朝向；最后要严格按照技术要求安装汽缸盖螺栓，拧紧汽缸盖螺栓时，必须按照由中央对称地向四周扩展的顺序分2～3次进行，最后一次拧紧到规定的力矩，拆卸汽缸盖螺栓必须先由四周向中央拧松后，再逐个拆下。

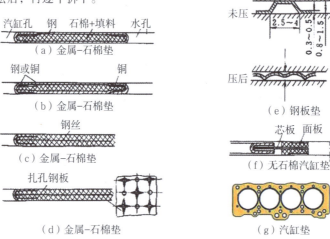

图2-3 汽缸垫

三、油底壳

汽缸体下部用来安装曲轴的部位称为曲轴箱，曲轴箱分上曲轴箱和下曲轴箱。下曲轴箱用来贮存润滑油，并封闭上曲轴箱，故又称为油底壳，如图2-4所示。油底壳受力很小，一般用薄钢板冲压而成，其形状取决于发动机的总体布置和机油的容量。油底壳内装有稳油挡板，以防止汽车颠簸时油面波动过大。油底壳底部装有放油螺塞，放油螺塞上通常装有永久性磁铁，以吸附润滑油中的金属屑，减少发动机的磨损。在上下曲轴箱接合面之间装有衬垫，防止润滑油泄漏。

图2-4 油底壳

一、任务准备

（1）设备　科鲁兹LDE发动机拆装翻转台架1台，零件车1台，工具车1台，维修手册1套。

（2）工具　常用工具1套，120件世达工具1套，标记笔1支，抹布若干。

二、实施步骤

步骤1　工具、量具准备
	1. 工具准备齐全，摆放整齐，场地清洁 2. 常用拆装工具、工具柜、工作台、维修手册、抹布若干 3. 科鲁兹LDE（1.6L）发动机翻转台架

汽缸盖的拆装与检测

续表

步骤2　拆卸汽缸盖	
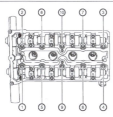 1.用指针式扭力扳手按照正确的顺序分2到3次松开汽缸盖螺栓	 2.取下并报废汽缸盖螺栓
 3.用胶带或布包裹的螺丝刀和橡皮锤松动汽缸盖	 4.取下汽缸盖，将汽缸盖倒放在垫布木块上

步骤3　拆卸油底壳、清洁汽缸体下平面	
 1.按次序拆下15个螺栓	 2.取下油底壳，铲掉汽缸体下平面的密封胶，用抹布清洁

步骤4　清洁汽缸体、汽缸盖	
 1.用铲刀铲除汽缸盖下平面和汽缸体上平面上的杂物，从两边由内向外铲	 2.用压缩空气对汽缸盖下平面和汽缸体上平面清洁。汽缸盖先吹燃烧室，再吹螺栓孔和油孔，最后吹整个平面，由中间向两边吹；汽缸体上平面先吹螺栓孔，再由中间向两边吹

步骤5　测量汽缸盖下平面的平面度	
 1.先观察刀口尺和汽缸盖下平面之间的透光度，找出最大间隙处	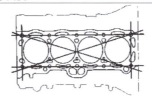 2.用塞尺和刀口尺在汽缸盖下平面上依次测量横向、纵向及交叉共6个位置，每个位置5个点

步骤6　安装油底壳	
 1.清洁油底壳和汽缸体的接触面	 2.在汽缸体下平面上涂上密封胶，将15个油底壳螺栓安装到汽缸体上并紧固至10N·m

续表

步骤7 安装汽缸盖	
 1.安装新的汽缸垫，注意汽缸垫正面的安装朝向 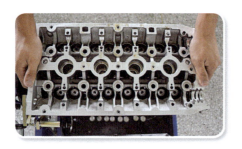 2.水平安装汽缸盖，注意定位，一次到位	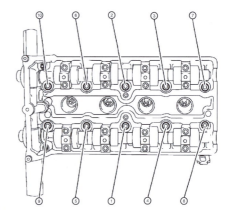 3.安装新的汽缸盖螺栓 （1）润滑汽缸盖螺栓旋入机体部分的螺纹 （2）先用手旋入汽缸盖螺栓2～3牙，再按照图示顺序旋紧，再将螺栓紧固5遍 ①第一遍紧固至25N·m ②第二遍紧固至90° ③第三遍紧固至90° ④第四遍紧固至90° ⑤第五遍紧固至45°
步骤8 作业后整理	
1.所有工量具清洁归位 2.整理好工作台 3.分类收集废弃物 4.用拖把清洁地面	

一、填空题

1. 曲柄连杆机构的零件分为_____、_____和_____三个部分。

2. 发动机的机体缸盖组主要由_____、_____、_____和_____等零件组成。

3. 水冷式汽油发动机汽缸盖上通常会有_____孔、_____孔、_____孔等。

4. 汽油机燃烧室主要有_____、_____和_____三种。

5. 汽缸垫装在汽缸盖和汽缸体之间，其功用是保证汽缸盖与汽缸体接触面的密封，防止_____、_____和_____。

6. 油底壳底部装有放油螺塞，通常放油螺塞上装有永久磁铁，永久磁铁的作用是_____。

7. 汽缸盖的作用是_____，由活塞顶部与汽缸盖上相应空间部构成_____。

二、判断题

1. 曲柄连杆机构是内燃机实现工作循环，完成能量转换的传动机构，用来传递力和改变运动方式。（　　）

2. 汽缸盖是组成燃烧室的一部分，能承受较大的热负荷，但不能承受机械负荷。（　　）

3. 现在汽缸盖一般采用铝合金材料，主要是因为其导热性好，有利于提高压缩比。（ ）

4. 汽油机的燃烧室主要在活塞顶部的凹坑，而柴油机的燃烧室主要在汽缸盖上。（ ）

5. 拧紧汽缸盖螺栓时，必须由中央对称地向四周扩展的顺序分2～3次进行，最后一次拧紧到规定的力矩。（ ）

6. 汽缸盖变形是指与汽缸体的接合平面翘曲变形。（ ）

7. 汽缸盖常见的材料有铸铁、铝合金、青铜等。（ ）

8. 汽缸垫应该具有耐热性、耐压性和弹性。（ ）

9. 下曲轴箱也称为油底壳，主要用来贮存润滑油。（ ）

10. 拆卸汽缸盖时，螺栓按由四周到中央的顺序，分几次逐步地拧松。（ ）

11. 油底壳内稳油挡板的作用是防止汽车行驶时油面波动过大。（ ）

12. 汽缸盖与汽缸体结合平面的平面度用样板尺和塞尺检测。（ ）

13. 安装汽缸盖螺栓之前要用机油润滑螺栓旋入机体部分的螺纹。（ ）

任务二　汽缸体的检测

任务目标

知识目标：
掌握汽缸体的作用及构造。

能力目标：
1. 能正确使用工量具完成汽缸体的检测；
2. 能正确使用工量具完成汽缸套的检测。

任务描述

正确使用工量具完成对汽缸体的检测；对汽缸体和汽缸套的结构有深入的了解。

知识链接

一、汽缸体

水冷发动机的汽缸体和上曲轴箱常铸成一体，称为汽缸体-曲轴箱，也可简称为汽缸体。汽缸体一般用灰铸铁或铝合金铸成，汽缸体上部的圆柱形空腔称为汽缸，下半部为支承曲轴的曲轴箱，其内腔为曲轴运动的空间。在汽缸体内部铸有许多加强筋、冷却

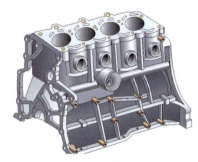

图2-5　汽缸体

液套和润滑油道等，如图2-5所示。

汽缸体要有足够的强度和刚度，根据汽缸体与油底壳安装平面的位置不同，通常把汽缸体分为一般式、龙门式、隧道式三种形式。如图2-6所示。

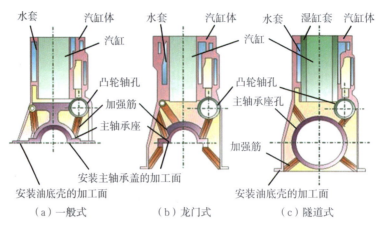

图2-6 汽缸体分类

1. 一般式汽缸体

一般式汽缸体的油底壳安装平面和曲轴旋转中心在同一高度。优点是机体高度小，重量轻，结构紧凑，便于加工，曲轴拆装方便；其缺点是刚度和强度较差。

2. 龙门式汽缸体

龙门式汽缸体的油底壳安装平面低于曲轴的旋转中心。优点是机体的强度和刚度都好，能承受较大的机械负荷；但工艺性较差，结构笨重，加工较困难。

3. 隧道式汽缸体

隧道式汽缸体曲轴的主轴承孔为整体式，采用滚动轴承，主轴承孔较大，曲轴从汽缸体后部装入。优点是结构紧凑、刚度和强度好；但是其加工精度要求高，工艺性较差，曲轴拆装不方便。

为了使汽缸内表面在高温下正常工作，必须对汽缸和汽缸盖进行适度冷却。冷却方法有两种，一种是水冷，一种是风冷。水冷发动机的汽缸周围和汽缸盖中都加工有水套且与水道相通，冷却液在水套内不断循环，带走部分热量，对汽缸和汽缸盖起冷却作用。

二、汽缸体的排列形式

现代汽车基本都采用多缸水冷发动机。对于多缸发动机，汽缸的排列形式决定了发动机外形尺寸和结构特点，对发动机机体的刚度和强度也有影响，并关系到汽车的总体布置。按照汽缸的排列形式不同，汽缸体可以分成单（直）列式、V形（还有一种称为W形的汽缸的排列形式，它是由两个V形组成）和对置式三种（图2-7），各种排列形式的特点参考单元一的识别发动机类型。

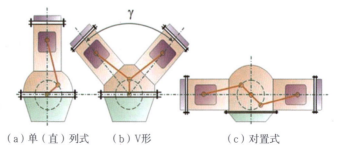

图2-7 汽缸体排列形式

三、汽缸和汽缸套

1. 汽缸

汽缸直接镗在汽缸体上叫作整体式汽缸，整体式汽缸的强度和刚度较好，能承受较大的载荷，但对材料要求高，成本高。用耐磨的优质材料将汽缸制造成单独的圆筒形零件，然后再装入汽缸体内，这种零件叫汽缸套。采用汽缸套后，汽缸体可用价格较低的一般材料制造，降低了发动机的制造成本；同时汽缸套还可以从汽缸体中单独取出，便于修理和更换，大大延长汽缸体的使用寿命。

2. 汽缸套

汽缸套有干式汽缸套和湿式汽缸套两种，如图 2-8 所示。

① 干式汽缸套的特点是汽缸套装入汽缸体后，其外壁不直接与冷却液接触，而和汽缸体的壁面直接接触，壁厚较薄，一般为 1～3mm。它具有整体式汽缸体强度和刚度都较好的优点，但由于汽缸套的内、外表面都需要进行精加工，加工比较复杂，制造成本高，拆装不方便，散热不良。

② 湿式汽缸套的特点是汽缸套装入汽缸体后，其外壁直接与冷却液接触，汽缸套仅在上、下各有一圆环带和汽缸体接触，壁厚一般为 5～9mm。它散热良好，冷却均匀，加工容易，通常只需要精加工内表面，而与水接触的外表面不需要加工，拆装方便，但缺点是强度、刚度都不如干式汽缸套好，而且容易产生漏水现象，必须采取一些防漏措施。

图 2-8 汽缸套

四、汽缸的磨损

汽缸在使用磨损后，将失去正确的几何形状，影响发动机的动力性和经济性。所以在汽车修理时，要对汽缸体的磨损进行检测，以此来判断发动机是否需要大修。

汽缸的磨损规律：汽缸内表面在活塞环运动区域内磨损较大且不均匀。汽缸磨损最大的部位一般位于活塞到达上止点时，第一道气环所对应的汽缸壁处，使汽缸在横断面上磨损呈不规则的椭圆形，最大磨损一般发生在汽缸的前后方向或左右方向。在汽缸的纵断面上，磨损使汽缸形成了上大下小的锥形，测量时是取上、中、下三个截面，上截面位置是活塞处于上止点时，第一道气环上沿口所处的位置，中截面位置是活塞处于上止点时，活塞裙部所处的位置（活塞最下端向上 5mm 处），下截面位置是活塞处于下止点时，最下一道气环下沿口所处的位置，并在汽缸的前后和左右两个方向进行测量，测量结果用于计算汽缸的圆柱度或圆柱度误差。

一、任务准备

（1）设备　科鲁兹 LDE 型发动机拆装翻转台架 1 台，零件车 1 台，工具车 1 台，维修手册 1 套。

（2）工具　常用工具 1 套，120 件世达工具 1 套，标记笔 1 支，抹布若干。

二、实施步骤

汽缸体的检测

步骤1　工具、量具准备	
	1. 工具准备齐全，摆放整齐，场地清洁 2. 常用拆装工具、工具柜、工作台、维修手册、抹布若干 3. 科鲁兹LDE（1.6L）发动机翻转台架
步骤2　检测汽缸体上平面	
1. 清洁汽缸体上平面（方法见任务一） 2. 目测检查刀口尺和汽缸体上平面之间的透光度 3. 用塞尺和刀口尺在汽缸盖上平面上依次测量横向、纵向及交叉共6个位置，每个位置5个点	
步骤3　清洁汽缸体	
	1. 检查汽缸内壁有无损坏 2. 用干净柔软的抹布擦拭汽缸内壁
步骤4　使用游标卡尺测量汽缸直径	

1. 清洁游标卡尺，检查锁止螺母后校零	2. 测量横向和纵向两个方向的汽缸直径，测量时要来回晃动游标卡尺的游标，以寻找最大的尺寸
步骤5　外径千分尺校零及调整	

1. 清洁外径千分尺并校零	2. 将外径千分尺设定成测量的汽缸尺寸
步骤6　组装内径百分表并校零	

1. 清洁百分表并检查，转动表盘无卡滞，轻按百分表头是否活动自如	2. 组装内径百分表，并留1～2mm的预压缩量

续表

 3.根据测量的汽缸直径选择合适的接杆和调整垫片，清洁并安装后拧紧接杆	 4.用设定好的外径千分尺校内径百分表
步骤7　测量汽缸直径，记录数据并计算	
	1.测量位置：上、中、下三个平面，每个平面横向和纵向测量两个直径，测量汽缸直径时，要前后摆动量缸表，当指针出现最大的偏转时的计数即为该位置汽缸的直径 2.计算各缸的圆度误差和圆柱度误差并得出结论
步骤8　作业后整理	
1.所有工量具清洁归位 2.整理好工作台 3.分类收集废弃物 4.用拖把清洁地面	

一、填空题

1.用压缩空气对汽缸盖下平面和汽缸体上平面清洁。对汽缸盖先吹_____，再吹_____和_____，最后吹_____，由中间向两边吹；汽缸体上平面先吹_____，再由中间向两边吹。

2.根据汽缸体与油底壳安装平面的位置不同，通常把汽缸体分为_____、_____和_____三种形式。

3.汽缸套分为_____和_____两种。

二、判断题

1.在正常磨损情况下，汽缸磨损的特点是不均匀磨损。　　　　　　　　　　（　　）

2.汽缸沿工作表面在活塞环运动区域内呈上小下大的不规则锥形磨损。　　（　　）

3.用量缸表进行汽缸磨损测量时，应注意使测杆与汽缸轴线保持垂直位置，以达到测量的准确性。

（　　）

4.汽缸体是发动机各机构和系统的基础件。　　　　　　　　　　　　　　（　　）

5.汽缸体的形状特征与汽缸的排列形式无关。　　　　　　　　　　　　　（　　）

6. 判断汽缸磨损是否超限可选择任意三个平面测量六个直径尺寸计算圆度和圆柱度。（   ）

7. 使用一段时间后的汽缸磨损最大部位是活塞处于下止点第一道气环所处的位置。（   ）

三、选择题

1. 汽车维修中的圆度是同一截面上（   ）。

　　A. 最大尺寸与该尺寸垂直方向上的直径差　　B. 最大尺寸与该尺寸垂直方向上的半径差

　　C. 最大与最小尺寸的直径差　　D. 最大与最小尺寸的半径差

2. 确定汽缸体圆度超限的依据是（   ）。

　　A. 各缸所有测量面上圆度平均超限　　B. 各缸圆度平均值的最大超限值

　　C. 各缸圆度最大值的平均超限值　　D. 各缸中有任一截面的圆度超限

3. 确定汽缸圆柱度超限的依据是（   ）。

　　A. 各缸中最大与最小圆柱度的平均值超限　　B. 各缸圆柱度平均值超限

　　C. 任一缸圆柱度超限　　D. 以上都不对

4. 汽缸磨损的最大部位是活塞在（   ）时第一道活塞环相对应的汽缸壁。

　　A. 上止点位置　　B. 下止点位置　　C. 上、下止点位置　　D. 中间位置

5. 汽缸体上平面的平面度误差在任意位置，每（50×50）mm² 范围内均应不大于（   ）。

　　A. 0.05 mm　　B. 0.15 mm　　C. 0.25 mm　　D. 0.10 mm

6. 汽缸磨损测量一般用（   ）检测。

　　A. 量缸表　　B. 外径千分尺　　C. 百分表　　D. 游标卡尺

7. 用量缸表检测汽缸磨损前，应搞清所测缸径的加大级别，然后将量缸表的预紧量调整到比该缸级别（   ），以保证能测量到缸径的最大磨损量。

　　A. 大 1～1.5 mm　　B. 小 1～1.5 mm　　C. 大 0.05mm　　D. 以上都对

8. 缸套全部装入座孔后，为保证汽缸的密封性，通常其顶面应高出汽缸体上平面（   ）。

　　A. 0.05～0.15mm　　B. 0.20～0.35mm　　C. 0.40～0.65mm　　D. 0.70～1.15mm

9. 干式汽缸套不直接与冷却水接触，壁厚一般为（   ）。

　　A. 0.5～0.9mm　　B. 1～3mm　　C. 4～6mm　　D. 5～9mm

四、问答题

1. 分析汽缸套磨损的主要原因。

2. 简述汽缸磨损的规律。

3. 湿式汽缸套有哪些特点？

4. 干式汽缸套有哪些特点？

项目二　活塞连杆组的构造与检测

活塞顶部是燃烧室的组成部分，同时承受气体压力完成能量的转变，把动力通过连杆传递到曲轴。本项目主要掌握活塞连杆组零件的构造、拆装、检测方法及操作技术规范。

任务　活塞连杆组的拆装与检测

知识目标：
掌握活塞连杆组的组成及各部分的作用。

能力目标：
能正确使用工具仪器完成活塞、活塞环和连杆的拆装及检测。

能正确使用工具仪器完成活塞、活塞环和连杆的拆装及检测。

活塞连杆组由活塞、活塞环、活塞销、连杆、连杆轴瓦等组成。

一、活塞

活塞的功用是承受气体压力，并通过活塞销传给连杆以驱动曲轴旋转，活塞顶部还是燃烧室的组成部分。活塞工作过程中受到高温、高压和冲击载荷，高速往复运动还产生较大的惯性力，因此要求活塞的材料要有足够的刚度和强度；耐高压高温、耐磨损；导热性能好；质量小。一般都采用高强度铝合金，在一些低速柴油机上也采用高级铸铁或耐热钢。

活塞可分为活塞顶部、活塞头部和活塞裙部三部分（图2-9）。

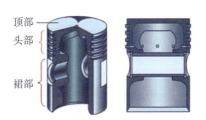

图2-9　活塞的构造

活塞连杆组

1. 活塞顶部

活塞顶部（图2-10）承受气体压力，也是燃烧室的组成部分，其形状、大小都和燃烧室的具体形式有关。其顶部形状可分为平顶活塞、凸顶活塞、凹顶活塞、成型顶活塞几类。

活塞

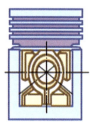
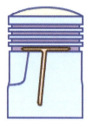

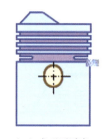

（a）平顶活塞　　　（b）凸顶活塞　　　（c）凹顶活塞　　　（d）成型顶活塞

图 2-10　活塞顶部的分类

① 平顶活塞。活塞顶部是一个平面，结构简单，制造容易，受热面积小，顶部应力分布较为均匀，一般用在汽油机上，柴油机很少采用。

② 凸顶活塞。活塞顶部凸起呈球冠形，二行程汽油机常采用凸顶活塞，有利于改善换气过程。

③ 凹顶活塞。活塞顶部呈凹陷形，凹坑的形状和位置有利于可燃混合气的形成和燃烧，主要用于柴油机，有双涡流凹坑、球形凹坑、U 形凹坑等。

2. 活塞头部

活塞头部又称为防漏部，是指第一道活塞环槽到活塞销座孔以上的部分。它有数道环槽，用以安装活塞环，起到密封和润滑作用；另外活塞顶部吸收的热量主要也是由防漏部的活塞环传给汽缸壁，再由冷却液传出去。柴油机压缩比高，一般有四道环槽，上部三道安装气环，下部一道安装油环。汽油机一般有三道环槽，上部两道安装气环，下部一道安装油环。在油环槽底面上钻有许多径向小孔，被油环从汽缸壁上刮下的机油经过这些小孔流回油底壳。

3. 活塞裙部

活塞裙部指活塞销座孔至活塞最下端的部分。活塞裙部对活塞在汽缸内的往复运动起导向作用，并承受侧压力，裙部的长短取决于侧压力的大小和活塞直径。所谓侧压力是指在压缩行程和做功行程中，作用在活塞顶部的气体压力的水平分力使活塞压向汽缸壁。压缩行程和做功行程气体的侧压力方向正好相反，由于燃烧压力大大高于压缩压力，所以，做功行程中的侧压力也大大高于压缩行程中的侧压力（图 2-11）。

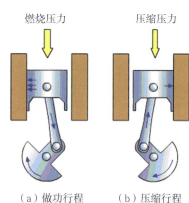

图 2-11　活塞裙部侧压力

4. 活塞的结构特点

① 横截面成椭圆形。由于活塞裙部的厚度很不均匀，活塞销座孔部分的金属厚，受热膨胀量大；另外，裙部承受气体侧压力的作用，导致沿活塞销轴向变形量较垂直活塞销方向大（图 2-12），如果活塞冷态时裙部为圆形，那么工作时活塞就会变成一个椭圆，造成活塞在汽缸内卡住，发动机就无法正常工作。因此，在加工时预先把活塞裙部做成椭圆形状。椭圆的长轴方向与销座垂直，短轴方向沿销座方向。这样活塞工作时趋近正圆。

（a）销座热膨胀　　（b）挤压变形　　（c）弯曲变形　　（d）裙部变形

图 2-12　活塞形状

② 纵向成阶梯形、锥形。活塞的温度是上部高、下部低，膨胀量也相应地是上部大、下部小。为了使工作时活塞上下直径趋于相等，即为圆柱形，就必须预先把活塞制成上小下大的阶梯形或锥形（图2-13）。

③ 活塞裙部开槽。为了减小活塞裙部的受热量，通常在裙部开横向的隔热槽；为了补偿裙部受热后的变形量，裙部开有纵向的膨胀槽，槽的形状有"T"形或"Π"形。横槽一般开在最下一道环槽的下面，裙部上边缘销座的两侧（也有开在油环槽之中的），以减小头部热量向裙部传递，故称为隔热槽（图2-14）。竖槽会使裙部具有一定的弹性，从而使活塞装配时与汽缸间具有尽可能小的间隙，而在热态时又具有补偿作用，不致造成活塞在汽缸中卡死，故将竖槽称为膨胀槽。裙部开竖槽后，会使其开槽的一侧刚度变小，在装配时应使其位于做功行程中承受侧压力较小的一侧。柴油机活塞受力大，裙部一般不开槽。

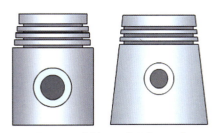

图2-13 阶梯形活塞和锥形活塞

（a）"Π"形槽　　（b）"T"形槽

图2-14 裙部开槽

④ 有些活塞为了减轻重量，在裙部开孔或把裙部不受侧压力的两边切去一部分，以减小惯性力，减小销座附近的热变形量，形成拖板式活塞或短活塞（图2-15），拖板式结构的活塞裙部弹性好，质量小，活塞与汽缸的配合间隙较小，适用于高速发动机。

⑤ 为了减小铝合金活塞裙部的热膨胀量，有些汽油机活塞在活塞裙部或销座内嵌入钢片（图2-16），称为恒范钢片式活塞。由于恒范钢的膨胀系数仅为铝合金的1/10，而销座通过恒范钢片与裙部相连，牵制了裙部的热膨胀变形量。

图2-15 拖板式活塞

⑥ 有的汽油机上，活塞销座孔中心线是偏离活塞中心线平面的，向做功行程中受主侧压力的一方偏移了1~2mm（图2-17）。这种结构可使活塞在从压缩行程到做功行程中较为柔和地从压向汽缸的一面过渡到压向汽缸的另一面，以减小敲缸的声音。在安装时，这种活塞销偏置的方向不能装反，否则换向敲击力会增大，使裙部受损。

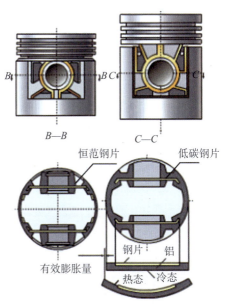

（a）恒范钢片式活塞　（b）自动调节式活塞

图2-16 双金属活塞

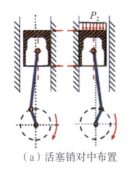

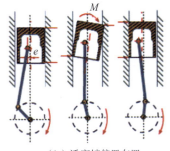

（a）活塞销对中布置　　（b）活塞销偏置布置

图2-17 活塞销布置

二、活塞环

活塞环（图 2-18），是具有弹性的开口圆环，有气环和油环之分。

气环的作用是保证汽缸与活塞间的密封性，防止漏气，并且要把活塞顶部吸收的大部分热量传给汽缸壁，由冷却液带走，其中密封作用是主要的。油环起布油和刮油的作用，下行时刮除汽缸壁上多余的机油，上行时在汽缸壁上铺涂一层均匀的油膜，这样既可以防止机油窜入燃烧室燃烧掉，又可以减少活塞、活塞环与汽缸壁的摩擦阻力，此外，油环还能起到密封气体的辅助作用。

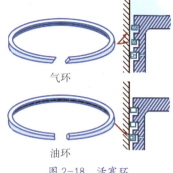

图 2-18　活塞环

活塞环在高温、高压、高速和润滑极其困难的条件下工作，尤其是第一道环。长期以来，活塞环一直是发动机上使用寿命最短的零件。活塞环工作时受到汽缸中高温高压燃气的作用，温度很高，活塞环在汽缸内随活塞一起作高速运动，加上高温下机油可能变质，使环的润滑条件变坏，难以保证良好的润滑，因而磨损严重；另外，由于汽缸壁的锥度和椭圆度，活塞环随活塞往复运动时，沿径向会产生一张一缩运动，使环受到交变应力而容易折断。因此，要求活塞环弹性好、强度高、耐磨损，目前广泛采用的活塞环材料是合金铸铁，第一道环镀铬，其余环一般镀锡或磷化。

1. 气环

气环是一个有开口的弹性圆环，在自由状态下外径大于汽缸内径，它与活塞一起装入汽缸后，外圆柱面紧贴在汽缸壁上，形成第一密封面。被封闭的气体不能通过环周与汽缸之间，便进入了环与环槽的空隙，一方面把环压到环槽端面形成第二密封面，同时，作用在环背的气体压力又大大加强了第一密封面的密封作用（图 2-19），气环密封效果一般与气环数量有关，汽油机一般采用 2 道气环，柴油机一般多采用 3 道气环。

气环的断面形状很多，最常见的有矩形环、扭曲环、锥面环、梯形环和桶面环（图 2-20）。

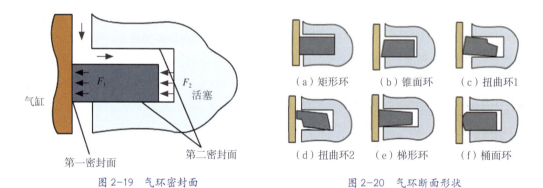

图 2-19　气环密封面　　　　图 2-20　气环断面形状

（1）矩形环　矩形环断面为矩形，其结构简单，制造方便，应用最广。但是矩形环随活塞往复运动时，会把汽缸壁面上的机油不断送入燃烧室中。这种现象称为"气环的泵油作用"。

为了消除或减少有害的泵油作用，除了在气环的下面装有油环外，广泛采用了非矩形断面的扭曲环。

（2）扭曲环　扭曲环是在矩形环的内圆上边缘或外圆下边缘切去一部分，使断面呈不对称形状，在环的内圆部分切槽或倒角的称内切环；在环的外圆部分切槽或倒角的称外切环。装入汽缸后，由于断面不对称，产生不平衡力的作用，使活塞环发生扭曲变形。活塞上行时，扭曲环在残余油膜的作用下上浮，可以减小摩擦，减小磨损。活塞下行时，则有刮油效果，避免机油烧掉。同时，由于扭曲环在环槽中上、下跳动的行程缩短，可以减轻"泵油"的副作用。目前被广泛地应用于第 2 道活塞环槽上，安装时必须注意断面形状和方向，内切口朝上，外切口朝下，不能装反。

（3）锥面环　锥面环断面呈锥形，外圆工作面上加工一个很小的锥面（0.5°～1.5°），减小了环与汽缸壁的接触面，提高了表面接触压力，有利于磨合和密封。活塞下行时，便于刮油；活塞上行时，由于锥面的"油楔"作用,能在油膜上"飘浮"过去,减小磨损。安装时,不能装反,否则会引起机油上窜。

(4) 梯形环 梯形环断面呈梯形,工作时,梯形环在压缩行程和做功行程随着活塞受侧压力的方向不同而不断地改变位置,这样会把沉积在环槽中的积炭挤出去,避免了环被黏在环槽中而折断,可以延长环的使用寿命。但是主要缺点是加工困难,精度要求高。

(5) 桶面环 桶面环的外圆为凸圆弧形。当桶面环上下运动时。均能与汽缸壁形成楔形空间,使机油容易进入摩擦面,减小磨损。由于它与汽缸呈圆弧接触,故对汽缸表面的适应性和对活塞偏摆的适应性均较好,有利于密封,但凸圆弧表面加工较困难。

2. 油环

油环有普通油环和组合式油环两种(图2-21)。

(1) 普通油环 又叫整体式油环。环的外圆柱面中间加工有凹槽,槽中钻有小孔或开切槽,当活塞向下运动时,将缸壁上多余的机油刮下,通过小孔或切槽流回曲轴箱;当活塞上行时,将飞溅的机油均匀铺涂在缸壁上,形成机油油膜,以减少活塞、活塞环和缸套的磨损。有些普通环还在其外侧上边制有倒角,使环在随活塞上行时形成油楔,可起均布润滑油的作用,下行刮油能力强,减少了润滑油的上窜(图2-22)。

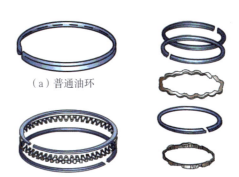

(a) 普通油环

(b) 组合式油环1　　(c) 组合式油环2

图2-21　油环

(a) 切槽环　(b) 倒角方向相同　(c) 倒角方向不同　(d) 组合式　(e) 螺旋衬簧式

图2-22　油环的断面形状

(2) 组合式油环 组合式油环由上下两片侧轨环与中间的扩张器组成,侧轨环用镀铬钢片制成,扩张器的周边比汽缸内圆周略大一些,可将侧轨环紧紧压向汽缸壁。这种油环的接触压力高,对汽缸壁面适应性好,而且回油通路大,质量小,刮油效果明显。图2-21(c)所示的组合式油环由三个刮油钢片和两个弹性衬环组成,它具有上述组合环的优点。近年来汽车发动机上越来越多地采用了组合式油环。它的缺点主要是制造成本高。

3. 活塞销

活塞销(图2-23)的功用是连接活塞和连杆小头,并把活塞承受的气体压力传给连杆。活塞销在高温下周期性地承受很大的冲击载荷,润滑条件很差,因此活塞销要有足够的强度和刚度、韧性,表面耐磨性要好,质量要小。所以活塞销一般都做成空心圆柱体,采用低

(a) 圆柱形　(b) 两段截锥与一段圆柱组合形　(c) 两段截锥形

图2-23　活塞销

碳钢和低碳合金钢制成,外表面经渗碳淬火处理以提高硬度,同时还要求有较高的尺寸精度和表面光洁度。活塞销的内孔有圆柱形、两段截锥与一段圆柱组合形、两段截锥形三种形状。

圆柱形孔结构简单,加工容易,但从受力角度分析,中间部分应力最大,两端较小,所以这种结构质量较大,往复惯性力大;为了减小质量,减小往复惯性力,活塞销做成两段截锥形孔,接近等强度梁,但孔的加工较复杂;组合形孔的结构介于两者之间。

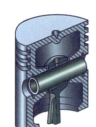

（a）全浮式　（b）半浮式
图 2-24　活塞销的连接配合方式

活塞销与活塞销座孔及连杆小头衬套孔的连接配合有两种方式（图 2-24）：全浮式安装和半浮式安装。

全浮式安装的特点是当发动机工作时，活塞销、连杆小头和活塞销座都有相对运动，这样，活塞销能在连杆衬套和活塞销座中自由摆动，使磨损均匀。为了防止全浮式活塞销轴向窜动刮伤汽缸壁，在活塞销两端装有活塞销卡簧，进行轴向定位。由于铝的热膨胀系数比钢大，而活塞是铝合金，活塞销是低碳合金钢，为保证高温工作时活塞销与活塞销座孔为过渡配合，活塞销与活塞销座孔的配合间隙设计为常温下过盈配合。装配时，要先把铝活塞加热到一定温度，然后再把活塞销装入。

半浮式安装的特点是活塞销中部与连杆小头采用过盈配合或紧固螺栓连接，活塞销只能在两端销座内做自由摆动，而和连杆小头没有相对运动。活塞销不会做轴向窜动，不需要活塞销卡簧。

4. 连杆

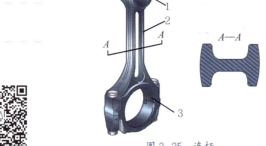

图 2-25　连杆
1-连杆小头；2-连杆杆身；3-连杆大头

连杆

连杆的功用是连接活塞与曲轴（图 2-25）。连杆小头通过活塞销与活塞相连，连杆大头与曲轴的连杆轴颈相连，并把活塞承受的气体压力传给曲轴，使活塞的往复运动转变成曲轴的旋转运动。

连杆工作时受到压缩、拉伸和弯曲等交变载荷和惯性力作用，要求连杆强度高，刚度大，质量小。连杆一般都采用中碳钢或合金钢经模锻或辊锻而成，然后进行机加工和热处理。

连杆分为连杆小头、连杆杆身和连杆大头（包括连杆盖）三个部分。

（1）连杆小头　对全浮式活塞销，由于工作时小头孔与活塞销之间有相对运动，所以常常在连杆小头孔中压入减摩的青铜衬套。为了润滑活塞销与衬套，在小头和衬套上铣有油槽或钻有油孔以收集发动机运转时飞溅的润滑油进行润滑。有的发动机在连杆杆身内钻有纵向的压力油通道，用来对连杆小头进行压力润滑。半浮式活塞销与连杆小头是紧配合，连杆小头孔内不需要衬套，也不需要润滑。

（2）连杆杆身　连杆杆身通常做成"Ⅰ"字形断面，抗弯强度好，质量小；采用压力法润滑的连杆，杆身中部都制有连通大、小头的油道。

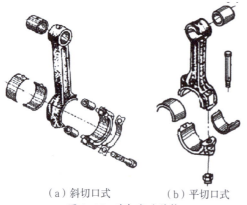

（a）斜切口式　（b）平切口式
图 2-26　连杆大头结构

（3）连杆大头　连杆大头与曲轴的连杆轴颈相连，大头有整体式和分开式两种。一般都采用分开式，分开式又分为平切口式和斜切口式两种（图 2-26）。平切口式的分面与连杆杆身轴线垂直，汽油机多采用这种连杆。由于一般汽油机连杆大头的横向尺寸都小于汽缸直径，可以方便地通过汽缸进行拆装，故常采用平切口连杆。斜切口式的分面与连杆杆身轴线成 30°～60° 夹角，柴油机多采用这种连杆。因为柴油机压缩比大，受力较大，曲轴的连杆轴颈较粗，相应的连杆大头尺寸往往超过了汽缸直径，为了使连杆大头能通过汽缸，便于拆装，一般都采用斜切口，最常见的是 45° 夹角。

① 连杆盖：把连杆大头分开可取下的部分叫连杆盖（图 2-27），连杆与连杆盖配对加工，加工后，在它们同一侧打上配对记号，安装时不得互相调换或变更方向。为此，在结构上采取了定位措施。平切口连杆盖与连杆的定位多采用连杆螺栓定位，利用连杆螺栓中部精加工的圆柱凸台或光圆柱部分与经过精加工的螺栓孔来保证。斜切口连杆常用的定位方法有锯齿定位、销套定位和止口定位。

（a）止口定位　　　（b）销套定位　　　（c）锯齿定位　　　（d）平切口连杆的定位

图 2-27　连杆盖的定位

② 连杆螺栓：连杆盖和连杆大头用连杆螺栓连在一起，连杆螺栓在工作中承受很大的冲击力，若折断或松脱，将造成严重事故。为此，连杆螺栓都采用优质合金钢，并精加工和热处理特制而成。安装连杆盖拧紧连杆螺栓螺母时，要用扳手分 2～3 次交替均匀地拧紧到规定的扭矩，拧紧后还应可靠锁紧。连杆螺栓损坏后绝不能用其他螺栓来代替。

③ 连杆轴瓦（图 2-28）：为了减小摩擦阻力和曲轴连杆轴颈的磨损，连杆大头孔内装有瓦片式滑动轴承，简称连杆轴瓦。轴瓦分上、下两个半片，目前多采用薄壁钢背轴瓦，在其内表面浇铸有耐磨合金层。耐磨合金层具有质软、容易保持油膜、磨合性好、摩擦阻力小、不易磨损等特点。耐磨合金常采用的有巴氏合金、铜铝合金、高锡铝合金。连杆轴瓦的背面有很高的光洁度。半个轴瓦在自由状态下不是半圆形，当它们装入连杆大头孔内时，有一定的过盈量，故能均匀地紧贴在大头孔壁上，具有很好的承受载荷和导热的能力，并可以提高工作可靠性和延长使用寿命。

连杆轴瓦上制有定位凸键，供安装时嵌入连杆大头和连杆盖的定位槽中，以防轴瓦前后移动或转动，有的轴瓦上还制有油孔，安装时应与连杆上相应的油孔对齐。

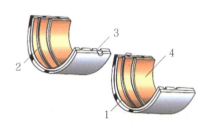

图 2-28　连杆轴瓦

1- 钢背；2- 油槽；3- 定位凸键；4- 减摩合金

一、任务准备

（1）设备　科鲁兹 LDE 型发动机拆装翻转台架 1 台，零件车 1 台，工具车 1 台，维修手册 1 套。

（2）工具　常用工具 1 套，120 件世达工具 1 套，标记笔 1 支，抹布若干。

二、实施步骤

步骤1　工具、量具准备	
	1.工具准备齐全，摆放整齐，场地清洁 2.常用拆装工具、工具柜、工作台、维修手册、抹布若干 3.科鲁兹LDE（1.6L）发动机翻转台架

活塞连杆组的拆装与检测

续表

步骤2　将1、4缸活塞设置到上止点位置	
 1.安装曲轴扭转减震器螺栓	 2.沿发动机旋转方向将1、4缸活塞设置到上止点位置
步骤3　拆卸2、3缸活塞连杆组	
标记 1.带标记连杆轴承盖的连杆	 2.拆下汽缸2和3的连杆轴承盖螺栓 用指针式扭力扳手和E10套筒分2次交叉旋松连杆轴承盖螺栓，手旋并取下螺栓
 3.取下连杆轴承盖 取下连杆轴承盖并按顺序摆放，连杆和连杆轴承盖的剪切面形成一个独特的配合并且不可更换或损坏，不要平放在剪切面上	 4.将活塞从汽缸中推出 用橡胶锤将活塞从汽缸中推出并按顺序摆放；旋转曲轴180°，用同样的方法拆下1、4缸的活塞连杆组
步骤4　拆卸、清洁活塞环组件	
 1.拆卸活塞环 转动活塞环，使每道环的端口朝向一致，使用活塞环拆卸钳拆卸矩形压缩环、锥形压缩环，用手拆卸油环	 2.清洁活塞环组件 清洁活塞环和活塞环槽
步骤5　检查活塞	
 1.用吸油纸清洁活塞顶部和裙部	 2.目视检查活塞有无异常磨损、刮伤和烧蚀

续表

步骤6　测量第一道活塞环端隙	

1. 清洁塞尺和汽缸，确认所检测活塞环对应的汽缸孔，将矩形环的"top"标记朝上，轻轻放入对应的汽缸孔内；用活塞顶部将环均匀推至汽缸上止点第一道气环所对应的位置	2. 用塞尺从小到大测量矩形压缩环的端隙，记录测量数据，根据测量结果，正确选择维修方案
步骤7　测量第一道活塞环侧隙	

1. 清洁塞尺和活塞环槽，确认所检测活塞环对应的活塞环槽，将矩形环的"top"标记朝上，放入活塞第一道气环槽内	2. 用塞尺由小到大测量侧隙；一周平均测量3个点，记录数据，根据测量结果，正确选择维修方案
步骤8　安装活塞环	

1. 用手安装油环 2. 用活塞环扩张钳安装两道气环	3. 设置活塞环缺口 第一道活塞环缺口在位置1，第二道活塞环缺口在位置2，油环刮片的过渡环在位置3，油环刮片的在位置4或5
步骤9　安装活塞连杆组	

1. 将活塞连杆组放入活塞安装工具并调整	2. 按照装配记号将活塞连杆组放入汽缸，用橡胶锤轻轻推入

3. 安装连杆轴承盖	4. 安装新的连杆螺栓，第一遍紧固至35N·m，第二遍用扭矩角度规将螺栓紧固45°，第三遍用扭矩角度规将螺栓紧固15°。旋转曲轴180°，同样的方法安装另外两缸的活塞连杆组
步骤10　作业后整理	

 笔记

活塞环"三隙"的检测

一、填空题

1. 活塞连杆组由_____、_____、_____、_____和_____等组成。

2. 活塞根据构造可分为_____、_____和_____三个部分。

3. 活塞环分为_____和_____两大类。

4. 活塞的功用是承受气体压力，并通过活塞销传给连杆驱使曲轴旋转，活塞顶部还是_____的组成部分。

5. 活塞在_____、_____、_____和_____等恶劣条件下工作。

6. 活塞顶部形状可分为四大类，_____、_____、_____和_____。

7. 气环的断面形状很多，最常见的有_____、_____、_____、_____和_____。

8. 油环有_____和_____两种。

9. 活塞销的功用是_____，与活塞及连杆按连接配合方式有_____和_____安装。

二、判断题

1. 组装活塞环时，应注意活塞环标记面朝下。（　　）

2. 油环将汽缸壁多余的机油刮掉，并使机油在汽缸壁分布均匀。（　　）

3. 气环用于密封汽缸，并将活塞顶部的热量传给汽缸壁，由冷却水带走。（　　）

4. 检验活塞环的端隙时，如果端隙小于规定值，可用细平锉或什锦锉对环的开口两端进行锉削，使端隙符合要求。（　　）

5. 选配活塞环时，第一道气环三隙（端隙、侧隙、背隙）应小于第二道气环的三隙。（　　）

6. 活塞环选配时，以汽缸的修理尺寸为依据，同一台发动机应选用与汽缸和活塞修理尺寸等级相同的活塞环。（　　）

7. 当发动机汽缸磨损后，也应选配与汽缸同一级别的活塞环，严禁选择加大一级修理尺寸的活塞环经锉端隙来使用。（　　）

8. 安装组合式油环时，两个刮油片的油环，其开口应间隔180°，三个刮油片的油环，其开口应互隔120°。（　　）

9. 采用温差法组装活塞销与活塞销座孔时，应先把活塞销放入70～90℃的温开水中加热5min后再趁热装入活塞销座孔中。（　　）

10. 某些活塞顶部刻有如箭头、三角、缺口等标记，其作用是指示活塞的安装方向。（　　）

11. 为有效防止或减少活塞敲缸现象，通常将活塞销座孔轴线向做功行程中受侧压力较大的一侧偏移1～2mm。（　　）

12. 为了保证铝合金活塞工作时与汽缸壁之间的间隙保持均匀，防止活塞在汽缸中卡死，通常将活塞裙部截面制成圆形。（　　）

三、选择题

1. 活塞的修理尺寸级别代号常打印在活塞（　　）。

A. 顶部　　　B. 裙部　　　C. 销部　　　D. 内侧

2.组装活塞环时,各道环的开口方向（　　）。

A.对齐　　　　　B.互呈90°　　　C.互呈90°或180°　　D.错开就行

3.在组装活塞环时,应注意活塞环标记面朝向（　　）。

A.上　　　　　B.下　　　　　C.活塞销轴线　　　D.上下都行

4.第一道环的开口方向,应（　　）发动机做功时的受力面,各道环的开口方向应互呈90°或180°。

A.背向　　　　B.朝向　　　　C.垂直于　　　　D.错开

5.可用塞尺检测活塞环的（　　）。

A.端隙与侧隙　B.端隙与背隙　C.侧隙与背隙　　D.端隙与顶隙

6.如果发动机的活塞有三道气环,安装时（　　）。

A.第一与第二道环的开口相差180°,第三与第二道环的开口相差90°

B.第一与第二道环的开口相差180°,第三与第二道环的开口相差120°

C.第一与第二道环的开口相差120°,第三与第二道环的开口相差90°

D.第一与第二道环的开口相差120°,第三与第二道环的开口相差120°

7.发动机活塞销装配（　　）,易造成活塞中部与汽缸壁拉伤。

A.过松　　　　B.过紧　　　　C.方向错误　　　D.松紧适当

8.在选装活塞销时,应注意其（　　）与活塞是否一致。

A.尺寸标记　　B.重量标记　　C.颜色标记　　　D.材料

9.如果活塞环的端部平面有标记"0""00"或"T1""T2",安装时（　　）。

A."0"或"T1"装在第一道,"00"或"T2"装在第二道,且标记都朝下

B."0"或"T1"装在第一道,"00"或"T2"装在第二道,且标记都朝上

C."00"或"T2"装在第一道,"0"或"T1"装在第二道,且标记都朝上

D."00"或"T2"装在第一道,"0"或"T1"装在第二道,且标记都朝下

10.正扭曲环正确的安装方向是（　　）。

A.外切口向上、内切口向下　　　B.外切口向上、内切口向上

C.外切口向下、内切口向上　　　D.外切口向下、内切口向下

11.为了减轻活塞环的磨损,通常需对哪一道活塞环进行镀铬处理?（　　）

A.第一道气环　B.第二道气环　C.所有气环　　　D.油环

12.通常情况下,活塞与连杆的结构（　　）,在往发动机上安装时（　　）方向要求。

A.不对称,有　B.对称,没有　C.不对称,没有　　D.对称,有

四、简答题

1.如何测量活塞环的侧隙和端隙?

2.简述活塞气环和油环的作用。

3.简述气环的密封原理。

4.简述连杆的功用。

项目三 曲轴飞轮组的构造与检测

项目导入

曲轴飞轮组是发动机最重要的组成之一。发动机的动力通过曲轴飞轮传递出去;同时在发动机的工作过程中,曲轴驱动配气机构及其他辅助装置工作;飞轮贮存的能量克服进气、压缩、排气行程的阻力以保证发动机持续工作。本项目主要掌握曲轴飞轮组零件的拆装和检测方法及技术规范。

任务 曲轴飞轮组的拆装与检测

知识目标:

掌握曲轴飞轮组的作用及构造。

能力目标:

1. 能正确使用工具完成曲轴的拆装;
2. 能正确使用量具完成曲轴的检测。

通过本任务的实施,能正确使用工具、仪器完成曲轴飞轮组零件的拆装及检测;了解相关零件的结构特征及功用。

曲轴飞轮组(图2-29)主要由曲轴、飞轮和一些附件组成。

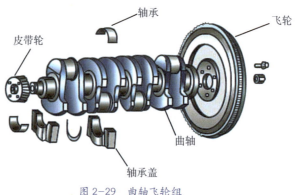

图 2-29 曲轴飞轮组

一、曲轴

1. 曲轴的功用及特性

曲轴是发动机最重要的机件之一。它与连杆配合将作用在活塞上的气体压力变为旋转的动力，传给底盘的传动机构。同时驱动配气机构和其他辅助装置，如风扇、水泵、发电机等。

工作时，曲轴承受连杆的压力、惯性力及惯性力矩的作用，受力大而且受力复杂，并且承受交变负荷的冲击作用。同时，曲轴又是高速旋转件，因此，要求曲轴具有足够的刚度和强度，具有良好的承受冲击载荷的能力，耐磨损且润滑良好。

2. 曲轴的材料及加工要求

曲轴一般用中碳钢或中碳合金钢模锻而成。为提高耐磨性和耐疲劳强度，轴颈表面经高频淬火或氮化处理，并经精磨加工，以达到较高的表面硬度和表面精度的要求。

3. 曲轴的结构组成

曲轴一般由主轴颈、连杆轴颈、曲柄、平衡块、曲轴前端和曲轴后端等组成。一个主轴颈、一个连杆轴颈和一个曲柄组成了一个曲拐。直列式发动机的曲轴曲拐数目等于汽缸数，V形发动机曲轴的曲拐数等于汽缸数的一半。

（1）主轴颈　主轴颈是曲轴的支承部分，通过主轴承支承在曲轴箱的主轴承座中。主轴承的数目不仅与发动机汽缸数目有关，还取决于曲轴的支承方式。曲轴的支承方式一般有两种，一种是全支承曲轴，另一种是非全支承曲轴。

① 全支承曲轴（图2-30）。曲轴的主轴颈数比汽缸数目多一个，即每一个连杆轴颈两边都有一个主轴颈。如六缸发动机全支承曲轴有七个主轴颈。这种支承，曲轴的强度和刚度都比较好，并且减轻了主轴承载荷，减小了磨损，柴油机和大部分汽油机多采用这种形式。

② 非全支承曲轴（图2-31）。曲轴的主轴颈数比汽缸数目少或与汽缸数目相等。这种支承方式叫非全支承曲轴。这种支承的主轴承载荷较大，但缩短了曲轴的总长度，使发动机的总体长度有所减小。有些汽油机，承受载荷较小可以采用这种曲轴形式。

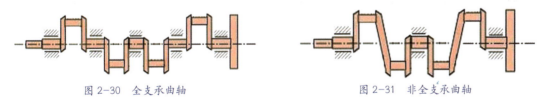

图2-30　全支承曲轴　　　　　　　图2-31　非全支承曲轴

（2）连杆轴颈　曲轴的连杆轴颈是曲轴与连杆的连接部分，通过曲柄与主轴颈相连，在连接处用圆弧过渡，以减少应力集中。直列发动机的连杆轴颈数目和汽缸数相等，V形发动机的连杆轴颈数等于汽缸数的一半。

（3）曲柄及平衡块　曲柄是主轴颈和连杆轴颈的连接部分，断面为椭圆形，为了平衡惯性力，曲柄处铸有（或紧固有）平衡重块。平衡重块用来平衡发动机不平衡的离心力矩，有时还用来平衡一部分往复惯性力，从而使曲轴旋转平稳。

（4）曲轴前端　曲轴前端装有正时齿轮，驱动风扇和水泵的皮带轮以及启动爪等。为了防止机油沿曲轴轴颈外漏，在曲轴前端装有一个甩油盘，在齿轮室盖上装有油封。

（5）曲轴后端　曲轴后端用来安装飞轮，在后轴颈与飞轮凸缘之间制成挡油凸缘与回油螺纹，以阻止机油向后窜漏。

4. 曲轴的形状及曲拐相对位置

曲轴的形状和曲拐相对位置（即曲拐的布置）取决于汽缸数、汽缸排列和发动机的发火顺序。安排多缸发动机的发火顺序应注意使连续做功的两缸相距尽可能远，以减轻主轴承的载荷，同时避免可能发生的进气重叠现象。做功间隔应力求均匀，也就是说发动机在完成一个工作循环的曲轴转角内，

笔记

每个汽缸都应发火做功一次，而且各缸发火的间隔时间以曲轴转角表示，称为发火间隔角。四行程发动机完成一个工作循环曲轴转两圈，其转角为720°，在曲轴转角720°内发动机的每个汽缸应该发火做功一次，且发火间隔角是均匀的。

四缸四行程发动机的曲拐布置如图2-32所示。四缸四行程发动机的发火间隔角为180°，曲轴每转半圈（180°）做功一次，四个缸的做功行程是交替进行的。对于每一个汽缸来说，其工作过程和单缸机的工作过程完全相同，只不过是要求它按照一定的顺序工作，即为发动机的工作顺序，也叫作发动机的发火顺序。可见，多缸发动机的工作顺序（发火顺序）就是各缸完成同名行程的次序。四缸发动机四个曲拐布置在同一平面内。1、4缸在上，2、3缸在下，互相错开180°，其发火顺序的排列只有两种可能，即为1-3-4-2或为1-2-4-3，两种工作顺序的发动机工作循环表分别见表2-1和表2-2。

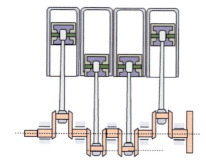
图2-32 四缸四行程发动机曲拐布置

表2-1 发火顺序1-3-4-2工作循环表

曲轴转角/(°)	第一缸	第二缸	第三缸	第四缸
0～180	做功	排气	压缩	进气
180～360	排气	进气	做功	压缩
360～540	进气	压缩	排气	做功
540～720	压缩	做功	进气	排气

表2-2 发火顺序1-2-4-3工作循环表

曲轴转角/(°)	第一缸	第二缸	第三缸	第四缸
0～180	做功	压缩	排气	进气
180～360	排气	做功	进气	压缩
360～540	进气	排气	压缩	做功
540～720	压缩	进气	做功	排气

二、飞轮

飞轮（图2-33）的主要功用是用来贮存做功行程的能量，用于克服进气、压缩和排气行程的阻力和其他阻力，使曲轴能均匀地旋转。飞轮外缘压有的齿圈与启动电机的驱动齿轮啮合，供启动发动机用；汽车离合器也装在飞轮上，利用飞轮后端面作为驱动件的摩擦面，用来对外传递动力。

在飞轮轮缘上作有记号（刻线或销孔）供找压缩上止点用（四缸发动机为一缸或四缸压缩上止点，六缸发动机为一缸或六缸压缩上止点），当飞轮上的记号与外壳上的记号对正时，正好是一缸的上止点。

飞轮与曲轴在制造时一起进行过动平衡实验，在拆装时为了不破坏它们之间的平衡关系，飞轮与曲轴之间应有严格不变的相对位置。通常用定位销和不对称布置的螺栓来定位。

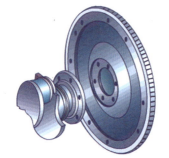
图2-33 飞轮

飞轮

多缸发动机的发火顺序

1. 四行程直列六缸发动机的发火顺序和曲拐布置（图 2-34）

四行程直列六缸发动机的发火间隔角为 720°/6=120°，六个曲拐分别布置在三个平面内，一种发火顺序是 1-5-3-6-2-4，国产汽车的六缸直列发动机都用这种，其工作循环表见表 2-3。另一种发火顺序是 1-4-2-6-3-5。

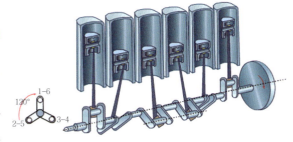

图 2-34　四行程直列六缸发动机发火顺序和曲拐布置

表 2-3　发火顺序为 1-5-3-6-2-4 发动机工作循环表

曲轴转角/(°)		第一缸	第二缸	第三缸	第四缸	第五缸	第六缸
0～180	60	做功	排气	进气	做功	压缩	进气
	120	做功	排气	压缩	排气	压缩	进气
	180	做功	进气	压缩	排气	做功	进气
180～360	240	排气	进气	压缩	排气	做功	压缩
	300	排气	进气	做功	排气	做功	压缩
	360	排气	压缩	做功	进气	排气	压缩
360～540	420	进气	压缩	做功	进气	排气	做功
	480	进气	压缩	排气	进气	排气	做功
	540	进气	做功	排气	压缩	进气	做功
540～720	600	压缩	做功	排气	压缩	进气	排气
	660	压缩	做功	进气	做功	进气	排气
	720	压缩	排气	进气	做功	压缩	排气

2. 四行程 V 形八缸发动机的发火顺序

四行程 V 形八缸发动机的发火间隔角为 720°/8=90°，V 形发动机左右两列中对应的一对连杆共用一个曲拐，所以 V 形八缸发动机只有四个曲拐（图 2-35）。曲拐布置可以与四缸发动机相同，四个曲拐布置在同一平面内，也可以布置在两个互相错开 90° 的平面内，使发动机得到更好地平衡。发火顺序为 1-8-4-3-6-5-7-2。其工作循环表见表 2-4。

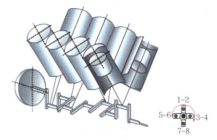

图 2-35　八缸发动机曲拐布置

表 2-4　发火顺序为 1-8-4-3-6-5-7-2 工作循环表

曲轴转角/(°)		第一缸	第二缸	第三缸	第四缸	第五缸	第六缸	第七缸	第八缸
0～180	90	做功	做功	进气	压缩	排气	进气	排气	压缩
	180	做功	排气	压缩	压缩	进气	进气	排气	做功
180～360	270	排气	排气	压缩	做功	进气	压缩	进气	做功
	360	排气	进气	做功	做功	压缩	压缩	进气	排气
360～540	450	进气	进气	做功	排气	压缩	做功	压缩	排气
	540	进气	压缩	排气	排气	做功	做功	压缩	进气
540～720	630	压缩	压缩	排气	进气	做功	排气	做功	进气
	720	压缩	做功	进气	进气	排气	排气	做功	压缩

曲轴的拆装与检测

一、任务准备

（1）设备　科鲁兹LDE型发动机拆装翻转台架1台，零件车1台，工具车1台，维修手册1套。

（2）工具　常用工具1套，120件世达工具1套，标记笔1支，抹布若干。

二、实施步骤

步骤1　工具、量具准备	
	1. 工具准备齐全，摆放整齐，场地清洁 2. 常用拆装工具、工具柜、工作台、维修手册、抹布若干 3. 科鲁兹LDE（1.6L）发动机翻转架
步骤2　测量曲轴轴向间隙	

1.清洁曲轴测量端面	2.清洁安装百分表，百分表预压1~2mm，校零
	3. 用螺丝刀沿轴向来回撬动曲轴，同时观察百分表，记录百分表左右偏摆值之和（曲轴轴向间隙）
步骤3　拆卸曲轴	

1. 按顺序松开10个曲轴主轴承盖螺栓	2. 取下主轴承盖并按顺序摆放
	3. 取下曲轴，清洁并且目视检查曲轴 取下曲轴并放置好，用吸油纸清洁各道轴颈，目视检查各道轴颈有无划痕、点蚀等

续表

步骤4 测量曲轴弯曲度	
 1.将曲轴放到汽缸体上	 2.清洁并检查百分表
 3.组装百分表和磁性表座	 4.正确安装组装好的百分表和磁性表座，使表头紧贴第三道主轴颈，并对百分表预压、校零；平稳转动曲轴一周，同时观察百分表的数值，记录百分表左右偏摆值之和
步骤5 测量曲轴主轴承间隙	
 1.截取合适长度的塑料间隙规并放在需测量的曲轴主轴颈上	 2.正确安装主轴承盖，分三遍紧固螺栓（50N·m+45°+15°）
 3.使用指针式扭力扳手，分2次交替松下曲轴主轴承盖螺栓，取下曲轴轴承盖	 4.将展平后的塑料间隙规的宽度和量尺对比，填写数据
 5.完全清除曲轴主轴颈、曲轴主轴承处的塑料间隙规	
步骤6 测量曲轴主轴颈直径	
 1.选择合适的外径千分尺，清洁并校零	 2.测量主轴颈直径并记录数据

笔记

汽油发动机曲轴主轴承径向间隙的检测

曲轴轴颈磨损的检测

续表

步骤7　安装曲轴	
 1. 安装曲轴，润滑轴颈	 2. 安装曲轴主轴承盖 对准轴承凸起和主轴承盖的凹槽，润滑轴承内面，轴承盖标记向前，按顺序摆放，相互位置不得更换
 3. 安装主轴承盖螺栓 在主轴承盖螺栓的螺纹涂一薄层机油，按顺序几次均匀拧紧10个主轴承螺栓，分三次紧固螺栓（50N·m+45°+15°）	 4. 检查曲轴转动是否灵活
步骤8　作业后整理	
1. 所有工量具清洁归位 2. 整理好工作台 3. 分类收集废弃物 4. 用拖把清洁地面	

知识测评

一、填空题

1. 曲轴一般由_____、_____、_____、_____、前端和后端等组成。

2. 一个曲拐是由_____、_____和_____组成。

3. 曲轴的支承方式一般有两种，一种是_____，另一种是_____。

4. 四缸四行程发动机的发火顺序_____或_____。

5. 四缸四行程发动机的发火间隔角为_____，六缸四行程发动机的发火间隔角为_____。

二、判断题

1. 主轴颈的数目不仅与发动机汽缸数有关，还取决于曲轴的支承方式。　　　　　（　）

2. 实践证明，连杆轴颈的磨损比主轴颈的磨损严重。　　　　　　　　　　　　　（　）

3. 主轴承盖螺栓的拆装应按顺序操作，装配时由两端向中间逐个对称拧紧；拆卸时，则由中间向两端逐个对称拧松。　　　　　　　　　　　　　　　　　　　　　　　　　　　　　　　　　（　）

4. 非全支承曲轴的主轴颈数少于或等于连杆轴颈数。　　　　　　　　　　　　　（　）

5. 检验弯曲变形应以两端主轴颈的公共轴线为基准，检查中间主轴颈的径向圆跳动误差。（　）

6. 曲轴的轴向定位装置根据曲轴的支承形式不同可以放置在两处，以确保定位可靠。（　）

7. 在曲轴前轴颈与扭转减振器凸缘之间制成挡油凸缘与回油螺纹，以阻止机油向后窜漏。（ ）

8. 若曲轴检验出裂纹，一般应报废更换。（ ）

9. 曲轴弯曲变形的校正，一般可采用冷压校正法或敲击校正法。（ ）

10. 冷压校正曲轴弯曲变形是将曲轴用V形铁架住两端主轴颈，用油压机沿曲轴弯曲相反方向加压。（ ）

11. 曲轴扭曲变形的检验是将连杆轴颈转到水平位置上，用百分表分别确定同一方位上两个轴颈的高度差。（ ）

12. 安装后油封座时需更换新的密封圈。（ ）

13. 曲轴轴颈的磨削应在弯、扭校正后进行。（ ）

14. 直列发动机曲轴的曲拐数等于汽缸数一半，V形发动机曲轴的曲拐数等于汽缸数。（ ）

15. 主轴承盖标记向前，按顺序摆放，相互位置不能互换。（ ）

16. 轴承装入座孔内，上、下两片的每端均应与轴承座平面平齐，以保证轴承与座孔紧密贴合，提高散热效果。（ ）

17. 主轴颈和连杆轴颈径向最大磨损部位相互对应，即各主轴颈的最大磨损部位靠近连杆轴颈一侧；而连杆轴颈的最大磨损部位在主轴颈一侧。（ ）

三、选择题

1. 下面（ ）零件不属于曲轴飞轮组零件。
   A. 扭转减振器　　　B. 正时齿轮（或链轮）　　C. 凸轮轴　　　D. 飞轮

2. 在径向，曲轴连杆轴颈的（ ）磨损最大。
   A. 内侧　　　　　　B. 外侧　　　　　　C. 两侧　　　　　　D. 中间

3. 在径向，曲轴主轴颈（ ）磨损较大。
   A. 靠近连杆轴颈一侧的轴颈　　B. 背离连杆轴颈一侧的轴颈　　C. 内侧　　D. 中间

4. 实践证明，连杆轴颈的磨损比主轴颈的磨损（ ）。
   A. 严重　　　　　　B. 轻　　　　　　C. 差不多　　　　　　D. 无法比较

5. 关于曲轴磨损检测说法正确的是（ ）。
   A. 需要测量主轴颈和连杆轴颈长度
   B. 圆度误差等于所有测量直径最大值与最小值的差值
   C. 使用游标卡尺进行测量
   D. 需计算圆度和圆柱度并与标准值比较

6. 关于曲轴弯曲变形检测说法正确的是（ ）。
   A. 需要将曲轴放置在V形支承上　　　　B. 水平放置在地面上
   C. 使用千分尺进行测量　　　　　　　　D. 需计算扭曲度并与标准值比较

7. 以下（ ）属于曲轴磨损检测使用的量具。
   A. 游标卡尺　　　　B. 千分尺　　　　C. 塞尺　　　　D. 百分表

8. 不属于曲轴的检测项目有（　　）。

A. 主轴颈圆度和圆柱度　　　　　　　　B. 连杆轴颈圆度和圆柱度

C. 曲轴弯曲变形　　　　　　　　　　　D. 主轴承盖螺栓变形

9. 属于曲轴的拆装项目是（　　）。

A. 拆卸燃油泵　　B. 拆卸汽缸垫　　C. 检查主轴承盖对前标记　　D. 拆卸活塞环

10. 能够检测曲轴弯曲变形的量具是（　　）。

A. 游标卡尺　　　　B. 千分尺　　　　C. 塞尺　　　　D. 百分表

11. 在最后拧紧曲轴主轴承盖螺栓时应选用（　　）。

A. 活动扳手　　　　B. 棘轮扳手　　　　C. 梅花扳手　　　　D. 预置式扭力扳手

12. 在拆卸曲轴主轴承盖时应选用（　　）工具。

A. 螺丝刀　　　　B. 铁榔头　　　　C. 指针式扭力扳手　　D. 梅花扳手

13. 以下关于曲轴拆装方法说法正确的是（　　）。

A. 从外向内对角拧紧所有螺栓　　　　　B. 在所有轴承位置上涂抹一薄层机油

C. 利用拆下的主轴承螺栓上下晃动拆下轴承盖　　D. 安装止推垫片时带槽的一面朝内

14. 曲轴上的平衡重一般设在（　　）上。

A. 主轴颈　　　　B. 前端　　　　C. 曲柄　　　　D. 后端

15. 在曲轴的后端用来安装（　　）。

A. 飞轮　　　　B. 正时齿轮　　　　C. 皮带轮　　　　D. 扭转减震器

16. 直列发动机的连杆轴颈数与汽缸数目（　　）。

A. 多一个　　　　B. 相等　　　　C. 少一个　　　　D. 2倍

17. 全支承曲轴的主轴颈数比汽缸数目（　　）。

A. 多一个　　　　B. 相等　　　　C. 少一个　　　　D. 2倍

18. 一个主轴颈、连杆轴颈和其两端的曲柄组成了一个（　　）。

A. 曲拐　　　　B. 前端轴　　　　C. 平衡块　　　　D. 后端轴

四、名词解释

1. 什么是发火间隔角？

2. 试简述发动机发火顺序。

3. 什么叫全支承曲轴？

4. 什么叫非全支承曲轴？

项目四　曲柄连杆机构故障的诊断与排除

项目导入

前面已经了解了曲柄连杆机构的基本结构，本项目主要利用已经掌握的基本知识对曲柄连杆机构常见故障进行诊断与排除。

任务　曲柄连杆机构常见故障的诊断与排除

知识目标：
1. 熟悉曲柄连杆机构常见故障的现象；
2. 掌握曲柄连杆机构常见故障形成的原因。

能力目标：
1. 会观察曲柄连杆机构常见的故障现象；
2. 能诊断排除曲柄连杆机构常见的故障。

掌握曲柄连杆机构常见故障的诊断与排除方法。

曲柄连杆机构常见的故障有汽缸压力不足，连杆弯曲、扭曲和双重弯曲，曲轴弯曲和扭转，活塞裙部烧蚀，活塞环槽磨损等。

一、汽缸压力不足

汽缸压力是指活塞到达压缩上止点时，汽缸内压力的大小。汽缸压力不足，就意味着汽缸密封性降低，将会使发动机功率下降，启动困难，若个别汽缸压力不足会使发动机运转不稳定。

1. 故障原因

① 活塞环的侧隙、开口端隙过大，或气环开口的迷宫路线变短，或活塞环的第一密封面磨损后，其密封性变差。

② 活塞与汽缸磨损过大使汽缸间隙增大，活塞在汽缸内运动摇摆，影响活塞环与汽缸的良好贴合密封。

③ 因活塞环结胶、积炭而卡在活塞环槽内，使环的自身弹性不能发挥，失去了气环与汽缸壁的第一密封面。

④ 汽缸拉伤。当汽缸拉伤之后，使活塞环与汽缸的密封被破坏，造成汽缸压力低。

⑤ 装用了不匹配的活塞。如有的发动机所选用的活塞顶部凹坑深度不一，用错后将影响汽缸压力。

⑥ 汽缸垫冲坏，气门座圈松动，气门弹簧折断或弹力不足，气门与气门导管因积炭或间隙过小，使气门上下运动受阻等，导致气门密封不严。

⑦ 正时齿轮安装错误，齿轮键槽不正确，正时齿轮损坏或磨损过甚，凸轮轴正时齿轮上的轮毂与轮松动等，导致配气相位不正确。

⑧ 使用了不匹配的汽缸盖，如有的汽缸盖燃烧室容积可能不同，若装错会影响汽缸压力。

⑨ 进排气门间隙调整不当，或与气门座密封不严，或测试汽缸压力时操作不当。

⑩ 装有减压装置的发动机，其减压装置的间隙调整不当，使气门关不严。

2. 故障检修

当前用汽缸压力表检测汽缸压力的方法较多，可用测启动机电流和启动机电压检测汽缸压力；另外，也可用胶管和压缩空气逐缸测量的方法。用汽缸压力表检测汽缸压力时，应使发动机处在正常热态下（冷却液在 85～95℃，润滑油温度在 70～90℃时）进行。另外用汽缸压力表检测汽缸压力时要拔掉发动机转速传感器。

根据测量的结果采取相应维修措施。

二、连杆弯曲、扭曲和双重弯曲

连杆的弯曲、扭曲和双重弯曲变形将使活塞在汽缸中歪斜，造成活塞与汽缸、连杆轴承与连杆轴颈的偏磨。

1. 故障原因

发动机工作时，汽缸内的气体压力始终作用在活塞顶上。由于气体压力的作用，使活塞与活塞销、活塞销与连杆小头衬套压紧，并通过连杆，使连杆轴承与连杆轴颈、主轴承与主轴颈相互压紧，由于上述各传力机件都有一定的质量，具有保持原有运动状态的趋势，即惯性力的作用，再加上发动机超负荷和爆燃或其他意外事故等原因，使连杆弯曲、扭曲或双重弯曲。

2. 故障检修

① 连杆弯曲、扭曲变形的检验可在连杆检验器上进行（图 2-36）。检验时，如果三点规的三个测点都与检验平板接触，说明连杆不弯曲，也不扭曲。如果上测点与平板接触，下面两测点与平板不接触，且与平板的间隙相等，或下面的两测点与平板接触，而上测点与平板不接触，则表明连杆纯弯曲；如果一个下测点与平板接触，上测点与平板间的间隙等于另一个下测点与平板间隙的一半，说明连杆是纯扭曲；否则是弯扭并存。

② 连杆的弯曲、扭曲变形，通常用连杆校正器的附设工具进行校正（图 2-37）。当连杆弯扭并存时，一般先校正扭曲后校正弯曲。连杆经过弯、扭校正后，两端座孔轴心线的距离变化应不大于 0.15mm，否则会影响汽缸的压缩比。

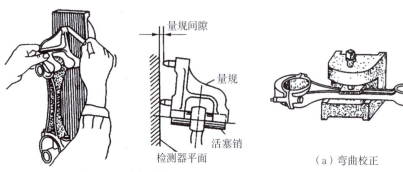

图 2-36 连杆的检测　　图 2-37 连杆的校正

三、曲轴弯曲和扭转

1. 故障原因

① 曲轴在修磨加工时，装卡定位不当，磨床本身精度不高。

② 发动机超负荷运转，连续"爆燃"，工作不平稳使各轴颈受力不均匀。

③ 曲轴轴承和连杆轴承间隙过大，松紧不一，造成主轴颈中心不重合，运转时受冲击。

④ 发动机发生轴承烧坏和抱住曲轴时，曲轴将出现弯曲和扭转。

⑤ 曲轴轴向窜动过大或活塞连杆组重量不一，相差过大。

⑥ 点火时间过早，或经常有1～2个火花塞工作不良，使发动机运转不平衡，曲轴受力不均匀。

⑦ 曲轴的平衡被破坏，或曲轴连杆组以及飞轮的平衡被破坏；曲轴过多磨损和超细，强度、刚度不足，或由于装配不当而产生弯、扭变形。

⑧ 曲轴材质不佳，或曲轴长期不合理的放置造成变形。

⑨ 汽车起步行驶时，放松离合器踏板动作过快，接合时不柔和。或用冲力启动发动机，使曲轴受到突然扭转。

⑩ 行车中使用紧急制动或在发动机动力不足的情况下，用高挡低速勉强行驶。

2. 故障检修

① 曲轴弯曲变形后，其主轴颈的同轴度偏差增大。检验时（图2-38），一般将曲轴的第一道和最后一道主轴颈搁置在检验平板的V形块上，将百分表头垂直地触及在中间一道主轴颈上（通常此道变形量最大），慢慢转动曲轴一圈。此时百分表指针所示的最大摆差，即为该轴颈对前后两主轴颈轴线的同轴度偏差，其偏差一般应不大于0.15mm，否则应予校正，低于此限可结合磨削轴颈予以修正。

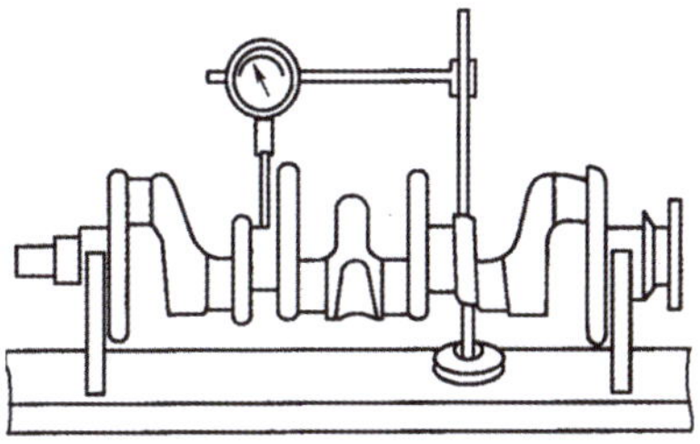

曲轴弯曲的校正通常采用冷压法和表面敲击法。

图2-38 曲轴弯曲的检测

② 曲轴扭曲检验时，可将曲轴置于检验平板的V形块上，然后将第一、六缸连杆轴颈转到水平位置，用百分表分别测量第一缸连杆轴颈和第六缸连杆轴颈至平板的距离，求得这同一方位上两个连杆轴颈的高度差。

曲轴轻微的扭转变形，可在曲轴磨床上磨削校正，大的扭转变形可用液压扳杆校正。

四、活塞裙部烧蚀

1. 故障原因

① 冷却液不足或其他原因引起的发动机过热造成活塞过膨胀，缩小了汽缸间隙。

② 活塞与汽缸的装配间隙过小，使油膜不能保存，结果出现干摩擦生热而烧蚀。

③ 润滑油牌号不符或润滑油被汽油稀释，使汽缸壁形成不了油膜，出现干或半干摩擦而生热，造成裙部烧蚀。

④ 活塞质量不佳。裙部无椭圆或椭圆过小，致使活塞受热后，因活塞销座膨胀量大，出现反椭圆（活塞销轴方向加长），使活塞销轴线方向与汽缸无间隙，或因加工、安装不当，使活塞与汽缸的装配间隙过小。

2. 故障预防和检修

① 汽车不能在缺冷却液、高温、大负荷下长期运行。出车前应检查润滑油数量和质量。

② 维修时应保证活塞与汽缸的配缸间隙，选好活塞，活塞的圆度要符合规定。对全浮式活塞销座孔的加工，不能使其与销轴配合过紧。

五、活塞环槽磨损

1. 故障原因

① 活塞环槽磨损比较严重的是第一、二道气环槽。因为活塞头部的热量是由活塞环传给汽缸壁的，

所以第一道气环受热最严重，若第一环槽得不到良好的散热，将使其裙部加速磨损。

② 在活塞工作时，环槽的上下侧面与活塞环产生冲击磨损，使配合间隙加大，密封性能变坏。环槽的磨损主要是下平面磨损。

③ 汽缸内壁在磨损成椭圆和锥形或因其他原因变形后，活塞环做往复运动时，形成时胀时缩的现象，加速了环槽的磨损。侧压力使活塞左右摆动，活塞环在槽内产生左右摩擦。

④ 可燃混合气和点火提前角调整不当，均导致燃烧不正常使发动机受热时间长，温度增高，降低了活塞环的机械强度。

⑤ 维修时清洁不够，安装活塞环的工具制作或使用不当，汽缸口台阶未进行修理，活塞顶和环槽内积炭等物未彻底清除等。

⑥ 外界温差变化幅度大而发动机未采取相应的保温或降温措施；在尘土和风沙大的地区对进气系统防尘工作不重视，即对空气滤清器的维护不及时。

⑦ 不遵守发动机使用操作规程，启动后急于提高发动机转速，或工作过程中温度过高时又强制降温等。

⑧ 活塞质量低劣，环槽及环岸都加工粗糙，金相组织不佳。

2. 故障预防和检修

① 提高设计制造质量，增加一些特殊结构，如在活塞环槽部位设环槽护圈。

② 提高维修质量，在选择活塞环的边隙和背隙时，严格按规定选取装配间隙；在专用的发动机装配房间内进行装配工作。

③ 提高驾驶操作技术，按操作规程操作，避免发动机的长时间高速运转，保持发动机的正常温度。

④ 加强燃料系统和点火系统的调整和维护。

一、填空题

1. 曲柄连杆机构常见故障有汽缸压力_____、连杆_____和_____、曲轴_____和_____、活塞裙部_____、活塞环槽_____等。

2. 汽缸压力不足，就说明汽缸密封性_____，将会使发动机功率_____，启动_____，若个别汽缸压力不足会使发动机运转_____。

3. 连杆弯曲、扭曲变形的检验可在_____上进行。检验时，如果三点规的三个测点都与检验平板接触，说明连杆_____。如果上测点与平板接触，下面两测点与平板不接触，且与平板的间隙相等，或下面的两测点与平板接触，而上测点与平板不接触，则表明连杆_____。

二、判断题

1. 测量连杆变形时，若只有一个下侧点与平板接触，另一下侧点与平板不接触，且间隙为上测点与平板间隙的两倍，这时下测点与平板的间隙，即为连杆在 100 mm 长度上的扭曲度。（　　）

2. 测量连杆变形时若一个下测点与平板接触，但另一个下测点的间隙不等于上测点间隙的两倍，则说明连杆同时存在弯曲和扭曲。（　　）

3. 连杆的双重弯曲，通常不予校正。（　　）

三、选择题

1. 检验连杆变形时，首先在（　　）下将连杆大端的轴承盖装好，并按规定的拧紧力矩将连杆螺栓拧紧，同时将心轴装入小端衬套的承孔中。然后将连杆大端套装在支承轴上，通过调整定位螺钉使支承轴扩张，并将连杆固定在校验仪上。

A. 不装连杆轴承

B. 装连杆轴承

C. 装不装连杆轴承，没有规定，视情况而定

D. 以上说法都不对

2. 测量连杆变形时，如三点规的三个测点都与检验仪的平板接触，说明连杆（　　）。

A. 不变形　　　B. 弯曲　　　C. 扭曲　　　D. 拉伸

3. 测量连杆变形时，若上测点与平板接触，两下测点不接触且与平板的间隙一致，或下两测点与平板接触，而上测点不接触，表明连杆（　　）。

A. 不变形　　　B. 弯曲　　　C. 扭曲　　　D. 拉伸

4. 在对连杆变形进行校正时，通常是（　　）。

A. 先校正扭曲，再校正弯曲　　　B. 先校正弯曲，再校正扭曲

C. 交替校正弯曲和扭曲　　　D. 同时校正弯曲和扭曲

四、问答题

1. 试分析汽缸压力不足的故障原因有哪些。

2. 试分析连杆弯曲、扭曲的故障原因有哪些。

3. 试分析曲轴弯曲、扭曲的故障原因有哪些。

4. 试分析活塞裙部烧蚀的故障原因有哪些。

5. 试分析活塞环槽磨损的原因有哪些。

单元三　配气机构

单元描述

配气机构是进、排气管道的控制机构,其按照汽缸的工作顺序和工作过程的要求,准时地开闭进、排气门,向汽缸供给可燃混合气或空气并及时排出废气;当进、排气门关闭时,保证汽缸密封。

本单元主要任务是:了解配气机构的作用、认识配气机构的结构组成、掌握配气机构的布置形式及驱动方式、气门组的结构认识、气门组的检修、配气机构故障诊断与排除等。

项目一　配气机构的构造与拆装

项目导入

本项目主要掌握配气机构的作用、配气结构的组成,学会选择合适的工具拆装配气机构各总成部件。

任务　配气机构的拆装

知识目标:
1. 掌握配气机构的作用和结构组成;
2. 掌握配气机构的布置形式及驱动方式。

能力目标:
会拆装配气机构。

本任务主要是学习配气机构的组成、学会选择合适的工具对配气机构进行拆装。

一、配气机构的作用

配气机构是进、排气管道的控制机构，它按照汽缸的工作顺序和工作过程要求，准时地开闭进、排气门，向汽缸供给可燃混合气或新鲜空气并及时排出废气；当进、排气门关闭时，保证汽缸密封。

二、配气机构的组成

发动机的配气机构由气门组和气门传动组等组成。气门组的作用是封闭进、排气道；气门传动组的作用是使进、排气门按配气相位规定的时刻开闭，且保证有足够的开度。

1. 气门组

气门组主要包括气门、气门座圈、气门导管、气门油封、气门弹簧、气门弹簧座和气门锁片等（图3-1）。

2. 气门传动组

气门传动组主要包括正时齿轮、凸轮轴、挺柱、推杆、气门摇臂、摇臂轴座和摇臂轴等（图3-2）。

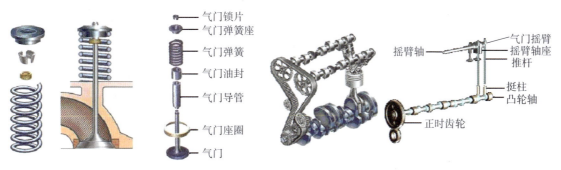

图 3-1 气门组　　　　　　　　　图 3-2 气门传动组

三、配气机构的分类

发动机配气机构形式多种多样，其主要区别在于气门布置形式和数量、凸轮轴布置形式和传动方式等。

1. 按气门的布置位置分类

按气门的布置位置不同可以分为气门顶置式和气门侧置式两类（图3-3）。顶置式配气机构的优点很多，如进气阻力小，燃烧室结构紧凑等，故被广泛采用。侧置式配气机构现已被淘汰。

（a）气门侧置式　（b）气门顶置式　　（a）凸轮轴下置式　（b）凸轮轴中置式　（c）凸轮轴上置式

图 3-3 气门布置形式　　　　　　　　　图 3-4 凸轮轴布置形式

凸轮轴
下置式

凸轮轴
上置式

同步齿形
带传动

2. 按凸轮轴的位置分类

按凸轮轴的位置不同可分为凸轮轴下置式、凸轮轴中置式和凸轮轴上置式（图3-4）。

（1）凸轮轴下置式　如图3-4（a）所示，大多数载货汽车和大、中型客车发动机都采用这种方式。凸轮轴平行布置在曲轴的一侧，由于曲轴和凸轮轴位置靠近，只用一对正时齿轮传动，使得传动系比较简单。

（2）凸轮轴中置式　如图3-4（b）所示，为减小气门传动组零件的往复运动惯性力，某些速度较高的发动机将下置式凸轮轴的位置抬高到缸体的上部，缩短了传动零件的长度，称之为凸轮轴中置式配气机构。

（3）凸轮轴上置式　如图3-4（c）所示，配气机构的凸轮轴直接布置在缸盖上。凸轮轴直接通过摇臂来驱动气门，省去了推杆、挺柱等，使往复运动质量大大减小，因此它适合于高速发动机。由于凸轮轴离曲轴中心较远，因而都采用链条传动或同步齿形带传动，使得正时传动机构较为复杂，而且拆装汽缸盖也比较困难。

3. 按凸轮轴传动方式分类

按曲轴和凸轮轴的传动方式，可分为齿轮传动、链条传动和同步齿形带传动（图3-5）等。

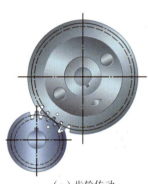

（a）齿轮传动　　　　　　　（b）链条传动　　　　　　（c）同步齿形带传动

图3-5　凸轮轴传动方式

（1）齿轮传动　如图3-5（a）所示，凸轮轴下置、中置的配气机构大多采用圆柱形正时齿轮传动，从曲轴到凸轮轴的传动只需一对正时齿轮，若齿轮直径过大，可在中间加装一个惰轮。为了啮合平稳，减小噪声，正时齿轮多用斜齿。在中小功率发动机上，曲轴正时齿轮用钢来制造，而凸轮正时齿轮则用铸铁或夹布胶木制造，以减小噪声。

（2）链条传动　如图3-5（b）所示，链传动适用于凸轮轴上置的配气机构。为使工作时链条有一定的张力而不至脱链，通常装有导链板、张紧轮装置等。

（3）同步齿形带传动　如图3-5（c）所示，近年来，在高速发动机上广泛采用齿形带来代替传动链。这种齿形带用氯丁橡胶制成，中间夹有玻璃纤维和尼龙织物，以增加强度。采用齿形带传动，能减少噪声和减少结构质量，也可以降低成本。

一、任务准备

（1）设备　科鲁兹LDE（1.6L）发动机翻转台架，维修手册，工具车，工作台。

（2）工具和量具　常用工具1套，正时专用工具1套，气门专用拆装工具1套，预置式扭力扳手，橡胶锤，吸棒，标记笔1支，抹布若干。

二、实施步骤

步骤1　工具、量具准备	
	1. 工具准备齐全，摆放整齐，场地清洁 2. 常用拆装工具、工具柜、工作台、维修手册、抹布若干 3. 科鲁兹LDE（1.6L）发动机翻转台架

步骤2　拆卸配气机构	
 1. 拆下汽缸盖罩 拆下汽缸盖罩的紧定螺栓，小心取下汽缸盖罩，按照正确的顺序分2～3次拆下固定螺栓	 2. 拆下正时皮带上前盖 拆下正时皮带上前盖2个紧定螺栓，取下正时皮带上前盖（如果使用螺丝刀撬动时头部应缠胶带）
 3. 拆下正时皮带中前盖 撬动正时皮带中前盖的两侧塑料卡扣，取下正时皮带中前盖	 4. 确认正时记号 旋转曲轴扭转减振器紧固螺栓至1缸上止点，确认曲轴扭转减振标记与正时罩盖上标记对准
 5. 确认进排气凸轮轴位置执行器调节器齿轮正时标记对准	 6. 将专用工具KM-6625飞轮固定工具安装至发动机汽缸体，来锁紧飞轮
 7. 拆下曲轴扭转减振器 使用指针式扭力扳手拆下曲轴扭转减振器紧固螺栓	 8. 拆下正时皮带下前盖 拆下正时皮带下前盖4个紧固螺栓，取下曲轴扭转减振器和正时皮带下前盖
 9. 检查曲轴正时皮带传动齿轮和油泵壳体记号	 10. 使用内六角扳手对正时皮带张紧轮顺时针施加张力，安装EN-6333锁销，拆下正时皮带，如果将重复使用正时皮带，记录皮带的方向

配气机构的拆卸

续表

 11. 拆下张紧器、惰轮和曲轴链轮	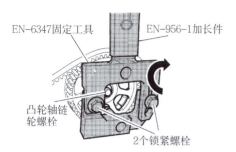 12. 拆下排气和进气凸轮轴链轮 将 EN-6347 固定工具和 EN-956-1 加长件安装至排气凸轮轴链轮，上紧 2 个锁紧螺栓，用 EN-6347 固定工具固定排气凸轮轴链轮的同时，松开排气凸轮轴链轮螺栓，将 EN-6347 固定工具和 EN-956-1 加长件从排气凸轮轴链轮上拆下。对进气凸轮轴链轮重复同样的步骤拆下
 13. 拆下正时皮带后盖 拆下正时皮带后盖 4 个紧固螺栓，取下正时皮带后盖	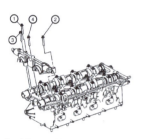 14. 按图示①～④顺序拆下第一凸轮轴承盖紧固螺栓
 15. 用一把塑料锤轻轻敲打以松开第一凸轮轴承盖并取下	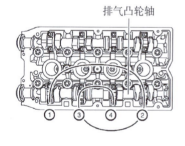 16. 以 1/2 至 1 转的增量从外到内螺旋式松开 8 个排气凸轮轴轴承盖螺栓，拆下 8 个排气凸轮轴轴承盖螺栓，拆卸凸轮轴轴承盖前，先检查标记，从汽缸盖拆下 4 个排气凸轮轴轴承盖，拆下排气凸轮轴
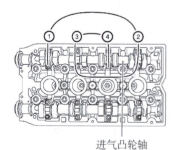 17. 以 1/2 至 1 转的增量从外到内螺旋式松开 8 个进气凸轮轴轴承盖螺栓，拆下 8 个进气凸轮轴轴承盖螺栓，拆卸凸轮轴轴承盖前，先检查标记，从汽缸盖拆下 4 个进气凸轮轴轴承盖，拆下进气凸轮轴	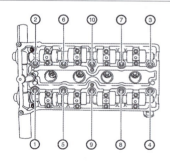 18. 拆下汽缸盖 按图示顺序分三次拆下 10 个汽缸盖螺栓，第一次按顺序将 10 个螺栓松开 90°，第二次按顺序将 10 个螺栓松开 180°，第三次按顺序全部松开 10 个螺栓，汽缸盖放在适当的基座上，汽缸盖衬垫水平放置

续表

 19.拆下气门挺柱 使用磁力吸棒拆下16个气门挺柱，按顺序摆放，安装时需按原位放回	 20.拆下气门 用专用维修工具，压缩气门弹簧并拆下两个定位锁片，拆下弹簧座圈、气门弹簧和气门，按照顺序摆放零件
	21.用专用工具拉出气门油封，按顺序摆放

步骤3　安装配气机构

 1.安装气门油封，给气门杆涂上发动机机油，安装气门、弹簧座圈和气门弹簧，用专用维修工具压缩气门弹簧后安装两个定位锁片，定位锁片锥形端朝向气门	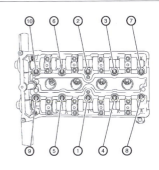 2.安装汽缸盖 安装新的汽缸盖衬垫，安装汽缸盖，按照图示顺序安装10个新的汽缸盖螺栓，第一遍紧固至25N·m，第二遍紧固至90°，第三遍紧固至90°，第四遍紧固至90°，最后一遍紧固至45°，将16个气门挺柱润滑，按原位放回
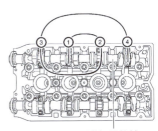 3.安装进气凸轮轴 安装进气凸轮轴前需要使用机油润滑凸轮轴轴颈，安装进气凸轮轴，安装进气凸轮轴轴承盖（注意识别标记），安装8个进气凸轮轴轴承盖螺栓，并从内到外螺旋式紧固至8N·m，如图所示	排气凸轮轴 4.安装排气凸轮轴 安装排气凸轮轴前需要使用机油润滑凸轮轴轴颈，安装排气凸轮轴，安装排气凸轮轴轴承盖（注意识别标记），安装8个排气凸轮轴轴承盖螺栓，并从内到外螺旋式紧固至8N·m，如图所示

配气机构的安装

续表

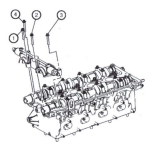 5.第一个凸轮轴轴承盖定位到汽缸体上,安装第一凸轮轴轴盖螺栓并分两遍紧固,第一遍紧固至约2N·m,第二遍紧固至8N·m,安装顺序①~④	 6.安装正时皮带后盖,安装4个新的正时皮带后盖螺栓,并紧固至6N·m
 7.使用适当的开口扳手抵住凸轮轴六角头调整凸轮轴,安装EN-6628锁止工具	 8.安装进、排气凸轮轴链轮,将EN-6340锁止工具安装到凸轮轴链轮中,在螺栓扭矩拧紧程序中,需要用扳手抵住凸轮轴,第一遍紧固至50N·m,第二遍紧固至150°,第三遍紧固至15°,拆下EN-6340锁止工具 9.安装正时皮带张紧器,分三遍拧紧新正时皮带张紧器螺栓,第一遍紧固至20N·m,第二遍紧固至120°,第三遍紧固至15° 10.安装正时皮带惰轮,分三遍拧紧新正时皮带张紧器螺栓,第一遍紧固至20N·m,第二遍紧固至120°,第三遍紧固至15°
	11.安装曲轴链轮,对齐曲轴正时曲轴链轮和油泵壳体记号。安装正时皮带,引导正时皮带通过张紧器并将其放置在曲轴链轮上,将正时皮带放置在排气和进气凸轮轴位置执行器调节器上,使用内六角扳手向箭头指示的方向对正时皮带张紧器施加张力,拆下EN-6333锁销 12.安装正时皮带下前盖,并将4个螺栓紧固至6N·m。安装曲轴扭转减振器,安装新的曲轴扭转减振器螺栓,分三遍紧固,第一遍紧固至95N·m,第二遍紧固至45°,第三遍紧固至15°,拆下EN-6625锁止工具以解锁曲轴 13.安装正时皮带中前盖和上前盖,正时皮带上前盖螺栓紧固至6N·m。安装汽缸盖罩,将一个新衬垫插入汽缸盖罩中,安装11个螺栓,并紧固至8N·m
步骤4 作业后整理	
清洁工具、工作台和场地等	

知识测评

一、填空题

1.发动机的配气机构由_____和_____的组成。气门组的作用是_____。气门传动组的作用是_____,且保证有足够的开度。

2.气门组主要包括气门、_____、_____、气门油封、_____、_____和气门锁片等。

3.配气机构按气门的布置位置不同可以分为_____和_____两类；按曲轴和凸轮轴的传动方式，可分为_____、_____和_____等；按凸轮轴的位置不同可分为凸轮轴下置式、_____和_____。

二、判断题

1.按照气门布置位置不同可分为顶置式气门和侧置式气门，侧置式配气机构因为充气效率低已经被淘汰。（ ）

2.对于多缸发动机来说，各缸同名气门的结构和尺寸是完全相同的，所以可以互换使用。（ ）

3.凸轮轴下置、中置的配气机构大多采用圆柱形正时齿轮传动。（ ）

4.按气门布置位置不同，可分为齿轮传动式、链条传动式、同步齿形带传动式等。（ ）

5.按凸轮轴的位置不同可分为凸轮轴下置式、凸轮轴中置式和凸轮轴上置式。（ ）

三、选择题

1.如右图所示，图中1所代表的气门组零件是（ ）。

A.摇臂　　　　B.上气门弹簧座　　C.气门弹簧　　D.气门

2.四冲程发动机曲轴，当其转速为3000r/min时，则同一汽缸的进气门，在1min时间内开闭次数应该是（ ）。

A.3000次　　　B.1500次　　　C.750次　　　D.1000次

3.曲轴正时齿轮与凸轮轴正时齿轮的转速比是（ ）。

A.1∶1　　　　B.1∶2　　　　C.2∶1　　　　D.3∶1

4.桑塔纳发动机由曲轴到凸轮轴的传动方式是（ ）。

A.正时齿轮传动　B.链传动　　　C.齿形带传动　　D.以上都不对

5.在高速发动机的配气机构，广泛采用（ ）来代替传动链。

A.蜗轮蜗杆传动　B.齿轮传动　　C.齿条传动　　　D.齿形带传动

6.配气机构的凸轮轴直接布置在缸盖上是（ ）。

A.凸轮轴下置式　B.凸轮轴中置式　C.凸轮轴上置式　D.凸轮轴平置式

7.大多数载货汽车和大、中型客车发动机配气机构多采用（ ）。

A.凸轮轴下置式　B.凸轮轴中置式　C.凸轮轴上置式　D.凸轮轴平置式

8.凸轮轴上置式配气机构适合于（ ）发动机。

A.高速　　　　B.中速　　　　C.低速　　　　D.微速

9.在配气机构中封闭进排气道的机构是（ ）。

A.气门传动组　B.气门杆部　　C.气门组　　　D.气门弹簧

10.顶置式气门配气机构的优点很多，如进气阻力小和（ ）等，故被广泛应用。

A.气体压力大　B.工作容积大　C.燃烧室结构紧凑　D.结构复杂

四、简答题

1.配气机构的作用是什么？

2.现代汽车发动机为何几乎都采用顶置式气门配气机构？

笔记

项目二　气门传动组的构造与检测

项目导入

气门传动组是把发动机动力传到气门，保证气门按照发动机工作顺序和要求开闭的重要机构，保证了发动机的空气和燃料的正常供给，燃烧后废气的正常排出。

通过本项目的学习，学生要能了解气门传动组的作用以及组成，掌握气门传动组的主要结构、气门传动组等零件的拆装及检修方法等。

任务　气门传动组的拆装与检测

知识目标：
1.熟悉气门传动组的组成；
2.掌握气门传动组各组成部分的结构原理。

能力目标：
掌握气门传动组的各组成部分拆装及检测。

了解气门传动组的组成、结构及工作原理，能正确选择合适的工量具对气门传动组相关零件进行拆装与检测。

根据发动机配气机构的形式不同，气门传动组一般由凸轮轴、凸轮轴正时齿轮、挺柱、挺柱导管、推杆、摇臂和摇臂轴等零件组成。气门传动组的主要作用是使进、排气门按照配气相位规定的时间开启与关闭。

一、凸轮轴

凸轮轴是由发动机曲轴驱动而旋转，用来驱动和控制各缸气门的开启和关闭，使其符合发动机的工作顺序、配气相位及气门开度的变化规律等要求。此外，一些老式汽油机还利用凸轮轴来驱动分电器、机油泵和汽油泵。

凸轮轴主要由凸轮、凸轮轴轴颈、偏心轮和螺旋齿轮等组成（图3-6）。

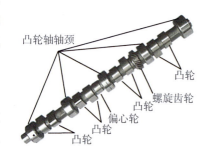

图3-6　凸轮轴

凸轮轴承受周期性的冲击载荷；凸轮与挺柱之间的接触应力很大，相对滑动速度很高，因此，凸轮轴工作表面应有较高的耐磨性和良好的润滑。

凸轮轴轴颈数目的多少是影响凸轮轴支承刚度的重要因素。如果凸轮轴刚度不足，工作时将发生弯曲变形，影响配气正时。

上置式凸轮轴的轴承为剖分式结构，各凸轮轴轴颈的直径均相等。下置式凸轮轴轴颈的直径由前端向后端依次减小，目的是便于安装。

中置式和下置式凸轮的轴承一般采用粉末冶金或青铜制成衬套压入整体式轴承座孔内，再加工轴承内孔，使其与凸轮轴轴颈相配合。上置式凸轮轴的轴承多由上下两片轴瓦对合而成，装入剖分式轴承座孔内。轴承材料多与主轴承相同。

为了防止凸轮轴在工作中产生轴向窜动和承受正时斜齿轮产生的轴向力，凸轮轴必须有轴向限制装置。凸轮轴轴向移动量过大，对于由螺旋齿轮传动的凸轮轴，会影响配气正时。凸轮轴轴向定位方式如图3-7所示。

顶置式凸轮轴通常利用凸轮轴承盖的两个端面和凸轮轴轴颈两侧的凸肩进行轴向定位，如图3-7（a）所示。其间的间隙$\varDelta$就是凸轮轴的最大许用轴向移动量，$\varDelta$值一般为0.1～2.2mm。

中置式和下置式凸轮轴的轴向定位通常采用止推板，如图3-7（b）所示。在第一凸轮轴轴颈和凸轮轴正时齿轮之间装有调整环，在调整环外面又套上止推板。止推板用螺栓固定在汽缸体前端面上。调整环、正时齿轮毂与第一凸轮轴轴颈端面紧紧靠在一起。由于调整环比止推板厚0.08～0.20mm，因此在止推板与凸轮轴正时齿轮毂或止推板与第一凸轮轴轴颈端面之间形成0.08～0.20mm的间隙，此间隙即为凸轮轴最大许用轴向移动量。欲改变凸轮轴轴向移动量，只需更换调整环的厚度即可。

第三种轴向定位的方法是止推螺钉定位，如图3-7（c）所示。在正齿轮室盖上与凸轮轴前相对应的位置拧入止推螺钉，使其端部与正时齿轮紧固螺栓的六角头端面相距$\varDelta$=0.10～0.20mm时，将止推螺钉拧紧，即可实现凸轮轴的轴向定位。

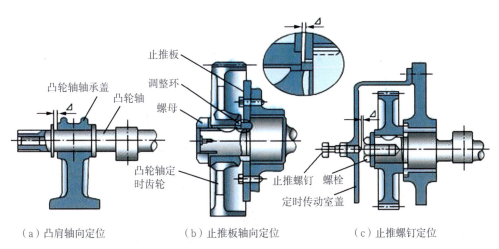

（a）凸肩轴向定位　　（b）止推板轴向定位　　（c）止推螺钉定位

图3-7　凸轮轴轴向定位方式

二、挺柱

挺柱是凸轮的从动件，其作用是将来自凸轮的运动和作用力传给推杆或气门，同时还承受凸轮所施加的侧向力，并将其传给机体或汽缸盖。

挺柱可分为普通挺柱和液力挺柱两大类，每一类中又有平面挺柱和滚子挺柱等多种结构形式。近年来，液力挺柱被广泛地应用。

1. 普通挺柱

配气机构采用的普通挺柱有筒式和滚轮式两种结构形式，如图3-8所示。大多数采用筒式挺柱，筒式挺柱的下端设有油孔,以便将流到挺柱内的机油引到凸轮上润滑。另外,由于挺柱中间为空心,其质量可减小。大型柴油机采用滚轮式挺柱,可以显著减少摩擦力和侧向力,但结构较复杂,质量较大。挺柱位于导向孔内,有些发动机的导向孔直接在缸体或缸盖上镗出,也有些发动机采用可拆式挺柱导向体,导向体固定在缸体上,挺柱装入导向体的导向孔内。

挺柱工作时,由于受凸轮侧向推力的作用,会稍有倾斜,并且由于侧向推力方向是一定的,将引起挺柱与导管之间的磨损,同时挺柱与凸轮固定不变地在一处接触,也会造成磨损不均匀。为此,有的挺柱在结构上制成球面,而且把凸轮面制成带锥度形状,见图3-9。这样凸轮与挺柱的接触点偏离挺柱轴线,当挺柱被凸轮顶起上升时,接触点的摩擦力使其绕本身轴线转动,以达到磨损均匀的目的。

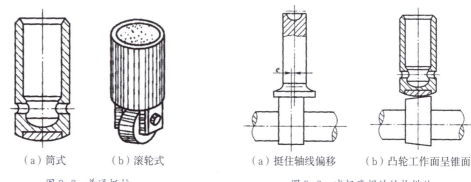

(a) 筒式　　(b) 滚轮式　　　　　(a) 挺住轴线偏移　(b) 凸轮工作面呈锥面

图3-8　普通挺柱　　　　　　　图3-9　减轻磨损的结构措施

2. 液力挺柱

液力挺柱如图3-10所示。挺柱体由圆桶和上端盖焊接而成。下端封闭的油缸外圆柱面与挺柱导向孔配合,内圆柱面与柱塞配合。球阀被补偿弹簧压靠在柱塞下端面的阀座上。

挺柱体内部的低压油腔通过挺柱顶背面的键形槽与柱塞上方的低压油腔相通。当挺柱在运动过程中,挺柱体上的环形槽与缸盖上的斜油孔对齐时,缸盖油道内的润滑油通过量油孔、斜油孔和环形油槽进入低压油腔。柱塞下端油缸内部的空腔,称为高压油腔,当球阀打开时,高压油腔与低压油腔相通。

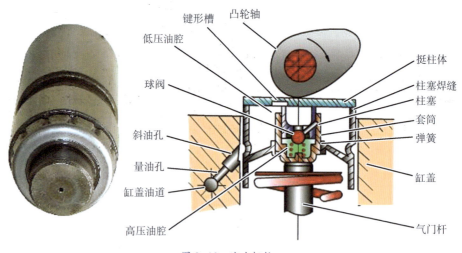

图3-10　液力挺柱

气门关闭以后,补偿弹簧将柱塞和挺柱体继续向上推动一个微小的行程(补偿由于油液泄漏而造成的柱塞与挺柱体的下降),同时高压油腔油压下降,此时球阀打开,低压油腔的油液进入高压油腔内补充泄漏掉的油液。当气门关闭时,挺柱体上的环形油槽与缸盖上的斜油孔对齐,润滑系统的油液进入挺柱低压油腔内。

气门受热膨胀伸长时,通过柱塞与油缸之间的间隙,高压油腔内的油向低压油腔泄漏一部分,柱塞与油缸产生相对运动，从而使挺柱自动"缩短"，保证气门关闭紧密。同时，通过减少气门关闭后的补油量，也保证了气门的关闭紧密。当气门冷却收缩时，补偿弹簧将柱塞与挺柱体向上推动，球阀打开，低压油腔油液进入高压油腔，挺柱自动"伸长"，可保证无气门间隙。

三、推杆

推杆处于挺柱和摇臂之间，其作用是将挺柱传来的运动和作用力传给摇臂。它是配气机构中最容易弯曲的零件。推杆的外形如图3-11所示。

图3-11 推杆

四、摇臂

摇臂是一个双臂杠杆，以中间摇臂轴孔为支点，将推杆传来的力改变方向和大小，传给气门并使气门开启。摇臂两边臂长的比值称为摇臂比。摇臂比约为1.2～1.8。短臂端装有调节螺钉而与推杆接触，长臂端用以推动气门杆端，可使气门的升程大于凸轮的升程。摇臂的结构如图3-12所示。

图3-12 摇臂

摇臂中间摇臂轴轴孔内镶有摇臂轴套和摇臂轴配套。长臂端制成圆弧状，与气门杆尾端接触。短臂端制成螺纹孔，安装有调整螺钉，用来调整气门间隙。摇臂上端面钻有油孔，中间轴孔的润滑油通过该油孔流向摇臂两端进行润滑。

摇臂组如图3-13所示，主要由摇臂、摇臂轴、摇臂轴支座和定位弹簧等组成。

摇臂轴为空心轴，支承在摇臂轴支座孔内，支座用螺栓固定于缸盖上。为防止摇臂轴转动，利用摇臂轴紧固螺钉将摇臂轴固定于支座。中间支座有油孔与缸盖油道相通，油道内的润滑油通过摇臂轴上的油孔进入摇臂轴内腔。碗形塞封住摇臂轴两端，防止润滑油漏出。摇臂通过中间轴孔套装在摇臂轴上，摇臂轴内的润滑油通过轴上的油孔进入到摇臂轴与摇臂衬套的配合间隙中进行润滑。

摇臂在轴上的位置通过定位弹簧来定位，在轴上两摇臂之间装有一个定位弹簧，防止摇臂轴向窜动。

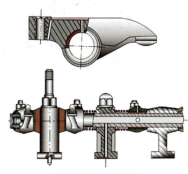

图3-13 摇臂组

一、任务准备

（1）设备 科鲁兹LDE（1.6L）发动机翻转台架，维修手册，工具车，工作台。

（2）工具和量具 常用工具1套，摇把，标记笔1支，抹布若干。

二、实施步骤

步骤1 工具、量具准备	
	1.工具准备齐全，摆放整齐，场地清洁 2.常用拆装工具、工具柜、工作台、维修手册、抹布若干 3.科鲁兹LDE（1.6L）发动机翻转台架

凸轮轴的检测

续表

步骤2 凸轮轴外观检查	
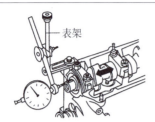	1. 清洁凸轮轴、轴承盖及螺栓 2. 目视检查凸轮、凸轮轴颈、凸轮轴油孔、凸轮轴末端的凹槽、凸轮轴位置传感器安装位置、凸轮轴轴承盖及螺栓
步骤3 凸轮轴轴向间隙检查	
	1. 安装凸轮轴、轴承盖及螺栓,按规定扭力拧紧 2. 检查百分表并组装到磁性表座中,将磁性表座安排在汽缸体的合适位置 3. 将百分表表头紧贴凸轮轴端部,并对百分表预压、校零 4. 轴向往复撬动凸轮轴,同时观察指针偏摆量,数值即为轴向间隙
步骤4 凸轮轴弯曲度检查	
	1. 稳妥安放曲轴,安装百分表,使表头紧贴中间轴颈的测量表面上,并对百分表预压、校零 2. 平稳转动凸轮轴,同时观察百分表的数值,记录百分表左右偏摆值之和 3. 正确判断检测结果
步骤5 凸轮轴磨损检查	
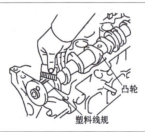	1. 清洁被测量主轴颈、凸轮轴颈表面 2. 用外径千分尺检查凸轮高度或升程 3. 用外径千分尺测量凸轮轴轴颈尺寸,计算圆度和圆柱度误差 4. 检查凸轮轴轴颈及轴承配合间隙 5. 正确判断检测结果
步骤6 凸轮轴油膜间隙检查	
	1. 清洁凸轮轴主轴颈和主轴承盖测量表面 2. 安装塑料线间隙规 3. 按照规定力矩安装主轴承盖,按规范松下轴承盖螺栓,取下凸轮轴轴承盖 4. 将展平后的塑料测量条的宽度和量尺对比,填写数据 5. 正确判断检测结果 6. 完全清除凸轮轴轴颈和轴承盖处的塑料间隙规
步骤7 作业后整理	

知识测评

一、填空题

1. 气门传动组一般由_____、凸轮轴正时齿轮、_____、_____、_____、摇臂和摇臂轴等零件组成。

2. 挺柱可分为_____和_____两大类,每一类中又有_____挺柱和_____挺柱等多种结构形式。近年来_____被广泛地应用。

3. 推杆处于_____和_____之间,其作用是将挺柱传来的运动和作用力传给_____。

4.摇臂是一个_____杠杆，以中间摇臂轴孔为支点，将_____传来的力改变方向和大小，传给_____并使气门开启。

5.摇臂通过_____空套在_____上，并用_____防止其轴向窜动。

二、判断题

1.采用顶置式气门时，充气系数可能大于1。（   ）

2.雪佛兰科鲁兹LDE汽车发动机采用侧置式气门配气机构。（   ）

3.摇臂在摆动过程中承受很大的弯矩，因此应有足够的强度和刚度，以及较小的质量。（   ）

4.凸轮轴的转速比曲轴的转速快一倍。（   ）

5.挺柱在工作时，既有上下往复运动，又有旋转运动。（   ）

6.推杆一般用冷拔无缝钢管制造，两端焊上球头和球座；也可以用中碳钢制成实心推杆，这时两端的球头或球座与推杆锻成一个整体。（   ）

7.液力挺柱可以自动补偿气门间隙不需要调整。（   ）

8.摇臂实际上是一个两臂不等长的双臂杠杆，其中短臂的一端是推动气门的。（   ）

三、选择题

1.四冲程六缸发动机，各同名凸轮之间的相对位置夹角应当是（   ）。

A. 120°　　　　B. 90°　　　　C. 60°　　　　D. 40°

2.摇臂的两端臂长是（   ）。

A. 等臂的　　　B. 靠气门端较长　　　C. 靠推杆端较长　　　D. 以上都不对

3.（   ）作用是将挺柱传来的运动和作用力传给摇臂。

A. 正时齿轮　　B. 凸轮轴　　　C. 齿形带　　　D. 推杆

4.摇臂组主要由摇臂、摇臂轴、（   ）和定位弹簧等组成。

A. 凸轮轴　　　B. 摇臂轴支座　　　C. 挺柱　　　D. 推杆

5.下述各零件不属于气门组部件的是（   ）。

A. 气门弹簧　　B. 气门　　　C. 气门弹簧座　　　D. 凸轮轴

6.凸轮轴上凸轮的轮廓的形状决定于（   ）。

A. 气门的升程　　　　　　　　B. 气门的运动规律

C. 气门的密封状况　　　　　　D. 气门的磨损规律

7.下述各零件不属于气门传动组的是（   ）。

A. 气门弹簧　　B. 挺柱　　　C. 摇臂轴　　　D. 凸轮轴

四、问答题

1.气门传动组有什么作用，由哪几部分组成？

2.如何检查凸轮轴弯曲度？

3.为什么液力挺柱没有气门间隙？

4.摇臂和摇臂轴的作用是什么？

项目三 气门组的构造与检测

项目导入

通过本项目的学习,学生要能了解气门组的作用以及组成,掌握气门组的主要结构、气门组等零件的拆装及检修方法等。

任务 气门组零件的检测

知识目标:
1. 认识气门组零件;
2. 了解气门组零件的作用。

能力目标:
会拆装及检测气门组零件。

认识气门组零件的结构;学会使用合适的工量具对气门组相关零件进行拆装和检修。

气门

气门组如图3-14所示,由气门、气门座(圈)、气门导管、气门弹簧、锁片、气门弹簧座等零件组成。

一、气门

气门分为进气门和排气门两种,其作用是密封进、排气道。气门主要在高温、高压、冲击、润滑困难的条件下工作,要求足够的强度、刚度、耐磨、耐高温、耐腐蚀、耐冲击。通常进气门采用合金钢(铬钢或镍铬等),排气门采用耐热合金钢(硅铬钢等)。另外,为了改善气门的导热性能,可在气门内部充注金属钠,如图3-15所示。钠在97.8℃时为液态,液态钠可将气门头部的热量传给气门杆,冷却效果十分明显。捷达王轿车EA113及奥迪A6轿车发动机排气门即采用充钠气门。

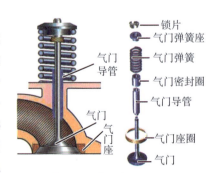

图3-14 气门组

气门主要由头部、杆身和尾部组成。

气门头部是一个具有圆锥斜面的圆盘,气门锥角一般为45°,也有30°的,气门头边缘应保持一定厚度，一般为 1～3mm，以防工作中冲击损坏、变形和被高温烧蚀。气门密封锥面与气门座配对研磨，如图 3-16 所示。

气门头部形状有平顶、球面顶和喇叭形顶等，如图 3-17 所示。

① 平顶：结构简单，制造方便，吸热面积小，质量小，进、排气门均可采用。

② 球面顶：适用于排气门，强度高，排气阻力小，废气的清除效果好，但受热面积大，质量和惯性力大，加工较复杂。

③ 喇叭形顶：适用于进气门，进气阻力小，但受热面积大。

气门杆有较高的加工精度和较低的粗糙度，与气门导管保持较小的配合间隙，以减小磨损，并起到良好的导向和散热作用。

气门尾端的形状决定于上气门弹簧座的固定方式。采用剖分成两半且外表面为锥面的气门锁夹来固定上气门弹簧座，结构简单，工作可靠，拆装方便，因此得到了广泛的应用。气门锁夹内表面有多种形状，相应地气门尾端也有各种不同形状的气门锁夹槽，如图 3-18 所示。

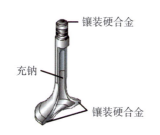

图 3-15 充钠排气门

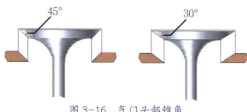

图 3-16 气门头部锥角

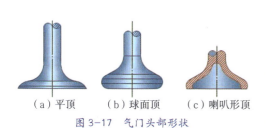

（a）平顶　　（b）球面顶　　（c）喇叭形顶

图 3-17 气门头部形状

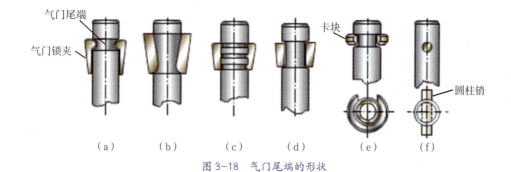

（a）　　（b）　　（c）　　（d）　　（e）　　（f）

图 3-18 气门尾端的形状

一般发动机每个汽缸有两个气门，即一个进气门和一个排气门。进气门头部直径比排气门大 15%～30%，目的是增大进气门通过断面面积，减小进气阻力，增加进气量。每缸两气门的发动机又称两气门发动机。现代高性能汽车发动机普遍采用每缸三、四、五个气门，如图 3-19 所示，其中尤以四气门发动机为数最多。

（a）二气门　　　（b）三气门　　　（c）四气门　　　（d）五气门

图 3-19 多气门

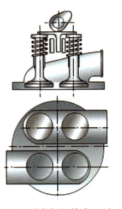
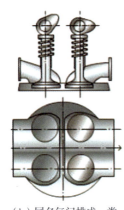

(a) 同名气门排成两列　　(b) 同名气门排成一类

图 3-20　每缸四气门的布置

四气门发动机每缸两个进气门，两个排气门，如图 3-20 所示。其突出的优点是气门通过断面积大，进、排气充分，进气量增加，发动机的转矩和功率提高。其次是每缸四个气门，每个气门的头部直径较小，每个气门的质量减小，运动惯性力减小，有利于提高发动机转速。最后，四气门发动机多采用篷形燃烧室，火花塞布置在燃烧室中央，有利于燃烧。

二、气门导管

气门导管的功用是对气门的运动导向，保证气门做直线往复运动，使气门与气门座或气门座圈能正确贴合。此外，还将气门杆接受的热量部分地传给汽缸盖，如图 3-21 所示。气门导管的工作温度较高，而且润滑条件较差，靠配气机构工作时飞溅起来的机油来润滑气门杆和气门导管孔。气门导管由灰铸铁、球墨铸铁或铁基粉末冶金制造。在以一定的过盈将气门导管压入汽缸盖上的气门导管座孔之后，再精铰气门导管孔，以保证气门导管与气门杆的正确配合间隙。

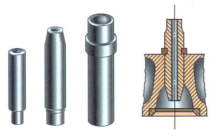

图 3-21　气门导管

三、气门座

汽缸盖上与气门锥面相贴合的部位称气门座，如图 3-22 所示。气门座的温度很高，又承受频率极高的冲击载荷，容易磨损。因此，铝汽缸盖和大多数铸铁汽缸盖均镶嵌由合金铸铁或粉末冶金或奥氏体钢制成的气门座圈。在汽缸盖上镶嵌气门座圈可以延长汽缸盖的使用寿命。也有一些铸铁汽缸盖不镶气门座圈，直接在汽缸盖上加工出气门座。

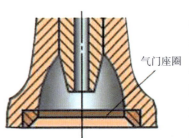

图 3-22　气门座

四、气门弹簧

气门关闭时，气门弹簧能保证气门与气门座圈的紧密贴合，并克服在气门开启时配气机构所产生的惯性力，使传动件始终受凸轮控制而不相互脱离。为保证上述作用的实现，气门弹簧的刚度一般都很大，而且在安装时进行了预紧压缩，预紧力很大，如图 3-23 所示。

气门弹簧一般为等螺距圆柱形螺旋弹簧。当气门弹簧的工作频率与其固有的振动频率相等或为其整数倍时，气门弹簧就会发生共振。共振时将使配气定时遭到破坏，使气门发生反跳和冲击，甚至使弹簧折断。为防止共振的发生，常采取下列结构措施：

图 3-23　气门弹簧

① 采用双气门弹簧，在柴油机和高性能汽油机上广泛采用每个气门安装两个直径不同，旋向相反的内、外弹簧。由于两个弹簧的固有频率不同，当一个弹簧发生共振时，另一个弹簧能起到阻尼减振作用。采用双气门弹簧还可以减小气门弹簧的高度，而且当一个弹簧折断时，另一个弹簧仍可维持气门工作。弹簧旋向相反，可以防止折断的弹簧圈卡入另一个弹簧圈内使其不能工作或损坏。

② 采用变螺距气门弹簧，某些高性能汽油机采用变螺距单气门弹簧。变螺距弹簧的固有频率不是定值，从而可以避开共振。

③ 采用锥形气门弹簧，锥形气门弹簧的刚度和固有振动频率沿弹簧轴线方向是变化的，因此可以消除发生共振的可能性。

五、气门旋转机构

当气门工作时，气门旋转机构能使气门产生缓慢的旋转运动。气门旋转机构可使气门头部周向温度分布比较均匀，从而减小气门头部的热变形。同时，气门旋转时，在密封锥面上产生轻微的摩擦力，能够清除锥面上的沉积物，如图3-24所示。

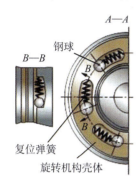
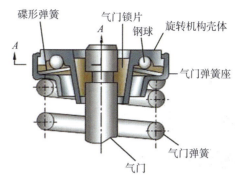

图3-24　气门旋转机构

六、锁片及卡簧

锁片、卡簧的作用是在气门弹簧力的作用下把弹簧座和气门杆锁住，使弹簧力作用到气门杆上，如图3-25所示。

图3-25　锁片

一、任务准备

（1）设备　科鲁兹LDE（1.6L）发动机翻转台架，维修手册，工具车，工作台等。

（2）工具和量具　常用工具1套，塞尺，千分尺，摇把，抹布等。

二、实施步骤

步骤1　工具、量具准备	
	1. 具准备齐全，摆放整齐，场地清洁 2. 常用拆装工具、工作台、维修手册、抹布若干 3. 科鲁兹LDE（1.6L）发动机翻转台架
步骤2　气门的检测	
 1.外观检验 检查气门头到气门杆是否有以下情况：气门座部位点蚀、气门余量厚度不足、气门杆弯曲、气门杆点蚀或严重磨损、气门锁片槽磨损、气门杆顶端磨损，如果存在上述任一状况，则更换气门	 2.气门杆长度的测量 使用高度千分尺在平台上测量气门长度

气门的检查与测量

续表

 3. 气门头部直径的测量 使用外径千分尺测量气门头部直径	 4. 气门对气门座的同心度检查和气门锥面上的接触面宽度的测量 将红印油均匀地涂抹在气门座上，然后将气门放到气门座上，用手按压左右转动气门，取下气门观察红印油连续性，检查气门对气门座的同心度，用游标卡尺测量气门上红印油的宽度，即为气门锥面上的接触面宽度
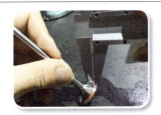	5. 气门余量检查 使用游标卡尺测量气门上红印油距离气门锥面两侧边缘的宽度，即为气门的余量
步骤3　气门座的检修	
	气门座的接触面宽度测量 清洁气门和气门座后，将红印油均匀地涂抹在气门锥面上，然后将气门按放到气门座上，用手按压并左右转动气门，用游标卡尺测量气门座的接触面宽度测量
步骤4　作业后整理	

知识测评

一、填空题

1. 四冲程发动机每完成一个工作循环，曲轴旋转_____周，各缸的进、排气门各开启_____次，此时凸轮轴旋转_____周。

2. 气门由_____、_____和尾部三部分组成。

3. 气门弹簧座一般是通过_____或_____固定在气门杆尾端的。

4. 采用双气门弹簧时，两个弹簧的旋向必须相_____。

5. _____的作用是起导向作用，保证气门做直线往复运动，同时还起到导热作用，将气门头部传给杆身的热量，通过汽缸盖传出去。

6. 气门导管和气门的润滑是靠配气机构_____出来的机油进行润滑的，因此易磨损。

7. 气门与气门座圈的密封带位置在_____。铰削气门座时，利用_____作为定位基准。

二、判断题

1. 气门组的作用是封闭进、排气道。　　　　　　　　　　　　　　　　　　（　　）

2. 发动机采用多气门结构后，排气门总的通过断面较大，排气充分。　　　（　　）

3. 发动机采用多气门结构后，进气门总的通过断面较大，充气效率较高。　（　　）

4. 气门的开启是通过气门传动组的作用来完成的，而气门的关闭则是由气门弹簧来完成的。（   ）

5. 两气门一样大时，排气门有记号。（   ）

6. 在气门升程相同的情况下，气门锥角小，可以获得较大的气流通过截面，进气阻力较小。（   ）

7. 气门密封锥面应与气门座配对研磨。（   ）

8. 铰削气门座后，装入新气门，气门大端平面若低于汽缸盖燃烧室平面2 mm以上，应镶换新的气门座圈。（   ）

9. 更换气门导管时，应首先弄清气门导管有无台肩或开口锁环。（   ）

10. 气门组的主要作用是使进、排气门按照配气相位规定的时间开启与关闭。（   ）

11. 排气门的材料一般要比进气门的材料好些。（   ）

12. 进气门头部直径通常要比排气门的头部大，而气门锥角有时比排气门的小。（   ）

三、选择题

1. 气门顶边缘与气门密封锥面之间应该有一定的厚度，一般为（   ），以防工作中冲击损坏和被高温烧蚀。

   A. 1～3 mm　　B. 3～4 mm　　C. 4～5 mm　　D. 5～6 mm

2. 气门与座圈的密封带宽度过小，将导致（   ）。

   A. 气门磨损加剧　　B. 容易烧蚀气门
   C. 气门脚响　　D. 以上都不对

3. 若气门与气门座圈的接触环带太靠近气门杆，应选择（   ）的铰刀修正。

   A. 15°　　B. 45°　　C. 75°　　D. 70°

4. 当每缸采用多气门时，气门排列的方案通常是（   ）排成一列，分别用进气凸轮轴和排气凸轮轴驱动。

   A. 同名气门　　B. 异名气门
   C. 所有气门　　D. 以上都不对

5. 铰削气门座时，利用（   ）作为定位基准。

   A. 气门导管　　B. 气门座圈
   C. 气门杆　　D. 汽缸盖下平面

6. 气门座粗铰后，应用光磨过的同一组气门进行涂色试配，查看印痕，看清接触面的宽度和所处的位置，接触面应处于（   ）。

   A. 气门座的中下部　　B. 气门的中下部
   C. 气门座的上部　　D. 以上都不对

7. 气门座粗铰后，应用光磨过的同一组气门进行涂色试配，查看印痕，看清接触面的宽度和所处的位置，接触面应处于气门座的中下部，当接触面偏上时，用（   ）。

   A. 15°锥角的铰刀铰上口　　B. 75°锥角的铰刀铰下口
   C. 用20°和45°铰刀进行修　　D. 以上都不对

8. 气门座粗铰后，应用光磨过的同一组气门进行涂色试配，查看印痕，看清接触面的宽度和所处的位置，接触面应处于气门座的中下部，当接触面偏下时，用（   ）。

   A. 15°锥角的铰刀铰上口　　B. 75°锥角的铰刀铰下口
   C. 用20°和45°铰刀进行修正　　D. 以上都不对

9. 研磨气门时，将气门进行往复和旋转运动，注意旋转角度不宜过大，以免磨出环形磨痕，一般以（　　）为宜。

A.5°～10°　　　　　　　　　　　B.30°～50°

C.10°～30°　　　　　　　　　　　D.20°～40°

10.（　　）的作用是保证气门在往复运动时与气门座正确密合。

A. 气门导管　　　B. 气门弹簧　　　C. 推杆　　　D. 挺柱

四、简答题

1. 气门弹簧起什么作用？为了防止发动机工作时气门弹簧产生共振，在结构上采取了哪些措施？

2. 进气门和排气门在材料上应有什么样的要求？

3. 气门导管的作用是什么？

项目四 配气机构故障的诊断与排除

项目导入

通过本项目的学习，使学生能够认知配气相位与气门间隙概念，掌握配气机构的气门间隙的测量与调整方法，学会对配气机构进行故障诊断与排除。

任务 气门间隙的检测与调整

知识目标：
掌握配气相位和气门间隙的概念。
能力目标：
掌握配气机构气门间隙的测量与调整方法。

通过本任务的学习，使学生掌握配气相位和气门间隙的概念，并能够使用合适的工具对配气机构的气门间隙进行检测和调整。

一、配气相位

实际发动机的工作中，为使进气充分，排气干净，进气门和排气门均存在早开晚关的情况，进气门和排气门的开启持续时间也大于180°曲轴转角。配气相位是用曲轴转角表示的进、排气门的开启时刻和开启延续时间。配气相位通常用环形图表示，称为配气相位图，如图3-26所示。

配气相位是否准确对发动机的动力性、经济性、环保性有很大的影响。配气相位不准，会导致进气不充分、排气不顺畅，将影响混合气的形成品质，造成燃烧不完全，使发动机的动力性下降，燃料消耗量增加，排放污染物中的一氧化碳、氮氧化合物、碳氢化合物将大大增加。

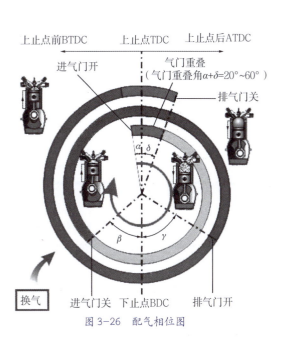

图3-26 配气相位图

笔记

1. 进气门配气相位

发动机实际工作过程中，进气门是在活塞运行到排气行程上止点之前开始打开的，而在活塞运行到进气行程下止点之后才关闭。从进气门开始开启到活塞运行到上止点，曲轴转过的角度，称为进气门提前角 α，一般为 $10°\sim30°$。从进气行程下止点到进气门完全关闭，曲轴转过的角度，称为进气门的迟闭角 β，一般为 $40°\sim80°$。从进气门开始开启到完全关闭，曲轴转过的角度称为进气门开启持续角，即 $\alpha+180°+\beta$。

2. 排气门配气相位

发动机实际工作工程中，排气门是在活塞运行到做功行程下止点之前开始打开的，而在活塞运行到排气行程上止点之后才关闭。从排气门开始开启到活塞运行到下止点，曲轴转过的角度，称为排气门提前角 γ，一般为 $40°\sim80°$。从排气行程上止点到排气门完全关闭，曲轴转过的角度，称为排气门的迟闭角 δ，一般为 $10°\sim30°$。从排气门开始开启到完全关闭，曲轴转过的角度，称为排气门开启持续角，即 $\gamma+180°+\delta$。

3. 气门重叠角

活塞处于排气行程上止点附近时，由于进气门在上止点前即开启，而排气门在上止点后才关闭，这就出现了在一段时间内排气门和进气门同时开启的现象，称为气门叠开。气门叠开过程中，曲轴转过的角度称为气门重叠角，即 $\alpha+\delta$。

如果气门重叠角过大，当汽油机小负荷运转，进气管内压力很低时，就可能出现废气倒流，进气量减少。

二、气门间隙

气门间隙是指发动机处于冷态时，气门完全关闭，在气门杆端面与传动机构间留有适当的间隙，以补偿气门受热后的膨胀量，这一预留间隙称为气门间隙，如图 3-27 所示。一般排气门的气门间隙要略大于进气门的气门间隙。

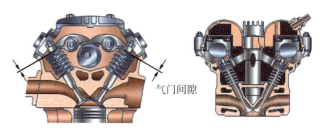

图 3-27 气门间隙

不同机型，气门间隙的大小不同，根据实验确定，一般冷态时，排气门间隙大于进气门间隙，进气门间隙约为 $0.25\sim0.3$mm，排气门间隙约为 $0.3\sim0.35$mm。

间隙过大就会造成进、排气门开启滞后，缩短了进排气时间，降低了气门的开启高度，改变了正常的配气相位，使发动机因进气不足，排气不净而功率下降，此外，还使配气机构零件的撞击增加，磨损加快；间隙过小将会造成发动机工作后，零件因受热膨胀，将气门推开，使气门关闭不严，造成漏气，功率下降，并使气门的密封表面严重积炭或烧坏，甚至气门撞击活塞。采用液压挺柱的配气机构不需要留气门间隙。

拓展知识

具有固定配气相位发动机的气门正时主要是考虑发动机常用工况下的有效功率、有效转矩尽可能增加，但在发动机怠速运行时，很可能产生废气倒流等现象，这容易造成发动机怠速不稳、振动过大、功率下降等现象。为了消除这一缺陷，近年来有些汽车发动机采用了可变配气相位控制系统。

发动机上的可变配气相位控制系统可以通过两种形式实现：一是可变气门正时控制机构；二是可变气门升程控制机构。

本田汽车公司20世纪80年代推出的VTEC（variable valve riming & valve lift electronic control）可变气门正时和升程电子控制系统,可使发动机在高速状态时,改变气门正时和升程,并由ECM电控组件控制,同时也可改变发动机在高速状态时进排气门开启的"重叠时间",使发动机在高速范围时输出更大的功率。

1.VTEC 结构组成

VTEC机构主要由气门（每缸2进2排）、凸轮、摇臂、同步活塞（A、B）和正时活塞等组成。本田ACCORD F22B1发动机VTEC结构如图3-28所示。

2.VTEC 工作原理

VTEC机构中的凸轮有三个,它们的线型不同。高速凸轮位于中央,叫中间凸轮,它的升程最大；另外两个低速凸轮,凸轮较高的一个叫主凸轮,较低的一个叫次凸轮。与这三个凸轮相对应的摇臂分别为中间摇臂、主摇臂和次摇臂,两个气门分别安排在主、次摇臂上。在三个摇臂内有一个孔道,内装有正时活塞、同步活塞（A、B）和定位活塞。每个汽缸的两个进气门上都装有一套VTEC机构。VTEC工作过程如图3-29所示。

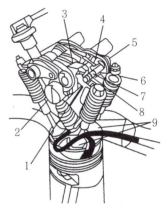

图3-28 本田ACCORD F22B1发动机VTEC结构
1-主摇臂；2-凸轮轴；3-正时板；4-中间摇臂；
5-次摇臂；6-同步活塞B；7-同步活塞A；
8-正时活塞；9-进气门

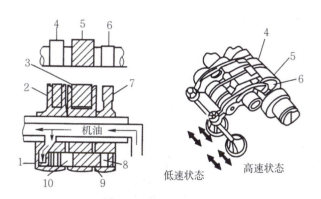

图3-29 VTEC工作过程
1-正时活塞；2-主摇臂；3-中间摇臂；4-主凸轮；
5-中间凸轮；6-次凸轮；7-次摇臂；8-定位活塞；
9-同步活塞B；10-同步活塞A

VTEC控制系统的组成,如图3-30所示,可为分执行系统、传感器和控制系统三部分。

执行系统由VTEC机构中的凸轮、摇臂和同步活塞等组成。控制系统由发动机ECM电控组件、VTEC电磁阀、VTEC压力开关等组成。在发动机运转过程中,各传感器不断地向ECM输入转速、负荷、车速以及水温信号。由ECM判断何时改变气门正时和升程。当符合转换条件后,ECM操纵VTEC电磁阀打开油路,使从机油泵输出的压力油推动同步活塞,将三个摇臂连锁起来,实行VTEC气门正时和升程变动,以改变进气量,增加发动机功率。如果不符合转换条件,ECM将VTEC电磁阀断电,切断油路,不实行VTEC控制。

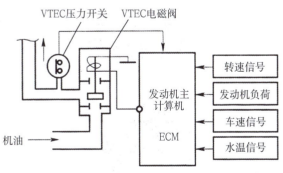

图3-30 VTEC控制系统

3.VTEC 控制系统的工作过程

（1）低速状态 发动机低速运转时,凸轮轴油道内没有机油压力,活塞在回位弹簧的作用下处于左端,这时,A、B两个同步活塞正好处于主摇臂和中间摇臂内,三个摇臂各自独立运动,不干涉。这时的两个进气门分别由主、次凸轮驱动,主摇臂驱动主气门,次摇臂驱动副气门。由于主凸轮升程长,

笔记

因而气门开度大,次凸轮升程短而使副气门开启很小,导致进入发动机汽缸的混合气也相对少。中间摇臂虽然受中间凸轮驱动,但对气门动作无影响。因此,发动机在低速时,VTEC不起作用。

(2)高速状态 在图3-29中,主摇臂上装有一正时板,当正时板卡入正时活塞时,活塞无法移动,随着发动机转速的升高,当达到转换条件时,压力油注入凸轮轴油道内,正时板移出,在气门关闭时使摇臂正时,油压便推动正时活塞移动,也推动A、B同步活塞克服回位弹簧弹力逐渐贯穿三个摇臂。当正时板卡入正时活塞的第二道环后,发动机进入VTEC工作状态。这时,活塞贯穿三个摇臂使三个摇臂同时动作。由于高速凸轮升程高,所以由高速凸轮驱动的两个进气门的开启时间及升程均增加。VTEC作用的结果是发动机在高速状态下,延长进、排气同时开启的"气门重叠"时间,使发动机功率和扭矩得到提高。

当发动机转速下降时,油压降低,凸轮轴孔内的机油开始卸荷,正时活塞在回位弹簧作用下回位,三个摇臂又脱离连接而各自独立运动。

一、任务准备

(1)设备 科鲁兹LDE(1.6L)发动机翻转台架,维修手册,工具车,工作台等。
(2)工具和量具 常用工具1套,塞尺,千分尺,抹布等。

二、实施步骤

气门间隙
检查

	步骤1 工具、量具准备	
		1.选择需要工具和量具 2.查阅维修手册,了解检测步骤
	步骤2 拆下汽缸盖罩	
		拆下汽缸盖罩固定螺栓,小心取下汽缸盖罩,按照正确的顺序分2~3次拆下固定螺栓
	步骤3 拆下正时皮带上前盖	
		拆下正时皮带上前盖2个紧固螺栓,取下正时皮带上前盖(使用螺丝刀撬动时头部应缠胶带)
	步骤4 确认正时记号	
	 1.旋转曲轴扭转减振器紧固螺栓至1缸上止点,确认曲轴扭转减振记号与正时罩盖上标记对准	 2.确认进排气凸轮轴位置执行器调节器齿轮正时标记对准

续表

步骤5　检测2缸进气侧和3缸排气侧气门间隙	

使用塞尺检测2缸进气侧和3缸排气侧气门间隙，记录结果	
步骤6　检测1缸进气侧和4缸排气侧气门间隙	

1.通过曲轴扭转减振器螺栓将曲轴沿发动机旋转方向转动180°	2.使用塞尺检测1缸进气侧和4缸排气侧气门间隙，记录结果
步骤7　检测3缸进气侧和2缸排气侧气门间隙	

1.通过曲轴扭转减振器螺栓将曲轴沿发动机旋转方向转动180°	2.使用塞尺检测3缸进气侧和2缸排气侧气门间隙，记录结果
步骤8　检测4缸进气侧和1缸排气侧气门间隙	

1.通过曲轴扭转减振器螺栓将曲轴沿发动机旋转方向转动180°	2.使用塞尺检测4缸进气侧和1缸排气侧气门间隙，记录结果
步骤9　拆卸凸轮轴，将需要调整的气门间隙的气门挺柱拆下（拆卸方法见项目一）	
标准进气门间隙：0.25mm 标准排气门间隙：0.30mm	
步骤10　使用千分尺测量气门挺柱	

步骤11　新液压挺柱的选配	
使用千分尺检测原挺柱的厚度，根据以下公式计算新挺柱厚度。然后查询正确的配件编号。 新挺柱厚度计算公式： 新挺柱厚度＝测量气门间隙值＋实际厚度值－标准气门间隙	
步骤12　作业后整理	

气门间隙
的调整

附： 科鲁兹LED（16.L）气门推杆配件选配表

尺寸	配件号
气门推杆（标记号：08，尺寸 3.070-3.090）	24438041
气门推杆（标记号：12，尺寸 3.110-3.130）	24438146
气门推杆（标记号：14，尺寸 3.130-3.150）	24438147
气门推杆（标记号：16，尺寸 3.150-3.170）	24438148
气门推杆（标记号：20，尺寸 3.190-3.210）	24438150
气门推杆（标记号：04，尺寸 3.030-3.050）	24465260
气门推杆（标记号：24X，尺寸 3.230-3.244）	55353764
气门推杆（标记号：27X，尺寸 3.258-3.272）	55353766
气门推杆（标记号：30X，尺寸 3.286-3.300）	55353768
气门推杆（标记号：32X，尺寸 3.314-3.328）	55353770
气门推杆（标记号：35X，尺寸 3.342-3.356）	55353722
气门推杆（标记号：38X，尺寸 3.370-3.384）	55353774
气门推杆（标记号：41X，尺寸 3.398-3.412）	55353776
气门推杆（标记号：43X，尺寸 3.426-3.440）	55353778
气门推杆（标记号：47，尺寸 3.460-3.480）	55353780
气门推杆（标记号：51，尺寸 3.500-3.520）	55353782
气门推杆（标记号：55，尺寸 3.540-3.560）	55353784
气门推杆（标记号：59，尺寸 3.580-3.600）	55353786

一、填空题

1.从进气门开始开启到活塞运行到上止点，曲轴转过的角度，称为_____，一般为_____°。

2.从进气行程下止点到进气门完全关闭，曲轴转过的角度，称为_____，一般为_____°。

3.从进气门开始开启到完全关闭，曲轴转过的角度称为_____，即 α+180°+β。

4.从排气门开始开启到活塞运行到下止点，曲轴转过的角度，称为_____，一般为 40°～80°。

5.从排气行程上止点到排气门完全关闭，曲轴转过的角度，称为_____，一般为 10°～30°。

6.从排气门开始开启到完全关闭，曲轴转过的角度，称为_____，即 γ+180°+δ。

7.活塞处于排气行程上止点附近时，由于进气门在上止点前即开启，而排气门在上止点后才关闭，这就出现了在一段时间内排气门和进气门同时开启的现象，称为_____。气门叠开过程中，曲轴转过的角度称为_____，即 α+δ。

8.气门重叠角_____，当汽油机小负荷运转，进气管内压力很低时，就可能出现废气倒流，进气量_____。

二、判断题

1. 气门间隙的作用之一是保证有正确的配气相位，故调整配气相位的最好方法是将气门间隙与配气相位统一起来调整。（ ）

2. 气门间隙是指压缩上止点时，气门杆尾端与摇臂或挺柱之间的间隙。（ ）

3. 一般冷态时，排气门间隙小于进气门间隙。（ ）

4. 气门间隙过大，发动机工作后，零件受热膨胀，将气门推开，使气门关闭不严，造成漏气，功率下降，并使气门的密封表面严重积炭或烧坏，甚至气门撞击活塞。（ ）

5. 进气门迟闭角随着发动机转速上升应加大。（ ）

6. 气门重叠角越大越好。（ ）

7. 因为采用了液力挺杆，所以气门间隙就不需要调整了。（ ）

8. 因为发动机的排气压力较进气压力大，所以在五气门式的配气机构中，往往采用两个进气门和三个排气门。（ ）

9. 气门间隙过大、过小会影响发动机配气相位的变化。（ ）

10. 气门间隙是指气门与气门座之间的间隙。（ ）

三、选择题

1. 进、排气门在排气上止点时（ ）。

    A. 进气门开，排气门关　　　　　B. 排气门开，进气门关

    C. 进、排气门全关　　　　　　　D. 进、排气门叠开

2. 进、排气门在做功下止点时（ ）。

    A. 进气门开，排气门关　　　　　B. 排气门开，进气门关

    C. 进、排气门全关　　　　　　　D. 进、排气门全开

3. 配气相位是用（ ）表示的进、排气门的开启时刻和开启延续时间。

    A. 曲轴转角　　B. 凸轮轴转角　　C. 角度　　D. 弧度

4. 气门间隙的二次调整法中的"双"指（ ）。

    A. 两个气门间隙均不可调　　　　B. 仅进气门间隙不可调

    C. 仅排气门间隙不可调　　　　　D. 两个气门间隙均可调

5. 做功顺序为1-3-4-2的发动机，在第三缸活塞压缩上止点时，可以检查调整（ ）气门间隙。

    A. 3缸的进、排气门和4、2缸的进气门

    B. 1、4缸的进气门和2缸的排气门

    C. 3缸的进、排气门和4缸的排气门和1缸的进气门

    D. 1缸的进、排气门和4缸的排气门和2缸的进气门

6. 气门脚响是因为（ ）而发出的一种连续而有节奏的金属敲击声。

    A. 气门间隙过大　　　　　　　　B. 气门间隙过小

    C. 气门与气门座圈配合不良　　　D. 以上都不正确

7. 气门间隙的二次调整法中的"不"指（　　）。

A. 两个气门间隙均不可调　　　　　　B. 仅进气门间隙不可调

C. 仅排气门间隙不可调　　　　　　　D. 两个气门间隙均可调

四、简答题

1. 为什么要预留气门间隙？气门间隙过大、过小为什么都不好？

2. 为什么进、排气门要提前开启，延迟关闭？

3. 已知某四冲程发动机的进气提前角为25°，进气迟闭角为40°，排气提前角为45°，排气迟闭角为15°，请画出该发动机的配气相位图，并指出进、排气门重叠角。

单元四　汽油机电控燃油喷射系统

单元描述

汽油机电控燃油喷射系统（EFI）由空气供给系统、燃油供给系统和电子控制系统三部分组成。其基本工作原理是：ECM不断接收来自多个传感器的信号，并根据传感器的信号确定发动机所处工况和当时的进气量，然后依据当时工况确定空燃比，并根据进气量和空燃比计算出所需的喷油量，进而通过控制喷油器的喷油脉宽实现喷油量的控制。采用电子燃油喷射，不管在哪种工况下都能获得最佳空燃比的混合气。目前汽油机电控燃油喷射系统已被世界各国汽车业广泛采用。

本单元主要任务是了解汽油机电控燃油喷射系统的功用，认识汽油机电控燃油喷射系统的结构组成，掌握各种传感器、执行器的构造、工作原理，掌握汽油机电控燃油喷射系统各电子元器件的原理和检测，能够对常见故障进行诊断与排除等。

项目一　空气供给系统的组成与检测

项目导入

在前面几个单元中我们学习了活塞在汽缸内的运动，当发动机处于进气行程时，活塞向下运动使汽缸内产生真空，此时汽缸内与外界空气产生压力差，让空气能进入汽缸内。这就是本项目要学习的空气供给系统，简称供气系统，其功用是为发动机可燃混合气的形成提供必需的空气，并测量进入汽缸的空气量。

一、可燃混合气

由于汽油容易引燃、容易蒸发，传统上以汽油为燃料的发动机，采用的是先在汽缸外使汽油喷射成雾状并蒸发，与适量空气均匀混合后，进入汽缸燃烧。可燃混合气就是指这种燃料与空气按比例混合形成的混合气体，可燃混合气中燃料的含量就是可燃混合气的浓度。

可燃混合气的浓度通常用空燃比或过量空气系数来表示。

空燃比 R 是指可燃混合气中空气质量与燃油质量的比值。即：

$$R = \frac{混合气中空气质量（kg）}{混合气中燃油质量（kg）}$$

理论上完全燃烧1kg的汽油需要14.7kg的空气，即理论空燃比为14.7，此时的混合气称为标准混合气；当 $R > 14.7$ 时称为稀混合气；当 $R < 14.7$ 时称为浓混合气。

过量空气系数 α 是指在燃料在燃烧过程中实际供给的空气质量与理论上燃料完全燃烧所需的空气质量的比值。即：

$$\alpha = \frac{燃料在燃烧过程中实际供给的空气质量}{理论上燃料完全燃烧所需要的空气质量} = \frac{实际空燃比}{理论空燃比}$$

由上式可知，α 与燃料种类无关，若 $\alpha=1$ 的可燃混合气为理论（或标准）混合气；$\alpha > 1$ 为稀混合气，

α < 1 则为浓混合气。

不同工况对混合气的要求见表 4-1。

表 4-1 不同工况对混合气的要求

工况	工况特征	对混合气要求
启动	冷车启动，发动机温度低，曲轴转速低（50～100r/min），汽油雾化、蒸发不良，大量汽油处于油粒和油膜状态	要求提供适量极浓（α = 0.2～0.6）的混合气，保证混合气中有足够浓度的汽油蒸气，以利于顺利着火
怠速	发动机暂不对外输出动力，处于最低稳定转速状态，进气量少，汽油雾化、蒸发仍很差	要求提供少量而很浓（α = 0.6～0.8）的混合气，以保证发动机能稳定在怠速下运转
中等负荷	发动机工作时间最长的状态，进气量较多，节气门开度适中，转速较高，汽油雾化、蒸发良好	要求提供由浓变稀（α = 1.05～1.15）的混合气，以保证获得一定动力和最经济的油耗
大负荷	汽车需克服很大的阻力，节气门接近全开，进气量很多，对功率应负荷增加而加大	要求提供量多、由稀变浓（α = 0.85～0.95）的混合气，以保证燃烧迅速，达到最大的动力

二、空气供给系统的功用及组成

汽油机空气供给系统的功用是为发动机可燃混合气的形成提供必要的空气，并计量和控制汽油燃烧时所需要的空气量。发动机电控单元 ECM 根据空气流量传感器或进气压力传感器计量的进气量来确定汽油的基本喷射量。怠速时，进气量由 ECM 通过怠速阀控制。

电控汽油机空气供给系统主要由空气滤清器、空气流量传感器、进气压力传感器、进气软管、节气门体、进气总管、进气歧管等组成，如图 4-1 所示。

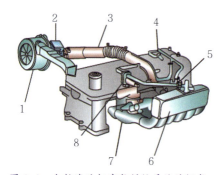

图 4-1 电控汽油机空气供给系统的组成

1- 空气滤清器；2- 空气流量传感器；3- 进气软管；4-PCV 管；5- 节气门怠速开度控制传感器；6- 进气总管；7- 进气歧管；8- 怠速阀

任务一　　进气测量装置的构造与检测

知识目标：

1. 了解进气测量装置的组成；
2. 掌握各类进气测量装置的工作原理。

能力目标：

会正确测量空气流量传感器、进气温度传感器、进气压力传感器。

本任务主要是让学生通过学习各种进气测量装置的功用和组成，认知电控发动机对进气量的测量和反馈，并且会正确使用工具检测各进气测量装置。

进气测量装置主要包括空气流量传感器或进气压力传感器、进气温度传感器和进气歧管绝对压力传感器等。主要检查进入汽缸的气体的流量、温度、压力。

一、空气流量传感器

空气流量传感器也称空气流量计,它的功用是将吸入的空气量转换为电信号传送给发动机电控单元ECM,其信号是ECM确定基本喷油量的重要信号之一。根据结构的不同,空气流量传感器又分为热线式、热膜式、卡门旋涡式及叶片(翼板)式几种类型。

1. 热线式、热膜式空气流量传感器

热线式与热膜式空气流量传感器在结构上基本相同,不同之处在于:内部的发热体一个是金属铂丝,一个是金属铂膜片。热膜式空气流量传感器与热线式空气流量传感器相比,其检测电阻不直接承受空气流动所产生的作用力,增加了电热体的强度,提高了传感器的可靠性,因而广泛应用在现代汽车发动机上。

热膜式空气流量传感器的结构,如图4-2所示。热膜式空气流量传感器的金属铂膜片在检测流过的空气量时,由于与空气之间的

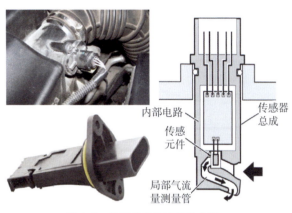

图4-2 热膜式空气流量传感器

热传递会使其温度有所变化。当空气流量较大时,被带走的热量就较多,为了维持金属铂膜片的温度,就需要增大通过铂膜片的电流。反之,空气流量较小,金属铂膜片被带走的热量就较少,维持自身温度所需的电流就小。热膜式空气流量传感器就是利用这种对应的关系来检测空气流量的。

如图4-3所示,当空气流经热膜片电阻R_2并使其冷却时,其温度降低,阻值减小,电桥电压失去平衡,控制电路将增大供给R_2电流,使其温度保持在高于温度补偿电阻R_T一个固定值(一般为100℃)。电流增量的大小取决于热膜片电阻R_2受冷却程度,即取决于流过空气流量传感器的空气流量。当电桥电流增大时,取样电阻上的电压就会升高,从而将空气流量的变化转换为电压信号的变化。该信号电压输送给ECM后,ECM可根据信号电压的高低计算出空气流量的大小。

有些热膜式空气流量传感器的输出信号为频率信号。电压信号的变化被转变成频率信号发送给ECM,用于计算进气量。上汽通用汽车上多是使用热膜式空气流量传感器向ECM输送频率信号来指示进气量。为了提高其测量精度,传感器内部还设置了空气温度、空气湿度以及大气压力等修正信号。

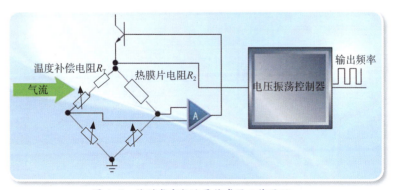

图4-3 热膜式空气流量传感器工作原理

热线式空气流量传感器

卡门旋涡式空气流量传感器

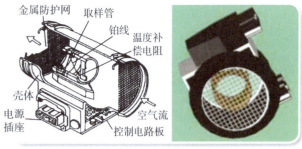

图4-4 热线式空气流量传感器

热线式空气流量传感器的结构，如图4-4所示。热线式空气流量传感器工作原理与热膜式空气流量传感器相同，但其内部的热线在使用过一段时间后，表面会黏附一些沉积物，这些沉积物会降低其热传导能力，从而影响其检测精度。因此，发动机ECM还具有对热线的自清洁功能，在每次的发动机停止运转后，ECM便会对热线进行通电，使热线温度达到1000℃左右，时间为1～2s，以清除热线上的沉积物。

2. 卡门旋涡式空气流量传感器

卡门旋涡式空气流量传感器在进气道的正中间有一个锥形的涡流发生器，故又称卡尔曼涡流式空气流量传感器。当空气流经涡流发生器时，在其后方的气流中会产生空气旋涡，这些旋涡移动的速度与空气流速成正比。因此，通过测量单位时间内旋涡的数量就可计算出空气流速和流量。根据检测方式的不同可分为光电式和超声波两种。

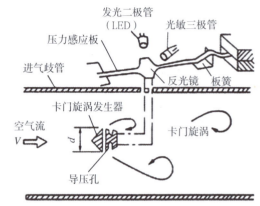

图4-5 光电式的卡门旋涡式空气流量传感器结构

（1）光电式的卡门旋涡式空气流量传感器 结构如图4-5所示，主要由卡门旋涡发生器、反光镜、板簧、发光二极管（LED）、光敏三极管和导压孔等组成。它的工作过程为：将点火开关置于"ON"，发动机的ECM输出电压信号使发光二极管点亮，光线经反光镜射向光敏三极管，三极管导通，从而向发动机的ECM返回一电压信号。卡门旋涡发生器的外部呈锥形，安装在进气管道内，当有空气流过发生器时，便会在其背后不断地产生被称之为卡门旋涡的空气涡流，此时涡流发生器的两侧压力会发生变化。通过导压孔引向薄金属制成的反光镜表面，使安装在压力感应板上的反光镜产生振动，从而影响反射到光敏三极管上的光线，使光敏三极管的导通程度也发生变化，发动机的ECM接收到反映进气流量的信号电压也发生变化，发动机的ECM根据来自空气流量传感器的脉冲信号电压，对比并计算出实际进气量。

（2）超声波检测方式的卡门旋涡式空气流量传感器 结构如图4-6所示，主要由卡门涡流发生器、超声波信号发生器、涡流稳定板和超声波接收器等组成。它的工作过程为：在空气流动方向的垂直方向安装超声波信号发生器和发射器，在其对面安装超声波接收器。从信号发生器发出的超声波因受卡门旋涡造成的密度变化的影响，到达接收器时使其振幅、相位和频率发生变化，接收器经整形、放大后形成与涡流数目相对应的矩形脉冲信号输送给发动机的ECM，发动机的ECM以此为根据进行对比，计算出实际进气量。

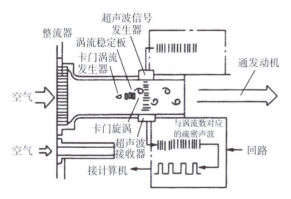

图4-6 超声波检测方式的卡门旋涡式空气流量传感器结构

卡门旋涡式空气流量传感器具有体积小、质量小、进气道结构简单、进气阻力小等优点。因为其输出的是数字信号，所以特别适合于微型计算机进行处理。

（3）叶片（翼板）式空气流量传感器 结构如图4-7所示，主要由测量板（叶片）、回位弹簧、电位计和旁通通道组成，此外还包括怠速调整螺钉、油泵开关及进气温度传感器等。

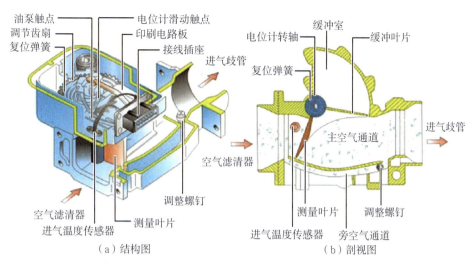

图4-7 叶片（翼板）式空气流量传感器

叶片（翼板）式空气流量传感器是利用空气流动产生的压力差将测量板推开的原理进行工作的。在叶片的回转轴上，装有一根螺旋回位弹簧，当吸入空气推开叶片的力与弹簧变形后回位力相平衡时，叶片即停止转动。与叶片回转轴固定联动的电位计活动臂与叶片同步摆动，因此可用电位计电阻值的变化量检测出叶片的转动角度，即可求出空气量。如图4-8所示，怠速时，空气推动翼片偏转很小角度，电位计输出微弱电压，ECU向喷油器输出短脉冲，喷油量小。旁通道的空气未经计量，不影响喷油量，但却使混合气变稀，CO排放减少。大负荷时，空气推动翼片偏转较大角度，电位计输出较强电压信号，ECM输出长脉冲，喷油量大。

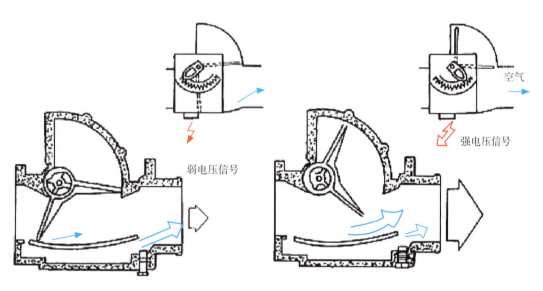

图4-8 叶片（翼板）式空气流量传感器工作原理

叶片式空气流量传感器内部通常有电动燃油泵开关。当发动机运转时，叶片偏转，该触点闭合，电动燃油泵通电运转；发动机熄火后，叶片在回转至初始位置的同时，使电动燃油泵开关断开，此时，即使点火开关处于开启位置，电动燃油泵也不工作。

二、进气温度传感器

进气温度传感器通常安装在空气滤清器之后的进气软管或空气流量传感器上（科鲁兹），也有个别车型将其独立安装在进气管上,用以检测进气温度,它与进气压力传感器联合使用可以间接测量进入汽缸的空气量。发动机电控单元 ECM 根据进气温度传感器检测到的进气温度来修正喷油量,使发动机自动适应外部环境(寒冷、高温、高原、平原)的变化。

进气温度传感器属于热敏电阻型,其结构外形及内部电路如图 4-9 所示。它主要由外壳和对温度变化非常敏感的负温度系数的热敏电阻组成。负温度系数的热敏电阻具有外界温度越高而其电阻值越小的特性。

当发动机工作时,进气温度传感器的热敏电阻随进气温度而变化,电控单元 ECM 检测的电压信号也随之改变。进气温度低时(进气密度大),热敏电阻阻值大,ECM 检测的信号电压高,根据此信号,相应增加喷油量;反之,当进气温度高时(进气密度小),热敏电阻阻值小,电控单元 ECM 检测的信号电压低,根据此信号相应减小喷油量。

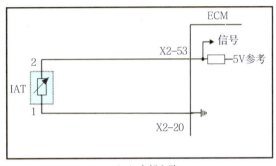
(a)内部电路

(b)外形

图 4-9 进气温度传感器

三、进气歧管绝对压力传感器

进气歧管绝对压力传感器(MAP)也称为进气压力传感器,是一种间接测量发动机进气量的传感器,通常安装在进气歧管上。其功用是通过检测进气歧管内的绝对压力和环境大气压之间的差值,并将其转变为电压信号输送到发动机 ECM。进气压力传感器信号是确定喷油量和点火时间的基本依据,也是检测发动机负荷的重要参数。发动机 ECM 据此和发动机转速信号确定实际进气量。进气歧管绝对压力传感器的种类较多,下面以电子控制燃油喷射系统应用较多的半导体压敏电阻式进气歧管绝对压力传感器为例介绍其结构和工作原理。

半导体压敏电阻式进气歧管绝对压力传感器是利用半导体的压阻效应制造而成的。它的特点是尺寸小、精度较高、成本低、响应性和抗振性较好,因而被广泛采用。如图 4-10 所示,主要由压力转换元件、集成电路、滤清器和壳体等组成。

进气压力传感器

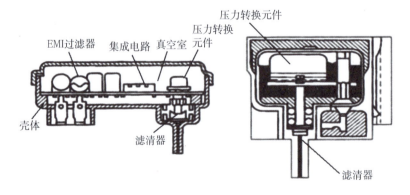

图 4-10 半导体压敏电阻式进气歧管绝对压力传感器

压力转换元件是利用半导体的压阻效应制成的硅膜片。硅膜片的一面是真空室,另一面通过连接管路与进气歧管相通。硅膜片为约3mm的正方形，其中部分经光刻腐蚀形成直径约2mm，厚度约为0.05mm的薄膜，薄膜周围有四个应变电阻，组成惠斯顿电桥，如图4-11所示。薄膜一侧是真空室，另一侧是进气歧管绝对压力，当进气歧管内绝对压力变化时，硅膜片也产生变形，附着在薄膜上的应变电阻的阻值与变形成正比例关系，因此即可通过惠斯顿电桥将硅膜片的变形转换为电信号，经集成电路放大后输入到发动机的ECM。传感器输出的信号电压具有随进气歧管绝对压力的增大呈线性增大的特性，即压力越大，进气压力传感器信号电压越高。进气压力传感器信号电压一般为0.45～4.8V。

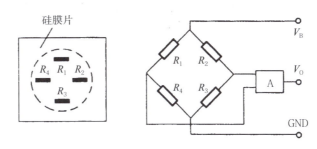

图4-11　半导体压敏电阻式进气歧管绝对压力传感器工作原理

四、进气增压控制技术

发动机汽缸的充气效率 η（η = 实际充气量/理论充气量）直接影响发动机的输出功率。为提高发动机的输出功率，现代汽车使用了许多提高发动机充气效率的控制技术，常见到有机械增压控制装置、废气涡轮增压控制装置、进气谐波（长短气道）增压控制系统和可变配气相位控制系统等。

1. 机械增压控制装置

机械增压是由发动机曲轴经齿轮增速器驱动，或由曲轴齿形传动带轮经齿形传动带及电磁离合器驱动，如图4-12所示。

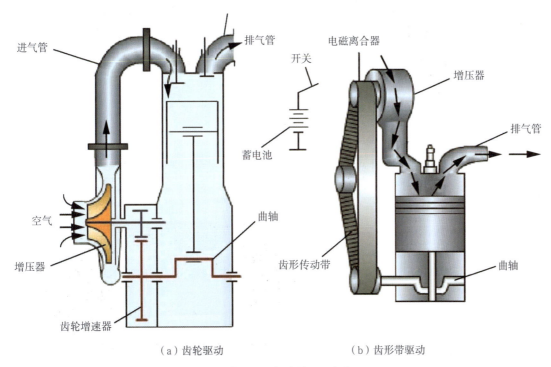

（a）齿轮驱动　　　（b）齿形带驱动

图4-12　机械增压示意图

机械增压按将空气吸入发动机进气歧管的方式不同分为罗茨式（Roots）、双螺旋式和离心式三种类型。

（1）罗茨式机械增压器　如图4-13所示，当转子旋转时，空气从压气机入口吸入，在转子叶片的推动下空气被加速，然后从压气机出口压出。出口与进口的压力比可达1.8。

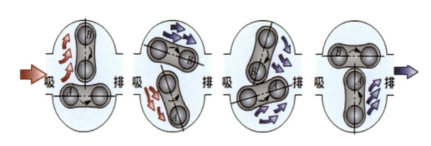

图 4-13 罗茨式机械增压器

（2）双螺旋式机械增压器　如图 4-14 所示，一组涡轮传动的啮合凸缘转子集中起来吸入空气。转子具有锥度，随着空气从进气口流向排气口，气穴会变小。随着气穴的收缩，空气便被压入更小的空间。

（3）离心式机械增压器　如图 4-15 所示，利用叶轮（一种类似于转子的装置）提供动力，将空气高速吸入狭小的压缩机壳体。

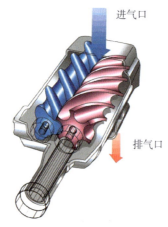
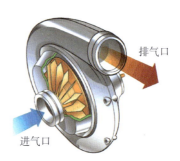

图 4-14 双螺旋式机械增压器　　　　图 4-15 离心式机械增压器

2. 废气涡轮增压控制装置

废气涡轮增压器实际上是一种空气压缩机，通过压缩空气来增加进气量。它是利用发动机排出的废气惯性冲力来推动涡轮机内的涡轮，涡轮又带动同轴的叶轮，叶轮压送由空气滤清器管道送来的空气，使之增压进入汽缸。当发动机转速增快，叶轮就压缩更多的空气进入汽缸，空气的压力和密度增大可以燃烧更多的燃料，相应增加燃料量和调整发动机的转速，就可以增加发动机的输出功率。

大功率柴油机几乎 100% 的使用该技术，在汽油机中的使用也逐年增加，如奥迪、大众 1.8T 系列发动机等。为了防止因进气过增压损坏发动机机械系统，

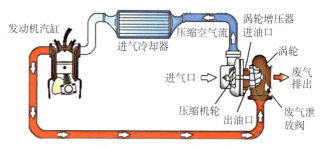

图 4-16 涡轮增压器的结构原理

许多发动机电控系统将增压压力作为控制目标之一。涡轮增压器的结构原理如图 4-16 所示。

3. 进气谐波（长短气道）增压控制系统

如图 4-17 所示，发动机进气管的进气压力的变化频率与发动机的转速成正比，通过改变进气管的有效长度，使进气管与进气压力形成谐振，能提高发动机的充气效率。

由于进气谐波增压控制技术的制造成本较低，增压效果较好，在现代汽油机中得到了广泛的应用。

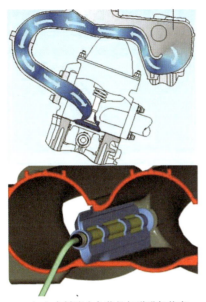
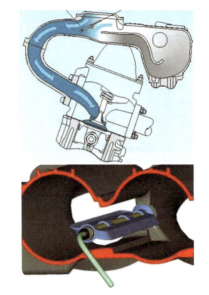

（a）中低速小负荷长气道进气状态　　　　（b）高速大负荷短气道进气状态

图 4-17　进气谐波增压控制系统工作原理

4. 可变配气相位控制系统

改变发动机的配气相位，使配气相位与发动机的转速相适应，可以提高发动机的充气效率。而传统发动机的配气相位是固定的，因此可变气门相位控制系统在现代发动机制造中得到引用，如日本本田 VTEC 和丰田 VVT-i 等。

如图 4-18 所示，该系统主要由液压式凸轮轴相位调节器、电磁式液压控制阀和凸轮轴位置传感器等组成。发动机 ECM 根据转速、负荷等信号，控制电磁阀的液压油流向凸轮轴二个液压腔的液压油流向，改变凸轮轴的相位，调节进排气门的配气相位，使发动机进气充分，排气彻底。

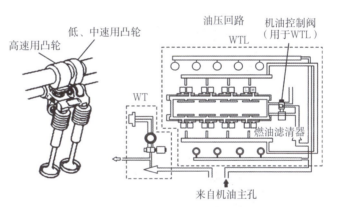

图 4-18　可变配气相位控制系统

丰田 VVT-i 可变配气相位控制系统

一、任务准备

（1）设备　科鲁兹整车 1 台或科鲁兹 1.6 发动机电控台架 1 台，工具车 1 台，零件车 1 台，维修手册 1 套。

（2）工具　万用表 1 只，汽车故障诊断仪 1 台，跨接线若干，抹布若干。

二、实施步骤

步骤1	工具、量具准备
	1. 要准备的工具：万用表一只，汽车故障诊断仪一台，试灯一只，跨接线若干，抹布若干 2. 工具准备要齐全，摆放要整齐
步骤2	确定空气流量传感器安装位置
	空气流量传感器和进气温度传感器集成一体
步骤3	检测空气流量/进气温度传感器
	1. 关闭点火开关，断开B75B质量空气流量/进气温度传感器的线束连接器 2. 测试搭铁电路端子2和搭铁之间的电阻，应小于10Ω 3. 如果等于或高于10Ω，关闭点火开关，测试搭铁电路端对端的电阻是否小于2Ω。如果为2Ω或更大，则修理电路中的开路/电阻过大故障；如果小于2Ω，则修理搭铁连接中的开路/电阻过大故障
步骤4	检测空气流量/进气温度传感器
	1. 测试低电平参考电压电路端子1和搭铁之间的电阻，应小于5Ω 2. 如果等于或高于5Ω，关闭点火开关，断开K20发动机控制模块的线束连接器。测试低电平参考电压端对端的电阻是否小于2Ω。如果为2Ω或更大，则修理电路中的开路/电阻过大故障；如果小于2Ω，则更换K20发动机控制模块
步骤5	检测空气流量/进气温度传感器
	1. 打开点火开关 2. 确认点火电压电路端子4和搭铁之间的测试灯点亮 3. 如果测试灯未点亮，关闭点火开关，测试点火电压电路端到端的电阻是否小于2Ω。如果为2Ω或更大，则修理电路中的开路/电阻过大故障；如果小于2Ω，则确认保险丝未熔断且保险丝处有电压
步骤6	检测空气流量/进气温度传感器
	1. 测量端子5和搭铁之间的电压，应为4.8～5.5V 2. 如果小于4.8V，关闭点火开关，断开K20发动机控制模块的线束连接器。测试信号电路和搭铁之间的电阻是否为无穷大。如果电阻不为无穷大，则修理电路上的对搭铁短路故障。如果电阻为无穷大，测试信号电路端对端的电阻是否小于2Ω。如果为2Ω或更大，则修理电路中的开路/电阻过大故障。如果小于2Ω，则更换K20发动机控制模块 3. 如果大于5.2V，关闭点火开关，断开K20发动机控制模块的线束连接器，再打开点火开关，测试信号电路和搭铁之间的电压是否低于1V。如果是1V或更高，则修理电路上的对电压短路故障。如果低于1V，则更换K20发动机控制模块
步骤7	检测空气流量/进气温度传感器
	1. 将点火开关置于"ON（打开）"位置。读取数据流，确认故障诊断仪上的"进气温度传感器"参数为-40℃ 2. 如果高于-40℃，关闭点火开关，断开K20发动机控制模块的线束连接器，测试信号电路端子3和搭铁之间的电阻是否为无穷大。如果电阻不为无穷大，则修理电路上的对搭铁短路故障。如果电阻为无穷大，则更换K20发动机控制模块

单元四　汽油机电控燃油喷射系统

续表

	步骤8　检测空气流量/进气温度传感器	
		1.在信号电路端子3和搭铁之间安装一条带3A保险丝的跨接线，此时故障诊断仪上的"进气温度传感器"参数为150℃ 2.如果低于150℃，关闭点火开关，断开K20发动机控制模块的线束连接器，再打开点火开关。测试信号电路和搭铁之间的电压是否低于1V。如果是1V或更高，则修理电路上的对电压短路故障。如果低于1V，关闭点火开关，测试信号电路对端的电阻是否小于2Ω。如果为2Ω或更大，则修理电路中的开路/电阻过大故障。如果小于2Ω，则更换K20发动机控制模块
	步骤9　作业后整理	
		操作完毕，整理车辆，工量具，做到5S管理

知识测评

一、填空题

1. 电控汽油机空气供给系统主要由_____、_____、进气压力传感器、_____、_____、进气总管、进气歧管等组成。

2. 空气流量传感器按测量原理的不同，常见的可以分_____、_____和_____、_____等几种。

3. 当发动机工作时，进气温度传感器的热敏电阻随_____而变化。

4. 进气测量装置主要包括_____、_____、_____和进气增压控制系统等。主要检查进入汽缸的气体的_____、_____、_____。

二、判断题

1. 空气流量计的作用是测量发动机的进气量，微机根据空气流量计的信号确定基本喷油量。（　　）

2. 在发动机启动时，电控点火系统控制的点火提前角的大小与空气流量计或进气压力传感器的输出信号无关。（　　）

3. 同为空气流量计，热膜式的比热线式的使用寿命长。（　　）

4. 不同形式的空气流量传感器，其性能检测方法和检测内容相同。（　　）

5. L型电控燃油喷射系统采用进气压力传感器来检测进气量。（　　）

三、选择题

1. 下列对热线式空气流量传感器的叙述，正确的是（ ）。

    A. 空气流速增大，热线电阻阻值增大

    B. 空气流速增大，热线电阻阻值减小

    C. 空气流速增大，电桥输出桥压不变

    D. 无变化

2. 在 D 型喷射系统中，用来测量进气量的传感器是（ ）。

    A. 空气流量计　　　　　B. 进气绝对压力传感器

    C. 氧传感器　　　　　　D. 节气门位置传感器

3. 热线式空气流量传感器在工作时，通过热线的电流变化范围是（ ）。

    A. 10～40mA　　B. 50～120mA　　C. 10～40A　　D. 50～120A

4. 将空气流量传感器电源输入端连接蓄电池，则信号输出端的电压应随吹入空气流量传感器的空气流量的变化而（ ）。

    A. 急剧变化　　　B. 平稳变化　　　C. 无变化　　　D. 微小变化

5. 热线式空气流量的自洁温度是（ ）。

    A. 300℃　　　　B. 500℃　　　　C. 800℃　　　　D. 1000℃

四、简答题

1. 热线式空气流量传感器和热膜式空气流量传感器有什么区别？
2. 如何检测空气流量传感器？
3. 如何检测进气温度传感器？
4. 如何检测进气压力传感器？

任务二　进气量调节装置的构造与检测

知识目标：

1. 了解节气门体的功用及类型；
2. 掌握节气门体的结构和工作原理。

能力目标：

会正确选择工具检测节气门部件。

本任务主要是让学生通过学习节气门体的功用和组成，认知发动机在不同工况对进气量的控制，并且会正确选用工具检测节气门部件。

单元四 汽油机电控燃油喷射系统

一、节气门体

节气门体的功用是通过改变节气门开度的大小，来改变进气通道的横截面积，从而改变发动机的进气量，控制发动机的运转工况。节气门体位于空气流量传感器之后的进气管上，如图4-19所示，它包括节气门、节气门位置传感器等。还有的车型发动机将怠速控制阀、怠速空气阀等安装在节气门体上。驾驶员通过加速踏板控制节气门的开度，进而控制发动机的进气量。

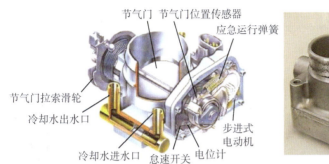

图4-19 节气门体

1. 节气门位置传感器

节气门位置传感器的功用是将节气门的开度信号转换成电压信号输送到发动机的ECM，以便ECM控制喷油器喷油量以适应节气门的不同开度。节气门位置传感器的类型有以下几种。

（1）线性式节气门位置传感器　线性式（也称可变电阻式）节气门位置传感器的结构如图4-20所示，它是一种高灵敏度的电位器，由两个与节气门联动的可动电刷触点、电阻器、怠速触点IDL等组成。

节气门位置传感器

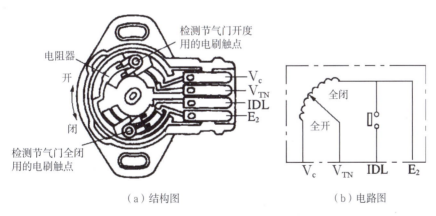

图4-20 线性式节气门位置传感器结构图

将点火开关置于"ON"，发动机的ECM通过V_c端子给传感器输入5V的参考电压。当节气门转动时，一个电刷触点可在电阻体上滑动，利用电阻值的变化，测得与节气门开度对应的线性输出电压，如图4-21（a）所示。发动机的ECM根据输入的电压值，可知节气门的开度，对喷油量进行控制。

随着节气门开度的增大，节气门位置传感器输出电压线性增大。另一电刷触点在节气门关闭（怠速）时与怠速触点（IDL）接触，IDL信号主要给发动机的ECM提供怠速信号，用于急急速断油控制和点火提前角提前修正。

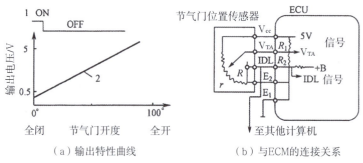

(a) 输出特性曲线　　　　　　　(b) 与ECM的连接关系

图 4-21　线性式节气门位置传感器的输出特性及接线

1-急速触点信号；2-节气门开度信号；V_{cc}-电源；V_{TA}-节气门开度输出信号；IDL-急速触点；E_1，E_2-地线

（2）开关式节气门位置传感器　开关式节气门位置传感器的结构如图4-22所示，它主要由可动触点和两个固定触点（功率触点和急速触点）组成。可动触点可沿导向凸轮沟槽移动，导向凸轮由固定在节气门轴上的控制杆来驱动。

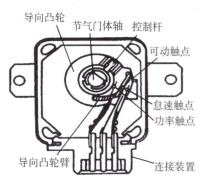

图 4-22　开关式节气门位置传感器结构图

节气门全关闭时，可动触点与急速触点相接触，检测节气门的全关闭状态；当节气门开度达到50°以上时，可动触点与功率触点相接触，检测节气门大开度状态；在中间开度时，可动触点与任一触点都不接触，无检测信号，如图4-23所示为其输出特性图。

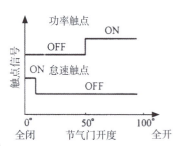

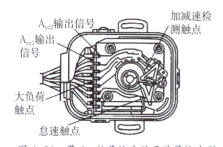

图 4-23　开关式节气门位置传感器输出特性　　　图 4-24　带A_{cc}信号输出的开关量输出型节气门位置传感器结构图

（3）带A_{cc}信号输出的开关量输出型节气门位置传感器　为了检测发动机加速状态，一些发动机在节气门位置传感器中增加了A_{cc}信号输出接头，其结构如图4-24所示。这种传感器除了检测急速状态的急速触点和检测大负荷状态的大负荷触点外，还有可检测出加速状态的A_{cc1}和A_{cc2}输出信号的触点。当发动机处于加速状态时，加速触点与印刷电路板上的加速线路A_{cc1}和A_{cc2}输出信号的触点交替地闭合/断开，同时加减速检测触点闭合。根据这些信号，电脑能够判定发动机处于急加速状态。如发动机处于减速状态时，加速触点仍与印刷线路板上的加速电路A_{cc1}和A_{cc2}输出信号的触点交替的闭合/断开，此时加减速检测触点断开，据此电脑会判定发动机处于减速状态。

2. 怠速控制阀

怠速控制阀通常安装在节气门体上，它是在发动机ECM的控制下利用改变绕过节气门的旁通气道的大小来增加或减少怠速进气量，使发动机保持最佳的怠速。常见的怠速控制阀有步进电机式、电磁式和旋转滑阀式三种。

（1）步进电机式怠速控制阀　步进电机式怠速控制阀安装在旁通空气道上，与步进电机做成一体。它一般由永久磁铁构成的转子、线圈构成的定子、把旋转运动变成直线运动的进给丝杠和阀门等组成，如图4-25所示。发动机ECM对步进电机进行直接控制，使步进电机既可顺时针，也可逆时针方向旋转，通过进给丝杠，使阀门沿轴向移动，改变阀芯与阀座之间的间隙，以调节流过旁通空气道中的空气量。该阀有125种不同的开启位置，用以满足发动机不同怠速工况的要求。

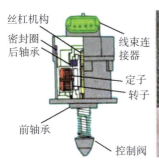

图4-25　步进电机式怠速控制阀

（2）电磁式怠速控制阀　电磁式怠速控制阀主要由电磁线圈、阀芯、阀门、复位弹簧、波纹管等组成，如图4-26所示。它是利用电磁线圈产生的电磁吸力，使阀芯轴向移动，从而控制阀门的开度大小，调节旁通空气道中的空气流量。当弹簧力与电磁吸力达到平衡时，阀门开度处于稳定状态。电磁吸力的大小取决于发动机ECM根据发动机的实际怠速工况输出的驱动电流大小。当驱动电流大时，电磁吸力大，阀门开度则大；反之，阀门开度则小。安装波纹管是为了消除阀门上下压差对阀门开启位置的影响。

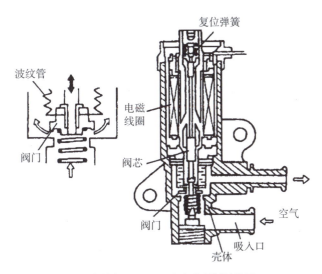

（a）阀门开启状态　　（b）控制阀结构图

图4-26　电磁式怠速控制阀

（3）旋转滑阀式怠速控制阀　旋转滑阀式怠速控制阀主要由永久磁铁、电枢、旋转滑阀、螺旋复位弹簧和电刷及引线等组成，如图4-27所示。旋转滑阀固定在电枢轴上，与电枢轴一起转动，用以控制旁通空气道的截面积。永久磁铁固定在外壳上，其间形成磁场。电枢位于永久磁铁的磁场中，电枢铁芯上绕有绕向相反的电磁线圈L_1和L_2。当线圈L_1通电时，电枢带动滑阀顺时针方向旋转，旁通空气道的截面积增大；当线圈L_2通电时，电枢带动滑阀逆时针方向旋转，使旁通空气道的截面积减小。而线圈L_1和L_2是否通电，则由ECM控制的三极管VT_1和VT_2的通电状态决定。

笔记

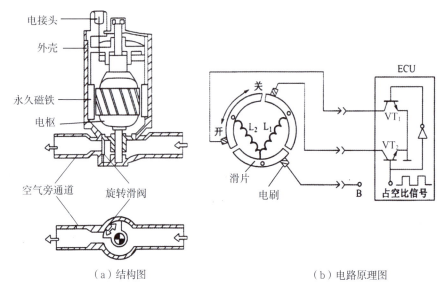

（a）结构图　　　　　　　　　　　　（b）电路原理图

图 4-27　旋转滑阀式怠速控制阀

3. 怠速空气阀

怠速空气阀的功用是在发动机低温启动和运转过程中，增加流经旁通空气道中的空气量，使发动机快怠速运转，缩短暖机时间；在发动机达到正常温度的过程中，逐渐减小旁通空气通道中的空气量，直到完全关闭旁通空气通道。

怠速空气阀一般都安装在绕过节气门的旁通空气道中。常见的怠速空气阀有两种，分别为双金属片式和石蜡式。

（1）双金属片式怠速空气阀　双金属片式怠速空气阀由双金属片和加热线圈组成，是利用绕在双金属片上的加热线圈和发动机机体温度来控制旁通空气道的截面积，因此它一般不安装在节气门体上，而是安装在容易感受发动机机体温度的位置，其安装位置如图 4-28 所示。

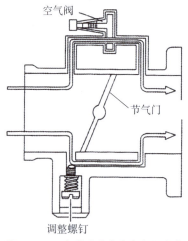

图 4-28　双金属片式怠速空气阀安装图

发动机冷车启动后，温度较低，此时空气阀为开启状态，空气可经旁通气道和空气阀两条通路进入进气总管，由于空气量多，发动机处于快怠速运转状态。发动机启动后，加热线圈通电，使双金属片温度逐渐升高，产生变形，转阀阀门逐渐关闭，进气量减小至只能走旁通气道，发动机由快怠速转入正常的低怠速运转状态，如图 4-29 所示。

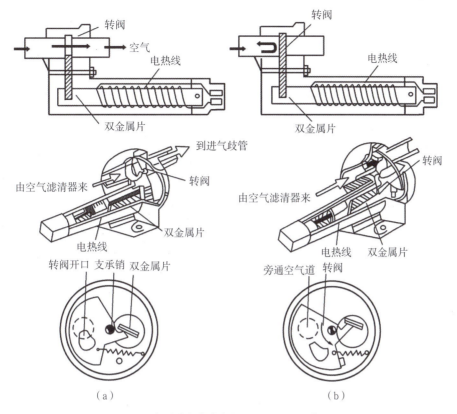

图 4-29 双金属片式怠速空气阀的结构及工作原理

发动机达到正常工作温度后，双金属元件同时承受加热线圈和发动机双重加热，使转阀阀门可靠关闭，此时发动机可以在低怠速状态下稳定运转。若发动机在热机启动，该阀为关闭状态，即发动机此时没有高怠速。

（2）石蜡式怠速空气阀　石蜡式怠速空气阀由石蜡感温体、阀门、内弹簧和外弹簧等组成，如图4-30所示。它是利用石蜡的热胀冷缩现象和发动机冷却液温度来控制旁通空气道的截面积，它一般安装在节气门体上，发动机冷却液经管路引入空气阀，石蜡感温体直接感受发动机冷却液的温度。

在发动机冷却液温度较低时，石蜡冷缩，阀门在外弹簧的作用下打开，空气可通过空气阀进入进气总管。随着冷却液温度的升高，石蜡膨胀，和内弹簧共同作用，使阀门逐渐关闭，进入发动机的空气量也逐渐减少，使发动机的转速缓慢地降低到正常的怠速转速。当冷却液温度达到80℃后，阀门处于完全关闭状态。

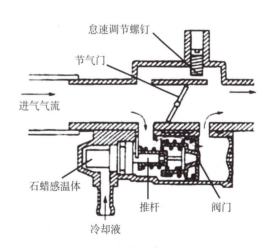

图 4-30　石蜡式怠速空气阀

二、电子控制节气门

电子控制节气门（ETC，Electronic Throttle Control System）的功用是利用发动机ECM来精确地控制节气门开度。该系统主要由加速踏板位置传感器（APP）、ECM、节气门位置传感器和节气门电机等组成。

加速踏板位置传感器在加速APP踏板总成的顶部，节气门电机和节气门位置传感器TPS位于电子节气门体总成中，如图4-31所示。APP将加速踏板位置信息传送给ECM，ECM结合当前发动机的工况计算出最佳的节气门开度，并与TPS检测的当前节气门位置进行对比，然后向节气门电机发出指令，控制节气门电机工作，将节气门调整到合适的开度。为了保证电子节气门控制系统正常工作，节气门电机和节气门转轴之间有减速机构和负载弹簧，如图 4-32 所示。

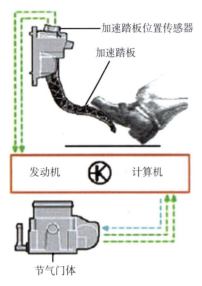

图 4-32 双霍尔式节气门位置传感器和节气门体的结构

图 4-31 电子节气门控制系统

1. 加速踏板位置传感器 APP

加速踏板位置传感器 APP 是用来检测加速踏板位置，并将其转化为电压信号传送给 ECM，ECM 以此来识别驾驶员的加速操作信息。该信号主要用于电子节气门控制、巡航控制、底盘控制、变速箱控制等。加速踏板位置传感器原理图如图 4-33 所示。APP 有电位计式和非接触式两种，都采用冗余设计，即每个 APP 总成中有两个位置传感器。下面以电位计式为例介绍。

电位计式 APP 中有两个线性输出的电位计，分别用 APP1 和 APP2 表示。每个电位计都是由 ECM 提供独立的 5V 参考电压、接地及信号输出电路。随着加速踏板从静止位置移动到全行程位置，加速踏板位置传感器 APP1 信号电压的变化范围是 0.7～4.5V；加速踏板位置传感器 APP2 信号电压的变化范围是 0.3～2.2V。两个传感器的电压关系接近于：APP1=2×APP2，如图 4-34 所示。

2. 节气门位置传感器 TPS

节气门位置传感器 TPS 集成在电子节气门中，与节气门同轴，当节气门翻板转动时，节气门开度发生变化，TPS 的状态也随之变化，并将其转换成电压信号发送给 ECM。ECM 根据 TPS 信号判断发动机的工况，并根据不同工况控制燃油喷射、点火正时、急速、碳罐清洗流量等，同时其信号也应用于变速箱、底盘控制、巡航控制等。

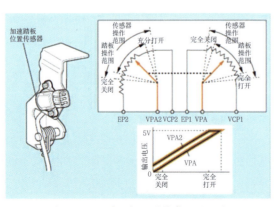

图 4-33 加速踏板位置传感器原理图

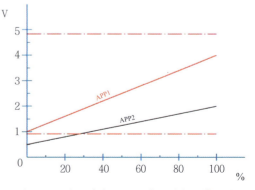

图 4-34 电位计式 APP 输出信号电压特性图

电子节气门体的TPS（图4-35）也采用冗余设计，其内部有两个具有线性输出特性的转角电位计。两个电位计共用5V参考电压端子和参考接地端子，每个电位计有自己独立的信号端子，分别为TPS1和TPS2。当节气门翻板转动时，电位计滑臂随之转动，从而改变检测电路中的电阻值，输出信号电压也随之改变，且与节气门开度成一定比例。TPS1的信号电压随节气门开度的增大而上升，TPS2的信号电压随着节气门开度的增大而减小，且TPS1与TPS2的电压值相加约为5V。TPS1电压的变化范围为约0.7～4.3V；TPS2的电压变化范围为约4.3～0.7V。如图4-36所示。

图4-35　电子节气门体的TPS

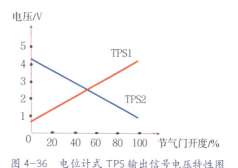

图4-36　电位计式TPS输出信号电压特性图

3. 节气门电机

ECM对于节气门轴驱动的电机进行双向的PWM控制，来控制节气门的打开、关闭。ECM不对节气门进行通电控制时，节气门在其回位弹簧的作用下，处于一个机械位置，默认微开位置。节气门位置传感器反馈其位置信号，形成闭环控制。

在节气门执行器控制系统工作期间，有几种模式或功能被认为是正常的。在正常操作期间可进入以下几种模式：

（1）加速踏板最小值　用钥匙启动时，发动机控制模块更新已读入的加速踏板最小值。

（2）节气门位置最小值　用钥匙启动时，发动机控制模块更新已读入的节气门位置最小值。为了读入节气门位置最小值，将节气门移至关闭位置。

（3）破冰模式　如果节气门叶片不能达到预定的最小节气门位置，则进入破冰模式。在破冰模式期间，发动机控制模块指令向关闭方向的节气门执行器电机施加几次最大的脉宽。

（4）加速踏板最小值　用钥匙启动时，发动机控制模块更新已读入的加速踏板最小值。

（5）蓄电池节电模式　在发动机无转速持续预定时间后，发动机控制模块指令蓄电池节电模式。在"蓄电池节电"模式期间，节气门执行器控制模块卸去电机控制电路上的电压，以消除用于保持怠速位置的电流，并使节气门返回至默认的弹簧负载位置。

（6）故障模式——降低发动机功率模式　发动机控制模块检测到节气门执行器控制系统故障时，发动机控制模块可进入降低发动机功率模式。降低发动机功率可能导致以下一种或多种情况：

① 限制加速。发动机控制模块将继续使用加速踏板控制节气门，但车辆加速受限制。

② 限制节气门模式。发动机控制模块将继续使用加速踏板控制节气门，但节气门最大开度受限制。

③ 节气门默认模式。发动机控制模块将关闭节气门执行器电机，节气门将返回至弹簧负载的默认位置。

④ 强制怠速模式。发动机控制模块将执行以下操作：

a. 通过定位节气门位置将发动机转速限制在怠速，或者在节气门关闭时控制燃油和点火使发动机怠速。

b. 忽略加速踏板的输入。

⑤ 发动机关闭模式。发动机控制模块将停供燃油并使节气门执行器断电。

三、进气管

进气管包括进气总管和进气歧管。进气总管具有稳压的功能，可减小由于汽缸进气而产生的空气脉动；进气歧管一般采用一缸一根式，但为了增加进气气流速度，一缸二根进气歧管的使用也相当广泛（即多气门发动机），一根进气歧管常进气，而另一根进气歧管的进气与否根据发动机的负荷利用真空膜片阀控制。为了保证各缸配气均匀，对进气总管、进气歧管在形状、长短、容积等方面都提出了严格的设计要求。进气总管与进气歧管有的制成整体形的，有的分开制造再以螺栓连接的，如图4-37所示。

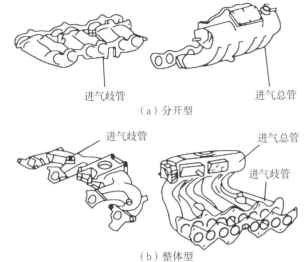

图 4-37　进气管

一、任务准备

（1）设备　科鲁兹整车1台或科鲁兹1.6升LDE发动机电控台架1台，节气门总成1个，工具车1台，零件车1台，维修手册1套。

（2）工具　常用工具1套，万用表1只，油盆、抹布、跨接线若干。

二、实施步骤

节气门位置传感器线路检测与故障诊断

步骤1　工具准备	
	1. 准备工具：组合套筒套筒1套、开口扳手、梅花扳手各1套；鲤鱼钳、尖嘴钳、一字起子、十字起子各1把；万用表一只，塞尺1只；化油器清洗剂1瓶；抹布若干；跨接线若干 2. 工具准备要齐全，摆放要整齐

步骤2　清洁节气门	
本程序不应在行驶里程低于80450公里（50000英里）的车辆上进行	
	1. 拆下空气滤清器出气管 2. 检查节气门体孔和节气门阀片是否有沉积物。必须打开节气门才能检查所有表面 警告：将手指插入节气孔前，将点火开关置于"OFF（关闭）"位置。节气门意外移动会导致人身伤害 告诫：切勿将任何工具插入节气门体孔内以避免损坏节气阀片 3. 使用一块干净抹布和合适的清洁剂，清洁节气门体孔和节气门阀片 4. 安装空气滤清器出气管 5. 执行节气门/怠速读入程序

续表

步骤		内容
步骤3 检测节气门位置传感器		
		1. 关闭点火开关，断开 Q38 节气门体处的线束连接器 2. 测试低电平参考电压电路端子 C 和搭铁之间的电阻，应该小于 5Ω。如果等于或高于 5Ω，关闭点火开关，断开 K20 发动机控制模块的线束连接器。测试低电平参考电压端对端的电阻是否小于 2Ω。如果为 2Ω 或更大，则修理电路中的开路/电阻过大故障。如果小于 2Ω，则更换 K20 发动机控制模块
步骤4 检测节气门位置传感器		
		1. 打开点火开关，测试 5V 参考电压电路端子 E 和搭铁之间的电压是否为 4.8～5.2V 2. 如果小于 4.8V，关闭点火开关，断开 K20 发动机控制模块的线束连接器。测试 5V 参考电压电路端子和搭铁之间的电阻是否为无穷大。如果电阻不为无穷大，则修理电路上的对搭铁短路故障。如果电阻为无穷大，测试 5V 参考电压电路端对端的电阻是否小于 2Ω。如果为 2Ω 或更大，则修理电路中的开路/电阻过大故障。如果小于 2Ω，则更换 K20 发动机控制模块 3. 如果大于 5.2V，关闭点火开关，断开 K20 发动机控制模块的线束连接器，再打开点火开关，测试 5V 参考电压电路和搭铁之间的电压是否低于 1V。如果是 1V 或更高，则修理电路上的对电压短路故障；如果低于 1V，则更换 K20 发动机控制模块
步骤5 检测节气门位置传感器		
		1. 打开点火开关，测试节气门位置传感器 1 信号电路端子 D 和搭铁之间的电压是否低于 1V 2. 如果等于或高于 1.0V，关闭点火开关，断开 K20 发动机控制模块的线束连接器，再打开点火开关，测试信号电路和搭铁之间的电压是否低于 1V。如果是 1V 或更高，则修理电路上的对电压短路故障。如果低于 1V，则更换 K20 发动机控制模块
步骤6 检测节气门位置传感器		
		1. 打开点火开关，测试节气门位置传感器 2 信号电路端子 F 和搭铁之间的电压是否为 4.8～5.2V 2. 如果小于 4.8V，关闭点火开关，断开 K20 发动机控制模块的线束连接器，测试信号电路和搭铁之间的电阻是否为无穷大。如果电阻不为无穷大，则修理电路上的对搭铁短路故障；如果电阻为无穷大，测试信号电路端对端的电阻是否小于 2Ω。如果为 2Ω 或更大，则修理电路中的开路/电阻过大故障。如果小于 2Ω，则更换 K20 发动机控制模块 3. 如果大于 5.2V，关闭点火开关，断开 K20 发动机控制模块的线束连接器，再打开点火开关，测试信号电路和搭铁之间的电压是否低于 1V。如果是 1V 或更高，则修理电路上的对电压短路故障；如果低于 1V，则更换 K20 发动机控制模块
步骤7 作业后整理		
		操作完毕，整理车辆，工量具，做到 5S 管理

一、填空题

1. 节气门位置传感器是将节气门的_____转换成_____输送到发动机ECM中，以便在节气门不同开度状态下控制_____。

2. 节气门位置传感器安装在_____上，类型有_____和_____。

3. 电子控制节气门的功用是_____，本系统主要由_____、_____和_____等组成。

4. 节气门体的主要功用是通过改变节气门_____，来改变进气通道的横截面积，从而改变发动机的进气量，控制发动机的运转工况。

二、判断题

1. 当发动机在高转速运行下节气门突然关闭时，将切断喷油。（   ）

2. 急速空气阀是在发动机启动和运转时起作用，目的是增加发动机启动时所需的空气。（   ）

3. 开关式节气门位置传感器向ECM输出的电压信号是呈线性变化的。（   ）

4. 节气门位置传感器可动触点与IDL触点闭合，此信号给发动机的ECM提供急速信号，用于急速断油控制和点火提前角的修正。（   ）

三、单项选择题

1. 下列能够反映负荷信号的传感器是（   ）。

A. 节气门位置传感器　　B. 氧传感器　　C. 空气流量传感器　　D. 温度传感器

2. 在发动机低温启动和运转时补充空气的供给，以使发动机能够尽快进入快急速状态,而在正常的工作温度下则关闭此空气供给的装置是（   ）。

A. 步进电机式急速控制阀　　　　B. 旋转滑阀式急速控制阀

C. 双金属片式急速空气阀　　　　D. 节气门体

3. 下列关于加速踏板位置传感器APP说法正确的是（   ）。

A. 结构类型包括电位计式和非接触式

B. APP1和APP2的电压值相加约为5V

C. 完全踩下加速踏板时APP1信号电压约为2.2V

D. ECM利用APP信号来计算发动机负荷

4. 下列功能或操作与TPS无关的是（   ）。

A. 控制锁止离合器　　　　　　B. 清除溢油模式

C. 确定空燃比是否正常　　　　D. 控制空调压缩机离合器

5. 下列关于电子节气门体的电位计式 TPS 说法错误的是（　　）。

A. 有两个信号 TPS1、TPS2　　　　B. 有两个电源和接地

C. 节气门开度增大，TPS1 信号电压升高、TPS2 信号电压降低

D. TPS1 与 TPS2 电压值之和约为 5V

四、简答题

1. 节气门体安装在何处？作用是什么？
2. 怠速空气阀有什么作用？有哪些类型？
3. 电子节气门由哪几部分组成？各部分有什么作用？
4. 电子节气门正常工作时有哪些工作模式？

任务三　废气排放装置的构造与检测

知识目标：

1. 掌握三元催化装置的功用及原理；
2. 掌握废气再循环的功用及工作原理；
3. 理解活性炭罐的工作原理。

能力目标：

会正确检测汽车尾气。

本任务主要是让学生通过学习废气再循环系统和三元催化装置以及燃油蒸气排放系统的功用及组成，认知对尾气排放的有害气体的控制，会正确使用汽车尾气分析仪检测汽车尾气。

随着汽车保有量的迅速增长，汽车尾气对人类的危害和对环境的污染也日益严重。汽油机尾气含有多种不同的化合物，其有害成分包括 HC、NO_x、CO、SO_2、H_2S 等；柴油机尾气中的有害物质除了 HC、NO_x、CO、SO_2 外，还有大量的碳烟和可溶性有机物。

为了满足各国日趋严格的排放法规标准，现代汽车发动机都采取了有效的排放控制技术，并加装了许多处理尾气中有害物质的装置。废气再循环（EGR）系统能有效控制氮氧化合物的生成，三元催化装置在处理汽油机尾气方面起着关键性作用。

一、发动机废气再循环 EGR 系统

发动机在高温和富氧的条件下,其废气排放中容易生成 NO_x 化合物;由于废气主要是惰性气体,所以具有较好的吸热性。因此,在发动机工作过程中,如果适时、适量地将部分废气再次引入到汽缸内,废气可将燃烧产生的部分热量吸收,从而降低汽缸燃烧的最高温度,也就抑制了 NO_x 化合物的生成量。

控制废气适时、适量地再次引入汽缸的系统,称为废气再循环系统,EGR 阀就是废气再循环系统中最主要的执行器。

EGR 阀主要由膜片、复位弹簧、阀门和阀座等组成,如图 4-38 所示。EGR 阀膜片的上方为真空室,阀门与膜片联动。它安装在进气歧管和排气歧管之间,因此控制 EGR 阀真空气室中的真空度,就可控制阀门与阀座之间的开度,从而控制再循环废气量。

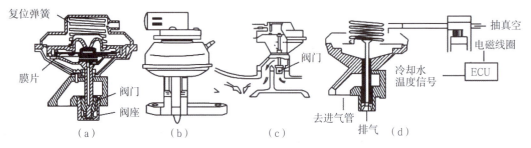

图 4-38 废气再循环控制阀(EGR 阀)

适时、适量的废气再循环可减少 NO_x 化合物的生成,但是过度地进行废气再循环将会影响发动机的正常工作,特别是在怠速、低转速小负荷及发动机处于冷态运行时,再循环的废气将会明显地影响发动机性能。因此,应根据发动机工况和工作条件的变化自动控制废气是否掺入再循环和掺入再循环的废气量。这种自动控制通常都是由发动机 ECM 综合发动机的运行状态,通过 EGR 真空电磁阀来控制 EGR 阀真空气室内的真空度来实现的。

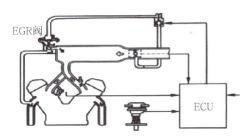

图 4-39 废气再循环控制系统

如图 4-39 所示,这种废气再循环系统主要包括发动机控制模块(ECM)、传感器和执行器。与 EGR 系统相关的传感器包括发动机冷却液温度传感器、节气门位置传感器和曲轴位置传感器等,有的 EGR 系统还带有 EGR 阀位置传感器。这些传感器向 ECM 提供发动机工况,ECM 根据这些信息来决定执行器的控制指令。执行器主要是各种电磁阀。

ECM 通过启动信号、节气门位置、发动机转速及冷却液温度等信号来判断发动机是否处于中小负荷工况。如果发动机处于中小负荷工况,ECM 控制真空电磁阀打开,真空负压施加在 EGR 阀膜片上部空间,EGR 阀打开废气通道,废气进入进气歧管。进入燃烧室的废气量约占进气总量的 6%～10%。

EGR 系统通过降低燃烧室的温度来减少 NO_x 化合物的生成量,同时也会降低发动机的输出功率。为了不影响发动机正常运转和大负荷的要求,EGR 系统一般会在怠速、冷机以及节气门全开时停止工作。

如图 4-40 所示,这是装有背压修正阀的废气再循环系统。背压修正阀安装在 EGR 真空电磁阀和 EGR 阀之间的真空管

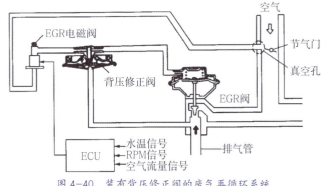

图 4-40 装有背压修正阀的废气再循环系统

路中,它的功用是根据排气管中的背压,附加控制废气再循环。

背压修正阀的工作原理为:排气歧管的背压通过管路作用在背压修正阀的背压气室下方。当发动机小负荷而排气背压低时,在阀门弹簧的作用下气室膜片向下移动,使背压修正阀关闭真空通道,此时 EGR 阀在其阀门弹簧作用下保持关闭,因而不进行废气再循环。当发动机负荷增大时,排气歧管排气背压升高,背压修正阀膜片下方的背压升高,使膜片克服弹簧力向上移动,将背压修正阀打开,由 EGR 真空电磁阀控制的真空通过背压修正阀而进入 EGR 阀上方真空气室,将 EGR 阀阀门吸开,打开废气再循环通道,废气进行再循环。而 EGR 真空电磁阀同样受发动机 ECM 的控制。

二、三元催化装置

三元催化器结构如图 4-41 所示,是安装在汽车排气系统中最重要的机外净化装置,它可将汽车尾气排出的 CO、HC 和 NO_x 等有害气体通过氧化和还原作用转变为无害的 CO_2、H_2O 和 N_2。随着环境保护要求的日益苛刻,越来越多的汽车安装了废气催化转化器以及氧传感器装置。

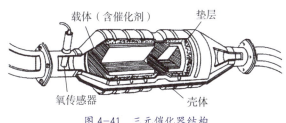

图 4-41 三元催化器结构

三元催化器的工作原理如图 4-42 所示,当高温的汽车尾气通过净化装置时,三元催化器中的净化剂将增强 CO、HC 和 NO_x 三种气体的活性,促使其进行一定的氧化-还原化学反应,其中 CO 在高温下氧化成为无色、无毒的二氧化碳气体;HC 化合物在高温下氧化成 H_2O 和 CO_2;NO_x 还原成 N_2 和 O_2。三种有害气体变成无害气体,使汽车尾气得以净化。

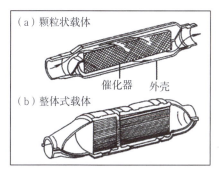
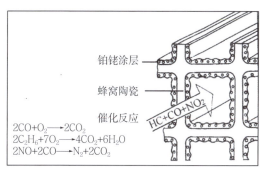

图 4-42 三元催化器的工作原理

在使用三元催化器时候要注意以下几点:

① 不能使用含铅汽油。因为含铅汽油燃烧后,燃烧产物铅颗粒在经过三元催化器时,会覆盖在三元催化器表面,使得催化器接触面积减小,催化器转换效率变低,导致三元催化器中毒。

② 避免未燃烧的混合气进入催化器,因为催化器的最佳工作温度为 400～800℃,由正常汽车尾气 CO、HC 产生的热量来维持并且处在这一范围内,如果有未燃烧的混合气进入,会使得催化器温度高于上限,使得催化器损坏。

三、汽油蒸气排放(EVAP)控制系统

1. 汽油蒸气排放(EVAP)控制系统的组成

如图 4-43 所示,汽油蒸气排放(EVAP)控制系统主要由单向阀、炭罐控制电磁阀、活性炭罐等组成。

(1)活性炭罐 活性炭罐一般位于发动机舱下部或靠近燃油箱,其内部填充活性炭,它的作用就是收集油箱等部位的燃油蒸气,当发动机工作时,又将这些蒸气送入进气歧管。如图 4-44 所示,炭罐有三条管道,分别连接燃油蒸气管(通向燃油箱)、蒸发排放吹洗管(通向进气歧管)和通风管(通

向大气）。

（2）排放控制阀　用来控制从活性炭罐吸入进气歧管的气体流量（含空气和汽油蒸气），它受炭罐控制电磁阀控制。当发动机怠速时，从活性炭罐吸入进气歧管的气体流量应少些，否则会使混合气过稀而造成怠速不稳；当发动机转速升高，负荷增大时，吸入的气体流量可大些，以使炭罐内的燃油蒸气能被及时净化。

（3）炭罐控制电磁阀　用来控制通向排放控制阀的真空度，受发动机 ECM 控制。

（4）真空泄放阀　它安装在油箱加油口盖上，用来保持油箱内的气压。当油箱内因燃油减少，真空度增大到一极限值时，该阀打开，使油箱内保持正常大气压力，保证供油稳定。

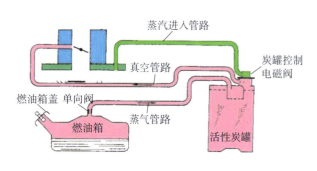

图 4-43　汽油蒸气排放（EVAP）控制系统

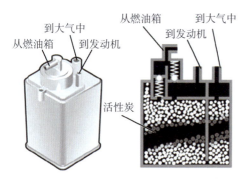

图 4-44　活性炭罐

（5）燃油箱盖　蒸发排放控制系统使用的燃油箱盖上有一个压力和真空阀。当燃油箱内的压力或真空超过一定值时，阀门打开，释放压力或真空；当压力或真空释放平衡后阀门关闭。

2. 电控 EVAP 控制系统工作过程

电控 EVAP 控制系统工作过程如图 4-45 所示。

① ECM→清污电磁阀→真空→炭罐控制电磁阀→进气歧管吸入燃油蒸气。

② ECM→清污电磁阀→进气歧管吸入燃油蒸气。

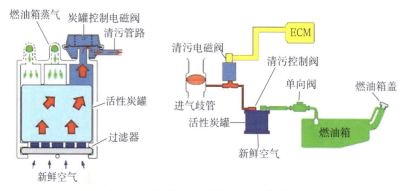

图 4-45　电控 EVAP 控制系统工作过程

一、任务准备

（1）设备　轿车，工作台，220V 交流电源，南华 NHA500 尾气分析仪，车轮挡块，地板垫，转向盘套，座椅套，工具车 1 台，零件车 1 台，维修手册 1 套。

（2）工具　常用工具 1 套，万用表 1 只，油盆，抹布若干。

二、实施步骤

步骤1 工具准备	
	1. 要准备的工具：丰田卡罗拉（COLLORA）1.6AT轿车、工作台、220V交流电源、南华NHA500尾气分析仪、车轮挡块、地板垫、转向盘套、座椅套等 2. 前期安全准备：外围防护，车辆内部防护，确认自动变速器操纵手柄位于P位，拉起驻车制动操纵手柄
步骤2 尾气分析仪连接	步骤3 预热，按提示操作

步骤4 将发动机润滑油测温头插入机油尺套管	步骤5 将转速夹夹在点火线圈的线束上

步骤6 启动发动机至正常工作温度，按照显示屏提示操作，插入尾气测试探头	步骤7 踩下加速踏板，让发动机转速提高到2500r/min（计时30s）

步骤8 在发动机处于怠速运转状态下，测量尾气（计时30s）	步骤9 记录排放数据（可以打印）
	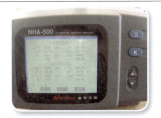
步骤10 作业后整理	
	测量结束，将尾气分析仪关闭，并将尾气分析仪所有部件按照原样收回放好并清洁。车辆熄火，收拾防护工具并清洁车辆和场地

笔 记

尾气检测

一、填空题

1. 废气再循环的主要目的是_____。

2. 在诊断 EGR 系统之前，发动机的温度必须处于_____。

3. 废气再循环控制系统主要部件有_____、_____和_____等。

4. 随发动机转速和负荷减小，EGR 阀开度将_____。

5. 三元催化剂的功用是_____。

二、判断题

1. 测试尾气时必须把分析仪的采样管插到三元催化转换器的上游。（   ）

2. 三元催化转换器工作时的氧化反应会产生大量的热。（   ）

3. 燃烧温度越低，氮氧化合物排出的就越多。（   ）

4. EGR 系统会对发动机的性能造成一定的影响。（   ）

5. 废气再循环取决于 EGR 开度，而 EGR 开度是由 ECM 控制的。（   ）

6. 发动机的排气温度大于 815℃ 时，TWC 转换效率下降。（   ）

7. 在对车辆做排放检测前，一定要对发动机进行充分的预热。（   ）

三、选择题

1. EGR 系统在下列哪种条件下是可以工作的？（   ）

A. 急速　　　　B. 发动机温度低　　　　C. 匀速行驶　　　　D. 节气门全开

2. EGR 系统可以用来控制下列哪种气体的排放量？（   ）

A. HC　　　　B. NO_x　　　　C. CO　　　　D. CO 和 HC

3. 典型的 EGR 阀位置传感器是什么类型的？（   ）

A. 热敏电阻式　　　　B. 压电式　　　　C. 惠斯顿电桥　　　　D. 电位计

4. EGR 阀卡在打开位置可能会导致以下哪种故障现象？（   ）

A. 急速抖动或熄火　　　　　　　　B. 氮氧化合物排放量增加

C. 爆震　　　　　　　　　　　　　D. 高速行驶时发动机失速

5. 三元催化器开始工作温度是（   ）。

A. 260℃　　　　B. 540℃　　　　C. 815℃　　　　D. 1100℃

项目二　燃油供给系统构造与维修

项目导入

汽油机燃油供给系统的任务是将汽油经过雾化和蒸发（汽化）并和空气按一定比例均匀混合成可燃混合气，再根据发动机各种不同工况的要求，向发动机汽缸内供给不同质（即不同浓度）和不同量的可燃混合气，以便在临近压缩终了时点火燃烧而放出热量燃气膨胀做功，最后将汽缸内废气排至大气中。

任务一　电动燃油泵的构造与检测

任务目标

知识目标：
1. 掌握燃油供给系统的功用及组成；
2. 掌握电动燃油泵的构造及工作原理。

能力目标：
会正确检测电动燃油泵。

任务描述

本任务主要是让学生通过学习燃油供给系统的功用及组成，认知电动燃油泵的结构及工作原理，进而认知电动燃油泵的控制电路，并能正确使用工量具检测电动燃油泵的控制电路。

知识链接

一、燃油供给系统的基本组成

1. 燃油供给系统的功用和分类

如图4-46所示，电控汽油机燃油供给系统的功用是提供发动机工作时所需要的汽油。电动燃油泵将汽油自油箱内吸出，经过滤清器过滤后，由压力调节器调压，经过油管输送给喷油器，喷油器根据ECM指令向进气管喷油；燃油泵供给的多余汽油经回油管流回油箱。

根据喷油器的安装位置分单点燃油供给系统和多点燃油供给系统两类，如图4-47所示。

（1）单点燃油供给系统　由一个或两个

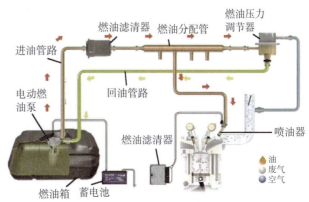

图4-46　燃油供给系统

喷油器将燃油喷射在节气门上方,与新鲜空气形成可燃混合气,供所有汽缸使用。

(2)多点燃油供给系统 在每个汽缸的进气歧管与汽缸盖连接处分别设置一个喷油器,每个喷油器向所属汽缸独立喷油,形成可燃混合气。

多点燃油喷射系统与单点燃油喷射系统相比,具有每个汽缸燃油分配均匀,燃油供给响应快等优点。现在主要使用多点燃油供给系统,单点燃油供给系统主要使用于早期电控汽油机。

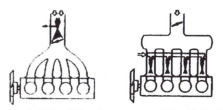

(a)单点燃油供给系统 (b)多点燃油供给系统

图4-47 燃油供给系统的分类

2. 燃油供给系统的组成及工作原理

(1)燃油供给系统的组成 主要由燃油箱、电动燃油泵、燃油滤清器、燃油总管(油轨)、燃油压力调节器、电磁喷油器和进油管、回油管等组成,如图4-48所示。

(2)燃油供给系统的工作原理 电动燃油泵吸进油箱中的燃油并形成一定的压力,经燃油滤清器过滤杂质送至燃油总管(油轨),电子控制单元ECM根据发动机的工况需要,控制安装在燃油总管上的电磁喷油器的开启时间(ms),将燃油喷入进气管雾化与新鲜空气混合形成空燃比可控的可燃混合气,实现对喷油量的控制。燃油压力调节器根据进气管中进气压力的变化自动控制燃油总管中的油压,使燃油总管中的燃油压力 P_y 与进气管中的空气压力 P_q 之差 P_y-P_q 保持不变,以保证喷油器单位时间内喷油量的精确恒定。

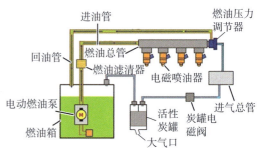

图4-48 典型燃油供给系统组成

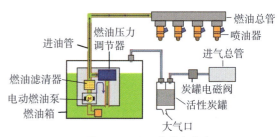

图4-49 无回油供油系统

为了进一步提高燃油供给系统的安全性,简化油路,降低油箱燃油蒸气的生成量,近年许多新式轿车(如丰田系列、本田系列)采用无回油燃油系统设计,取消回油管,将燃油压力调节器、燃油滤清器和电动燃油泵集中在一起作为一个总成件安装在燃油箱中,其结构示意图如图4-49所示。

目前,现代汽油机电控系统都设置了油箱燃油蒸气活性炭罐吸收系统(EVAP),将油箱中产生的燃油蒸气引入发动机燃烧,以减少燃油蒸气对环境的污染,同时降低发动机的耗油率,改善发动机经济性。

二、电动燃油泵

1. 电动燃油泵的功用

电动燃油泵是将燃油箱中的燃油加压后,通过燃油管道存入燃油总管及喷油器入口形成具有一定压力和流量的压力燃油,供电磁喷油器喷油之用。

2. 电动燃油泵的分类

① 根据安装位置不同,可分为油箱内装式和外装式两种。由于内装式燃油泵具有工作噪声低、散热好和安全性好等优点,目前主要使用内装式燃油泵。

② 根据结构的不同,可分为滚柱式(含叶片式)、涡轮式和变排量式。目前大多数车辆使用滚柱式或涡轮式燃油泵,少部分车辆选用变排量式燃油泵。涡轮式燃油泵与滚柱式燃油泵相比,其工作转速更高,噪声更小。

3. 电动燃油泵的组成

电动燃油泵主要由直流电动机、机械泵、集滤器、单向阀和限压阀等组成。电动燃油泵的结构如图4-50所示。

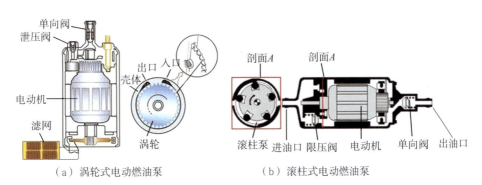

(a) 涡轮式电动燃油泵　　　　(b) 滚柱式电动燃油泵

图 4-50　电动燃油泵的分类与组成

4. 电动燃油泵的工作原理

当机械液压泵在直流电动机的驱动下旋转时，油箱中的燃油经集滤器滤除杂质被吸入油泵后加压，流过直流电动机，经单向阀将燃油压入燃油管路，流过的燃油同时对电动机散热。出口单向阀的作用是在发动机熄火、燃油泵停止工作时，使燃油管路能保持一定的残余压力，以利于发动机的重新启动。当燃油管路出现堵塞等故障，引起燃油泵出口压力过高时，位于燃油泵中的限压阀自动开启泄压，防止电动机因过载而损坏。

早期生产的汽车电动燃油泵控制方式较多，功能单一。目前汽车电动燃油泵都采用发动机电子控制单元 ECM 经燃油泵继电器进行控制。科鲁兹电动燃油泵控制电路原理如图 4-51 所示。

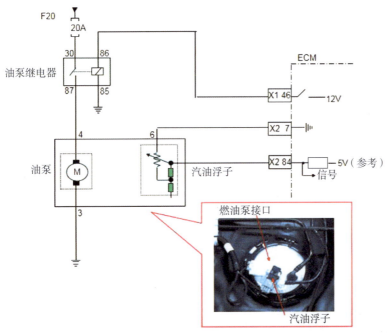

图 4-51　科鲁兹电动燃油泵控制电路原理

电控单元 ECM 利用燃油泵继电器控制燃油泵的工作。在通用车系中，点火开关转至"ON"位置，ECM 将控制燃油泵继电器吸合，燃油泵开始工作，燃油管路开始建立压力。如果在 2s 后，ECM 没有接收到发动机的转速信号，将会控制燃油泵继电器断开，燃油泵停止工作。如果 ECM 持续检测到发动机转速信号，将会保持燃油泵继电器吸合，使燃油泵保持运转。在有些车辆中，发动机机油压力作为燃油泵继电器控制的一个备用信号，当机油压力达到 28kPa 时，ECM 将控制燃油泵继电器吸合，燃油泵开始工作。

当汽车发生碰撞事故时，为了防止汽车发生次生火灾，减少事故损失，许多汽车燃油供给系统都设计了燃油泵强制切断控制功能。早期的汽车一般是在燃油泵供电电路中串联了一个机械惯性开关，当汽车发生强烈碰撞事故时，惯性开关自动切断燃油泵供电电源，如早期美国福特系列轿车和国产神龙富康、爱丽舍轿车等即采用这种控制方式。近年生产的安装了安全气囊和CAN BUS数据总线的新式轿车则采用数字程序控制方式,当汽车发生强烈碰撞事故,在安全气囊弹出的同时,发动机ECM通过CAN BUS数据总线接收这个碰撞信号,执行燃油泵断电功能,如奥迪、大众、本田、通用系列轿车等都采用这种控制方式。

三、燃油箱

燃油箱用来存储汽油,通常由防腐金属或聚乙烯制成。燃油箱一般安装在底盘后部靠近后桥的位置。当发生交通事故时,车架纵梁和车身能够有效地保护燃油箱。

油箱内部通常会有隔板,使回油区与泵的吸油区隔开,增大油液循环的路径,降低油液的循环速度,有利于降温散热、气泡析出和杂质沉淀。

四、燃油滤清器

燃油滤清器的功用是滤除燃油中的氧化铁、粉尘等固体夹杂物,防止燃料系统的堵塞,减小系统的机械磨损,确保发动机稳定运转,提高工作的可靠性。燃油滤清器通常安装在燃油泵之后的油路中。

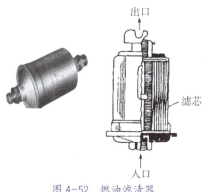

图4-52 燃油滤清器

燃油滤清器主要由壳体和滤芯等组成,壳体通常用金属或塑料制造,滤芯一般是纸质滤芯,大多数燃油滤清器可以过滤 $10 \sim 20 \mu m$ 或更大尺寸的颗粒杂质。其结构如图4-52所示。

燃油滤清器是一次性产品,当滤芯堵塞时,将使管路中的燃油压力下降,造成发动机启动困难,发动机功率降低,因此应按规定定期更换燃油滤清器。

燃油滤清器

任务实施

一、任务准备

(1)设备 科鲁兹整车1台,工具车1台,零件车1台,维修手册1套。
(2)工量具 常用工具1套,万用表1只,跨接线若干,抹布若干。

二、实施步骤

燃油泵继电器线路检测和故障排除

步骤1 工具准备	
	1.要准备的工量具:常用工具1套、万用表1只、跨接线若干、抹布若干 2.工具准备要齐全,摆放要整齐
步骤2 查找燃油泵继电器	
	关闭点火开关并关闭所有车辆系统,断开KR23A燃油泵继电器

续表

步骤3 查找搭铁端子	
	1. 测试搭铁电路端子86和搭铁之间的电阻是否小于10Ω 2. 如果等于或大于10Ω，测试搭铁电路端对端的电阻是否小于2Ω。如果为2Ω或更大，则修理电路中的开路/电阻过大故障；如果小于2Ω，则修理搭铁连接中的开路/电阻过大故障

步骤4 检测燃油泵继电器连接线路	

1. 打开点火开关，在控制电路端子85和搭铁电路端子86之间连接一盏测试灯，用故障诊断仪指令燃油泵继电器通电和断电时，确认测试灯点亮和熄灭
2. 如果测试灯始终熄灭，关闭点火开关，断开K20发动机控制模块的线束连接器。测试控制电路和搭铁之间的电阻是否为无穷大。如果电阻不为无穷大，则修理电路上的对搭铁短路故障。如果电阻为无穷大，测试控制电路端对端的电阻是否小于2Ω。如果为2Ω或更大，则修理电路中的开路/电阻过大故障。如果小于2Ω，则更换K20发动机控制模块
3. 如果测试灯始终点亮，关闭点火开关，断开K20发动机控制模块的线束连接器，再打开点火开关，测试控制电路和搭铁之间的电压是否低于1V。如果是1V或更高，则修理电路上的对电压短路故障。如果低于1V，则更换K20发动机控制模块

步骤5 检测继电器	
	1. 关闭点火开关，断开KR23A燃油泵继电器 2. 测试端子85和86之间的电阻是否为70～110Ω。如果小于70Ω或大于110Ω，更换继电器
	3. 测试以下端子之间的电阻是否为无穷大：30和86、30和87、30和85、85和87。如果电阻小于无穷大，更换继电器
	4. 在继电器端子85和12V电压之间安装一根带3A保险丝的跨接线。在继电器端子86和搭铁之间安装一根跨接线。测试端子30和87之间的电阻是否小于5Ω。如果等于或大于5Ω，更换继电器；如果小于5Ω，全部正常

步骤6 作业后整理
 操作完毕，整理车辆，工量具，做到5S管理

一、填空题

1. 燃油供给系统主要由_____、_____、_____、_____、_____、_____电磁喷油器和进油回油管路等组成。

2. _____的作用是在发动机熄火、燃油泵停止工作时，使燃油管路能保持一定的残余压力，以利于发动机的重新启动。

3. 油箱盖上设有_____，用来保证油箱内外压差恒定。

4. 电动燃油泵根据结构的不同分为：_____泵、_____泵和_____泵。

二、判断题

1. 为了使发动机容易启动，电动燃油泵中都设置了限压阀。　　　　　　　　　　　　　（　　）

2. 无回油燃油供给系统燃油压力调节器安装在燃油总管上。　　　　　　　　　　　　　（　　）

3. 发动机停止工作后，供油管路仍保持有压力。　　　　　　　　　　　　　　　　　　（　　）

4. 目前大多数EFI系统广泛采用外置式燃油泵。　　　　　　　　　　　　　　　　　　（　　）

5. 发动机熄火后，电动燃油泵会立即停止工作。　　　　　　　　　　　　　　　　　　（　　）

三、选择题

1. 电控燃油喷射系统间歇喷射方式，按各缸喷油器的喷射顺序可分为同时喷射系统、分组喷射系统和（　）系统。

　　A. 缸内喷射　　　　　　　　　　　　B. 单点喷射

　　C. 多点喷射　　　　　　　　　　　　D. 顺序喷射

2. 单点燃油喷射系统的喷油器安装在（　）上。

　　A. 进气总管　　　　　　　　　　　　B. 进气歧管

　　C. 节气门体　　　　　　　　　　　　D. 汽缸盖

3. 发动机停机状态下，EFI 系统燃油残余压力的保持依靠（　　）。

A. 电动汽油泵的安全阀和燃油脉动阻尼器

B. 电动汽油泵的安全阀和燃油压力调节器

C. 电动汽油泵的出油阀和燃油压力调节器

D. 电动汽油泵的出油阀和燃油脉动阻尼器

4. 下列不属于电动汽油泵的控制方式的是（　　）。

A. 点火开关控制　　　　　　　　B. 发动机 ECU 控制

C. 油泵开关控制　　　　　　　　D. 发动机 ECU 和油泵开关共同控制

5. 为了避免汽油管路堵塞时燃油压力过高，造成油管破裂或汽油泵损坏，汽油泵中设有（　　）。

A. 换向阀　　　B. 安全阀　　　C. 节流阀　　　D. 单向阀

6. 将燃油泵测量端子跨接到（　　）电源上，或将点火开关置 ON 位置，若听不到燃油泵工作声音，则应检查或更换燃油泵。

A.220V 直流电　　　B.12V 直流电　　　C. 交流电　　　D.110V 直流电

7. 在发动机熄火后，避免输油管中的汽油倒流、保持油路中有一定残余压力的是汽油泵中的（　　）。

A. 安全阀　　　B. 旁通阀　　　C. 单向阀　　　D. 节流阀

8. 燃油滤清器一般安装在（　　）。

A. 汽油泵和油轨之间　　　　　　B. 喷油器和油轨之间

C. 燃油压力调节器回油管路上　　D. 燃油压力调节器与油轨之间

9. 在多点喷射的发动机燃油喷射系统中，汽油一般被喷入（　　）。

A. 燃烧室内　　　B. 节气门后部　　　C. 进气歧管内　　　D. 节气门前部

四、简答题

1. 燃油供给系统的作用是什么？由哪些部分组成？

2. 燃油泵的作用是什么？有哪些类型？

3. 简述电动燃油泵的工作原理。

4. 油箱盖有什么作用？为什么要设置空气-蒸气阀？

5. 燃油滤清器的作用是什么？其结构如何？

任务二　喷油器构造与检测

知识目标：

1. 掌握喷油器的功用及分类；
2. 掌握喷油器的构造及工作原理。

能力目标：

会正确检测喷油器。

本任务主要是让学生通过学习喷油器的功用及分类，认知喷油器的结构及工作原理，进而认知ECM对喷油量的控制，并能正确选用工量具检测喷油器。

一、喷油器

单点喷射和多点喷射系统使用的喷油器在结构上存在一些差异，由于单点喷射系统已几近淘汰，在此只介绍多点喷射系统使用的喷油器。

1. 喷油器的分类

① 根据结构分：轴针式、球阀式和片阀式三种。

② 根据电磁线圈阻值分：a. 高阻型喷油器（13～16Ω），也称为电压控制型喷油器。工作时，ECM通过大功率三极管在电磁线圈两端直接接通蓄电池电压控制喷油器的持续开启时间，控制电路和控制方式都较为简单，是使用最广泛的形式。b. 低阻型喷油器（2～5Ω），也称为电流控制型喷油器。工作时，ECM通过大功率三极管控制流过电磁线圈中的电流大小（一般使用开启电流和维持开启电流二阶段电流控制方式）控制喷油器的持续开启时间。若使用电压控制方式，须使用串联电阻限制流过电磁线圈的电流，如本田雅阁轿车即使用这种喷油器。

2. 喷油器的结构

喷油器安装在燃油分配总管和进气歧管之间，其结构如图4-53所示。

3. 喷油器的工作原理

当电磁线圈在ECM的控制下流过电流时，线圈产生的电磁吸力使衔铁及针阀阀体克服复位弹簧的弹力，阀体与针阀上升，阀门打开，压力燃油从喷孔喷入进气歧管，雾化后与新鲜空气混合，形成可燃混合气。当线圈电流切断时，电磁力消失，针阀与阀体在弹簧

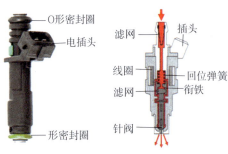

（a）喷油器实物外形图　（b）轴针式电磁喷油器结构

图4-53　喷油器结构

的弹力作用下回位，阀门关闭，喷油停止。

如图4-54所示，以科鲁兹为例，说明ECM在各种工况下的喷油量控制。

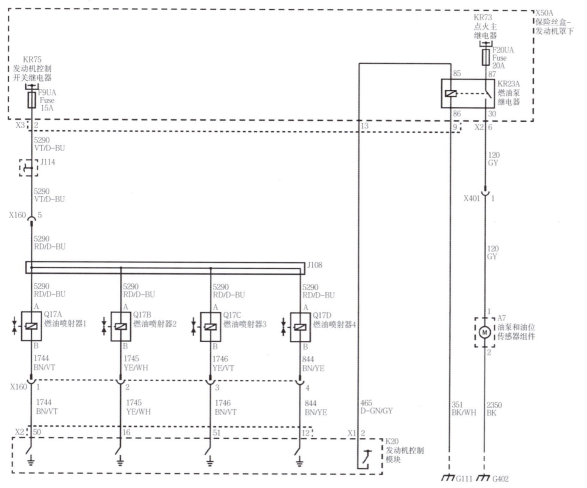

图4-54　科鲁兹燃油控制装置电路原理图

喷油器的供电电源由燃油泵继电器提供，ECM控制喷油器的负极搭铁回路，控制电磁线圈电流的导通时间（ms）实现对喷油量的实时控制。ECM根据发动机工况不同，执行相应的喷油量控制程序。

（1）启动工况喷油控制　当ECM收到点火开关启动STA信号，或收到电源信号且曲轴位置传感器发出的转速信号低于300r/min时，ECM判定发动机处于启动工况。ECM主要根据发动机冷却液传感器、进气温度传感器和发动机转速传感器的信号执行启动工况喷油量控制程序，采用较浓混合气使发动机顺利启动。

（2）正常运转喷油控制　发动机运转时，为了适应发动机暖机、加速、减速和其他工况对混合气浓度的需要，ECM将喷油量分成基本喷油量、修正喷油量和增量喷油量三个部分分别计算，并叠加在一起形成总喷油量，控制喷油器喷油。

总喷油量 = 基本喷油量 + 修正喷油量 + 增量喷油量

① 基本喷油量：ECM根据发动机转速和循环进气量，按理论空燃比（A/F=14.7 或 λ=1）计算得出的喷油量。

② 修正喷油量：ECM根据蓄电池电源电压、冷却液温度、进气温度等信号，对基本喷油量进行修正，以使发动机在不同运转条件下都能获得最佳浓度的混合气。

③ 增量喷油量：发动机在低温启动后的暖机工况、加速工况和大负荷工况时，需要较浓的混合气，处于这几种工况时，ECM在基本喷油量的基础上进行增量控制，产生较浓的混合气，适应发动机的工况需要。

(3)喷油量反馈控制 在发动机处于稳定工况正常工作时,ECM 内设的混合气空燃比控制目标是理论空燃比(A/F=14.7)。为了实时控制混合气的空燃比,安装在发动机排气管上的氧传感器时刻监测发动机废气中 O_2 含量,对混合气的空燃比进行反馈,将空燃比控制在 A/F=14.7。

ECM 实时接收氧传感器发出的反馈电压信号,对喷油量进行增加或减少的循环反馈控制,将混合气的空燃比控制在理论空燃比 14.7 附近很窄的范围内,减少废气中有害气体 HC、CO 和 NO_x 的排放量。

(4)断油控制

① 减速断油控制:当发动机高速旋转时突然减速(节气门关闭)时,ECM 自动中断喷油器的燃油喷射,当发动机的转速降至设定的低转速时,再恢复喷油。减速断油的功用是有利于发动机减速;减少发动机减速时的有害气体排放量;降低发动机的耗油率。

当发动机冷却液温度正常,节气门全关,发动机转速高于某一数值,执行减速断油控制。

② 超速断油控制:当发动机转速超过设计的最高转速时(一般四缸发动机为 6000r/min),ECM 控制喷油器停止喷油,低于规定转速 100r/min 时恢复喷油,防止发动机因超速而损坏。

③ 减扭矩断油:为了改善自动变速器 AT 的换挡平顺性,发动机 ECM 收到 AT 换挡信号时,在换挡过程中执行减扭矩断油。

(5)火花塞溢油清除 当由于某种原因导致发动机反复多次启动不能点火着车时,过浓的混合气积聚在火花塞跳火间隙之间,形成火花塞溢油,使火花塞不能正常跳火(俗称"淹缸"),使发动机更加难以启动。对于传统化油器发动机,为了去除火花塞溢油,须拆下火花塞采用加热等方法进行处理。而对于采用电控技术控制的汽油机,则可用 ECM 内存的火花塞溢油清除功能进行处理,当节气门全开,点火开关置于启动位置,发动机转速低于 500r/min,执行火花塞溢油清除功能。

当 ECM 执行火花塞溢油清除功能时,启动机带动发动机旋转,但喷油器不喷油,火花塞不跳火,利用进入汽缸的高速新鲜空气流稀释掉火花塞的液体燃油。

二、燃油压力调节器

如图 4-55 所示,汽油机 EFI 系统中,电磁喷油器将燃油喷入进气歧管中与新鲜空气混合形成可燃混合气,当喷油器的结构参数一定时,燃油压力调节器的作用是保证燃油总管中的系统油压 $P_油$ 随进气歧管气压 $P_气$ 的变化而变化,使 $P_油$ 与 $P_气$ 气压之差保持不变,即 $P_油 - P_气 = P$(恒值),保证喷油器在 ECM 控制下每单位时间 T 喷出的燃油质量 M 都是相等的。

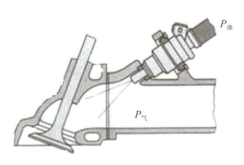

图 4-55 燃油压力调节器作用原理

燃油压力调节器主要由膜片、控制阀、真空室和油压室等组成。其结构原理如图 4-56 所示。

当发动机负荷较小——节气门开度较小时,进气歧管中的真空度较大,绝对压力 $P_气$ 较小,处于膜片下方的油压 $P_油$ 大于真空室绝对压力 $P_气$ 和弹簧力之和,膜片上移,控制阀打开,燃油总管及下室的燃油压力经回油管泄压而降低。反之,当发动机负荷较大——

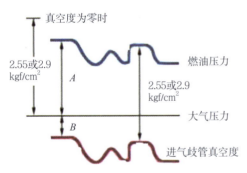

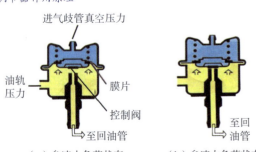

(a)怠速小负荷状态　(b)怠速大负荷状态

图 4-56 燃油压力调节器

节气门开度较大时,控制阀的开度较小,燃油压力调节器使系统油压 $P_{油}$ 随绝对压力 $P_{气}$ 增大而增大,使喷油器进出油口的压力之差保持恒定。

三、燃油分配管

燃油分配管的功用是将燃油均匀、等压地输配给各个喷油器,同时还具有储油蓄压的作用。其容积油量相对于发动机的循环喷油量要大很多,因而可以防止燃油压力的波动,可供给各喷油器以等量的燃油。此外,燃油分配管上一般安装有燃油压力测试口,用来检测燃油系统的压力,以便维修人员快速诊断燃油系统的故障。

燃油总管、喷油器及检测口组合件如图 4-57 所示。

图 4-57 燃油总管、喷油器及检测口组合件

一、任务准备

（1）设备 科鲁兹整车 1 台,工具车 1 台,零件车 1 台,维修手册 1 套。

（2）工量具 常用工具 1 套,万用表,跨接线若干,抹布若干。

二、实施步骤

步骤1　车辆工具准备	
	1. 要准备的工量具：常用工具1套,万用表1只,跨接线若干,抹布若干 2. 工具准备要齐全,摆放要整齐
步骤2　喷油器与ECM连接电路	步骤3　发动机运转时,用手指接触喷油器,正常时应可感觉到喷油器喷油时的脉动
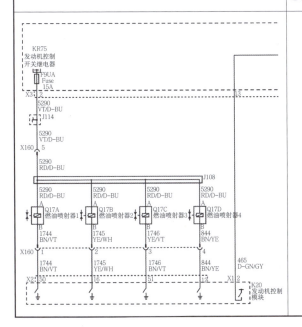	

喷油器线路检测与故障排除

喷油器的
拆装

续表

步骤4　检查喷油器电阻	
	关闭点火开关，拔下喷油器插头，测量喷油器插脚间的电阻值。冷态阻值应为12～18Ω（发动机热态时，电阻会增加4～6Ω）。否则喷油器有故障，应更换
步骤5　检查电源	
	关闭点火开关，拔下喷油器插头，在插头的1脚和搭铁之间接入电压表。原地启动发动机，电压表的读数应为电源电压。如果没有电压，应检查喷油器线路
步骤6　检查燃油分配管	
	检查燃油分配管是否有泄漏、滴油现象
步骤7　作业后整理	
	操作完毕，整理车辆、工量具，做到5S管理

知识测评

一、填空题

1. 高阻型喷油器，也称为_____。

2. 低阻性喷油器一般都采用_____电流和_____电流二阶段电流控制方式。

3.燃油压力调节器的作用是使_____压力和_____压力之差保持不变。

4.喷油器的喷油量由_____喷油量、_____喷油量、_____喷油量叠加在一起形成。

二、判断题

1.燃油压力调节器的作用是使系统油压保持不变。（ ）

2.喷油器将燃油喷射在进气门附近与空气混合形成混合气吸入汽缸。（ ）

3.低阻性喷油器一般都使用电压控制方式。（ ）

4.燃油压力调节器使供油总管内的油压随进气歧管内的气压增减而增减，控制二者差值不变。（ ）

三、选择题

1. EFI 燃油压力调节器的主要功能是（ ）。

A. 保持系统的绝对油压为一定值

B. 保持系统的绝对油压和喷油器喷口处的进气压力的差值为一定值

C. 保持系统的空气压力为一定值

D. 保持系统有一定残压，以便下次顺利启动发动机

2.在电控汽油喷射系统中，喷油器的喷油量主要取决于喷油器的（ ）。

A. 针阀升程   B. 喷孔大小

C. 内、外压力差   D. 针阀开启的持续时间

3.低阻值的喷油器的电阻值约为（ ）。

A. 20～30Ω   B. 13～17Ω   C. 1～3Ω   D. 0.2～0.5Ω

4.汽油机冷启动喷油器安装在（ ）。

A. 进气总管处   B. 进气歧管上   C. 空气滤清器前方   D. 排气管上

5.当油轨压力高于规定值，开始工作并使多余的汽油返回油箱的部件是（ ）。

A. 燃油泵   B. 汽油滤清器   C. 喷油器   D. 燃油压力调节器

6.高阻抗喷油器的电阻值约为（ ）。

A. 20～30Ω   B. 13～16Ω   C. 2～8Ω   D. 0.6～1Ω

7.共轨压力传感器的功能是（ ）。

A. 监测喷油泵   B. 控制喷油器   C. 检测共轨管中燃油压力   D. 控制溢流阀

8.汽油机燃油压力调节器弹簧室的管接头连接（ ）。

A. 空滤器   B. 曲轴箱通风管   C. 进气歧管   D. 活性炭罐

四、简答题

1.燃油压力调节器的作用是什么？主要构造有哪些？

2.喷油器的结构怎样？其工作原理是什么？

3.发动机正常运转时，喷油量有哪几部分组成？

4.发动机哪些情况下要实施断油控制？

项目三　电子控制系统构造与检测

项目导入

安全、环保、节能是当今汽车技术发展的主要方向，采用电子控制技术是解决诸多技术难题的最佳方案。汽车电控发动机增加了电子控制系统。电子控制系统主要由传感器、控制器和执行器三大部分组成。传感器主要用来检测发动机及车辆的各种信息并输送至控制器；控制器接受来自传感器的信息并存储信息，经计算和分析处理后发出相应的控制指令给执行器；执行器主要用来执行控制器的指令，从而达到控制目标。

任务一　传感器的构造与检测

任务目标

知识目标：
1. 掌握各传感器的功用及基本原理；
2. 掌握电子燃油喷射系统电子控制系统的控制功能；
3. 掌握各传感器的检测方法。

能力目标：
会正确选用工具检测各传感器。

任务描述

任务主要是让学生通过学习各传感器的功用及工作原理，从而进一步理解电子控制系统的工作原理，并且会正确使用工具检测各电子元件。

知识链接

在发动机控制系统中，传感器的作用是将汽车各部件运行的状态参数（各种非电量信号）转换成电信号并输送到控制器，用以监测各部件运行情况和环境条件。主要有空气流量传感器、进气压力传感器、节气门位置传感器、曲轴位置传感器、凸轮轴位置传感器、冷却液温度传感器、进气温度传感器、氧传感器、爆震传感器等。部分传感器前面已经介绍，这里不再介绍。科鲁兹发动机电控系统如图4-58所示。

一、曲轴位置传感器

曲轴位置传感器也称为曲轴转速传感器，其作用是采集曲轴转动角度或发动机转速信号，并输送至ECM，作为点火控制和喷油控制的主要参数之一。ECM还可以检测曲轴位置传感器信号波动大小来判断发

曲轴位置传感器的检测

动机是否出现失火。曲轴位置传感器一般安装于曲轴前端、中部或变速器壳体靠近飞轮的位置。按照工作原理的不同，曲轴位置传感器可分为磁电式、霍尔式和光电式。

1. 磁电式曲轴位置传感器

磁电式曲轴位置传感器主要由导磁材料制成的信号齿圈（或变磁阻环）、永久磁铁、软铁芯、线圈等组成，如图 4-59 所示。

当曲轴转动时，齿圈也随之转动，齿圈不断地靠近——远离曲轴位置传感器内部的软铁芯，从而在线圈中感应交流电动势。

当信号齿圈凸齿靠近传感器时，软铁芯与齿间隙逐渐缩小，软铁芯中的磁场便开始出现集中现象，磁场强度增大，线圈的磁通量逐渐增大，且磁通量变化率也逐渐增大，因此产生一个逐渐增大的正的感应电动势，磁通量变化越大，则感应出的电压也越高。当凸齿继续靠近软铁芯时，线圈的磁通量仍在增大，但磁通量的变化率则在减小，因此产生一个正的、逐渐减小的感应电动势。当信号齿圈凸齿与铁芯对齐成一条直线时，软铁芯与凸齿间隙最小，磁场强度最强，线圈的磁通量最大，但在该点磁场强度没有变化，磁通量变化率为 0，所以感应电压为 0。当信号齿圈继续转动，凸齿逐渐离开软铁芯时，二者之间间隙逐渐变大，软铁芯中的磁场减弱，线圈的磁通量逐渐减小，但磁通量的变化率逐渐增大，所以产生一个负的、绝对值逐渐增大的感应电动势。当凸齿继续转动离开软铁芯时，线圈的磁通量继续减小，磁通量的变化率也逐渐减小，因此产生一个负的、绝对值逐渐减小直至为 0 的感应电动势。

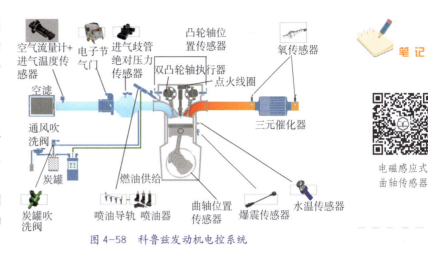

图 4-58 科鲁兹发动机电控系统

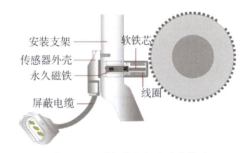

图 4-59 磁电式曲轴位置传感器

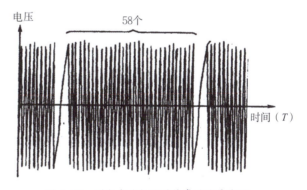

图 4-60 磁电式曲轴位置传感器信号波形

如果信号齿圈有 58 个凸齿，每个凸齿按 6°间隔分布，2 个缺齿的磁极被用作基准标记。当每个凸齿转过曲轴位置传感器时，曲轴位置传感器就会产生一个交流信号，曲轴每转一圈会输出 58 个脉冲，当齿圈基准标记转过曲轴位置传感器时，交流信号的周期会增大，如图 4-60 所示。ECM 根据曲轴位置传感器的信号计算发动机的转速，并根据基准标记对应的交流信号计算曲轴位置，然后确定最佳的点火和喷油时刻。

2. 霍尔式曲轴位置传感器

霍尔式曲轴位置传感器利用霍尔效应检测曲轴位置和发动机转速。霍尔效应工作原理如图 4-61 所示，当电流 I 垂直于外磁场通过霍尔元件时，电荷在洛伦兹力作用下向一侧偏移，在垂直于电流和磁场的霍尔元件的横向侧面产生一个电压，称为霍尔电压 U_H，U_H 与电流 I 和磁场强度 B 成正比。

霍尔式曲轴位置传感器

霍尔式曲轴位置传感由信号齿圈、霍尔元件、永久磁铁和电子线路等组成。在曲轴带动信号齿圈转动时，霍尔元件所处的磁场强度出现强弱交替变化，霍尔元件将输出一个毫伏级的正弦波信号，电子线路就将这个信号转化为频率与曲轴转速相对应的脉冲电压，以方波的形式输出给ECM。信号的频率随发动机转速的增大而增大。与磁电式曲轴位置传感器一样，信号齿圈通常有两个缺齿作为基准标记。霍尔效应原理如图4-61所示。霍尔式曲轴位置传感器工作原理如图4-62所示。

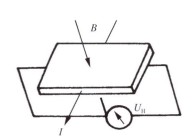

图4-61 霍尔效应原理
I—电流；B—磁场；U_H—霍尔电压

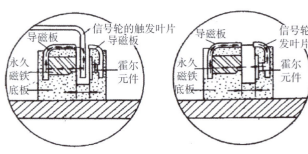

（a）触发叶片进入空气隙中，霍尔元件中的磁场被旁路　　（b）触发叶片离开空气隙，霍尔元件被磁场饱和

图4-62 霍尔式曲轴位置传感器工作原理

3. 光电式曲轴位置传感器

光电式曲轴位置传感器主要由发光元件、光敏元件、遮光盘和控制电路等组成，如图4-63所示。

发光元件与光敏元件相对安装，发光元件发出的光线照射到光敏元件上，遮光盘置于发光元件与光敏元件之间，当遮光盘挡住光线时，光敏元件截止，控制电路输出低电平。当缝隙对准发光元件和光敏元件时，光线照射到光敏元件上，控制电路输出高电平。

光电式曲轴位置传感器

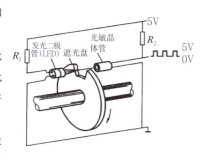

图4-63 光电式曲轴位置传感器

遮光盘固定在分电器轴上，与分电器轴一起转动。遮光盘边缘分别刻有360条光缝，每转过一条光缝对应凸轮轴1°转角。遮光盘边缘还刻有与缸数相同的、并对应各缸上止点位置的光孔，如图4-64所示。每转过一个光孔对应某缸上止点位置信号。

二、凸轮轴位置传感器

凸轮轴位置传感器的作用主要是检测凸轮轴位置和转角，从而确定第一缸活塞压缩上止点的位置。在启动发动机时，ECM根据凸轮轴位置传感器和曲轴位置传感器提供的信号，识别出各个汽缸活塞的位置和行程，精确控制燃油喷射顺序和喷射时刻、点火顺序和点火时刻。随着可变气门正时（VVT）技术的出现和发展，凸轮轴位置传感器除了用于判定各缸压缩上止点外，还要监控VVT系统的进气或排气凸轮是否达到预定位置。双可变气门正时（DVVT）系统的进、排气凸轮轴各有一个凸轮轴位置传感器。

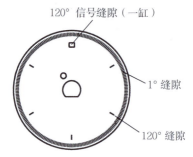

图4-64 六缸发动机用遮光盘

凸轮轴位置传感器的工作原理与曲轴位置传感器的工作原理相似。对于现代汽车发动机控制系统，当曲轴位置传感器或凸轮轴位置传感器发生故障时，其信号有时可以互相替换。例如，当曲轴位置传感器信号丢失时，ECM可以利用凸轮轴位置传感器信号推算出曲轴位置和发动机转速；当凸轮轴位置传感器信号丢失时，ECM可以利用曲轴位置传感器信号判断1缸压缩上止点和各缸活塞位置。曲轴位置传感器和凸轮轴位置传感器中任何一个正常工作，发动机都可以启动，但ECM会进入故障模式，限制发动机的某些功能。科鲁兹1.6LDE发动机凸轮轴位置传感器如图4-65所示。

图 4-65　科鲁兹 1.6LDE 发动机凸轮轴位置传感器

三、冷却液温度传感器

冷却液温度发生变化会直接影响到发动机的工作性能，而安装在冷却系统中的冷却液温度传感器可以实时反映冷却液温度的变化情况，并将其转换为电压信号传送给 ECM。冷却液温度传感器的信号输入可以实现以下功能：

① 修正喷油量：发动机低温运转时增加喷油量，形成较浓的混合气。

② 修正点火提前角：发动机低温运转时，增大点火提前角（提前点火）；高温运转时，为了防止发生爆震，减小点火提前角（推迟点火）。

③ 冷启动时决定喷油量：冷启动时，ECM 根据冷却液温度信号决定冷启动喷油量。温度越低喷油量越大，从而形成可燃的混合气体，以利于发动机顺利启动。

④ 影响怠速控制阀动作：低温时，为了使发动机温度尽快达到正常值，ECM 根据冷却液温度传感器信号控制怠速控制阀的动作，提高怠速运转。

⑤ 影响减速断油：汽车急减速滑行时，若 ECM 检测到冷却液温度正常，就控制喷油器在短时间内停止喷油，直到发动机转速下降到设定的低转速时再恢复供油。

⑥ 影响废气再循环：冷却液温度较低时，由于燃烧不稳定，缸内温度较低，发动机运转不平稳。此时，ECM 输出信号停止废气再循环系统的工作，随着温度的升高，控制废气再循环系统开始工作。

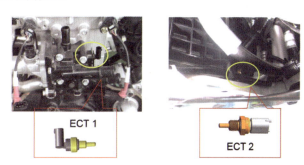

冷却液温度传感器通常安装在节温器壳体上。使用电子节温器的发动机一般安装两个冷却液温度传感器，一个位于节温器壳体上，另一个位于散热器出口处，如图 4-66 所示。

图 4-66　科鲁兹 1.6LDE 发动机冷却液温度传感器

冷却液温度传感器工作原理与进气温度传感器相似，也是采用负温度系数的热敏电阻型，如图 4-67 所示。

四、氧传感器

氧传感器是电子控制燃油喷射系统进行反馈控制的传感器，一般安装在排气管上。它的功用是用来检测排气中的氧气含量，以确定实际空燃比是比理论空燃比大还是小，并向发动机 ECM 反馈相应的电压信号。发动机 ECM 根据氧传感器反馈的混合气浓稀信号，在上次喷油量的基础上对本次喷油量进行减小或增加的修正。目前实际应用的氧传感器主要有氧化锆式和氧化钛式两种。

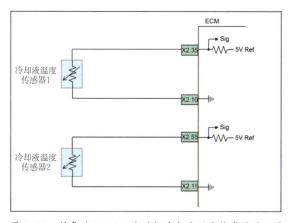

图 4-67　科鲁兹 1.6LDE 发动机冷却液温度传感器原理图

氧传感器

1. 氧化锆式氧传感器

氧化锆式氧传感器的基本结构如图 4-68 所示，其基本元件是氧化锆固体电解质。氧化锆制成试管状，也称作锆管。锆管固定在带有安装螺钉的固定套中，其内表面与大气相通，外侧与排气直接接触。锆管内外表面都覆盖着一层多孔性的铂膜作为电极，外表面加装一个带有槽口的防护套。

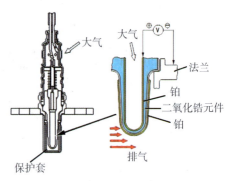

图 4-68 氧化锆式氧传感器结构图

当传感器内侧大气中含氧量与传感器外侧的含氧量不同时，在氧化锆内、外两侧的电极间就产生一个电压。当混合气稀时，排气中氧的含量高，传感器元件内外侧氧浓度差别小，氧化锆元件产生的电压低（接近于零）；当混合气浓时，在排气中几乎没有氧，氧化锆元件内外侧氧浓度差别大，内外侧电极间产生高电压（约为1V），其过量空气系数与输出电压变化的关系如图 4-69 所示。因此，氧传感器发出的信号间搭铁反映了混合气空燃比的高低。发动机 ECM 按氧传感器的反馈信号，对喷油量的计算结果进行修正，使混合气的空燃比更接近于理论空燃比。

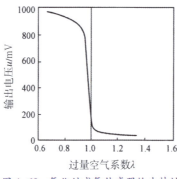

图 4-69 氧化锆式氧传感器输出特性

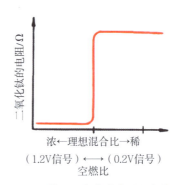

图 4-70 氧化钛式氧传感器输出特性

由于氧化锆式氧传感器只有在 400℃ 以上的温度时才能正常工作，为了保证传感器在发动机进气量小、排气温度低时也能工作，氧传感器中装有加热元件，加热元件受发动机 ECM 的控制。在有氧传感器参与工作的闭环控制过程中，当发动机 ECM 接收到氧传感器输给的低电压信号时，ECM 立即控制增加喷油量；当 ECM 接收到氧传感器输给的高电压信号时，ECM 立即控制减少喷油量；如此反复，将实际空燃比精确地控制在理论空燃比 14.7 : 1 附近，使三元催化转换器处于最佳工作状态。

2. 氧化钛式氧传感器

氧化钛式氧传感器的工作原理与氧化锆式氧传感器有很大不同，它是利用半导体氧化钛的电阻值随周围含氧量的变化而变化的原理制成的，其阻值变化与空燃比的关系如图 4-70 所示。由于阻值的变化还将受到温度的影响，因此要将氧化钛式氧传感器在 300~900℃ 的排气温度环境中使用，必须对其进行温度补偿，即加装加热器，以保证此种氧传感器检测特性比较稳定。

氧化钛式氧传感器的结构如图 4-71 所示，它具有两个二氧化钛元件。一个具有多孔性，是用来检测排气中含氧量的二氧化钛元件；另一个则是实心二氧化钛元件，用作加热器调节温度，补偿温度的误差。传感器的外端是用具有孔槽的金属管制成的保护管，可以让废气进出，又防止内部的二氧化钛元件受外物的撞击，接线端用橡胶作为密封材料，以防止外界空气渗入。

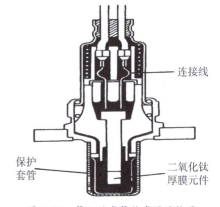

图 4-71 氧化钛式氧传感器结构图

氧传感器通常与三元催化转换器一同使用。三元催化转换器安装在排气管中段，它能同时净化排气中

单元四　汽油机电控燃油喷射系统

CO、HC 和 NO_x 三种主要的有害气体，但只有在混合气的空燃比处于接近理论空燃比的一个窄小范围内，三元催化转换器才能有效地起到净化作用。因此应用氧传感器进行反馈控制的目的也在于保证三元催化转化器的排气净化效果，以解决功率、油耗和排气污染之间的矛盾。

氧传感器信号反馈控制的闭环控制，能使实际混合气的空燃比接近理论空燃比。但对特殊工况如启动、暖机、怠速、加速、满负荷等需加浓混合气的情况，仍需要开环控制（即发动机 ECM 暂不采用氧传感器反馈回的信号，而是按实际运行工况进行喷油控制），以充分发挥发动机的动力性能。所以目前普遍采用开环和闭环相结合的控制方式，而开环和闭环控制之间的转换由发动机 ECM 来完成。

笔记

氧传感器的检测

一、任务准备

（1）设备　科鲁兹整车 1 台，工具车 1 台，零件车 1 台，维修手册 1 套。
（2）工量具　常用工具 1 套，万用表，跨接线若干，抹布若干。

二、实施步骤

步骤1　车辆工具准备
 1.车辆摆放整齐，场地清洁 2.万用表、工作台、维修手册、跨接线、抹布若干 3.打开发动机舱盖，并准备好维修手册
步骤2　查看维修手册，找到凸轮位置传感器电路图
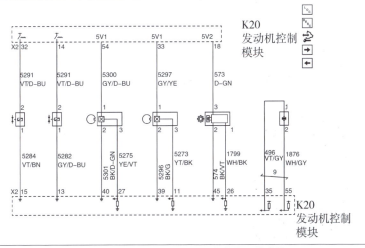
步骤3　参照维修手册，找到凸轮轴位置传感器
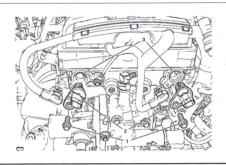

进气凸轮轴传感器线路检测与故障排除

133

续表

步骤4	检测凸轮轴位置传感器连接线
	1.关闭点火开关并关闭所有车辆系统，断开相应的B23凸轮轴位置传感器的线束连接器 2.测试低电平参考电压电路端子2和搭铁之间的电阻是否小于5Ω。如果等于或高于5Ω，将点火开关置于"OFF（关闭）"位置，断开K20发动机控制模块的线束连接器X2。测试低电平参考电压端对端的电阻是否小于2Ω。如果为2Ω或更大，则修理电路中的开路、电阻过大。如果等于或小于2Ω，则更换K20发动机控制模块
步骤5	检测凸轮轴位置传感器连接线（一）
	1.打开点火开关，测试5V参考电压电路端子1和搭铁之间的电压是否为4.8～5.2V 2.如果小于4.8V，关闭点火开关，断开K20发动机控制模块的线束连接器X2。测试5V参考电压电路端子和搭铁之间的电阻是否为无穷大。如果电阻不为无穷大，则修理电路上的对搭铁短路故障；如果电阻为无穷大，测试5V参考电压电路端对端的电阻是否小于2Ω。如果为2Ω或更大，则修理电路中的开路/电阻过大故障；如果小于2Ω，则更换K20发动机控制模块 3.如果大于5.2V，关闭点火开关，断开K20发动机控制模块的线束连接器X2，打开点火开关，测试5V参考电压电路和搭铁之间的电压是否低于1V。如果是1V或更高，则修理电路上的对电压短路故障；如果低于1V，则更换K20发动机控制模块
步骤6	检测凸轮轴位置传感器连接线（二）
	1.测试信号电路端子3和搭铁之间的电压是否为4.8～5.2V 2.如果小于4.8V，关闭点火开关，断开K20发动机控制模块的线束连接器X2。测试信号电路和搭铁之间的电阻是否为无穷大。如果电阻不为无穷大，则修理电路上的对搭铁短路故障；如果电阻为无穷大，测试信号电路端对端的电阻是否小于2Ω。如果为2Ω或更大，则修理电路中的开路/电阻过大故障；如果小于2Ω，则更换K20发动机控制模块 3.如果大于5.2V，关闭点火开关，断开K20发动机控制模块的线束连接器X2，再打开点火开关，测试信号电路和搭铁之间的电压是否低于1V。如果是1V或更高，则修理电路上的对电压短路故障；如果低于1V，则更换K20发动机控制模块
步骤7	检测前氧传感器
	1.关闭点火开关，所有车辆系统关闭，断开相应的B52加热型氧传感器的线束连接器 2.测试低电平参考电压电路端子3和搭铁之间的电阻是否小于5Ω 3.如果等于或高于5Ω，关闭点火开关，断开K20发动机控制模块的线束连接器X2。测试低电平参考电压端对端的电阻是否小于2Ω。如果为2Ω或更大，则修理电路中的开路/电阻过大故障；如果小于2Ω，则更换K20发动机控制模块
步骤8	检测前氧传感器
	1.打开点火开关，测试高速信号电路端子4和搭铁之间的电压是否为1.5～2.5V 2.如果小于1.5V，关闭点火开关，断开K20发动机控制模块的线束连接器。测试信号电路和搭铁之间的电阻是否为无穷大。如果电阻不为无穷大，则修理电路上的对搭铁短路故障；如果电阻为无穷大，则更换K20发动机控制模块 3.如果大于2.5V，关闭点火开关，断开K20发动机控制模块的线束连接器，再打开点火开关，测试信号电路和搭铁之间的电压是否低于1V。如果是1V或更高，则修理电路上的对电压短路故障；如果低于1V，关闭点火开关，测试信号电路端对端的电阻是否小于2Ω。如果为2Ω或更大，则修理电路中的开路/电阻过大故障；如果小于2Ω，则更换K20发动机控制模块

氧传感器线路检测与故障排除

步骤9　作业后整理
 操作完毕，整理车辆、工量具，做到5S管理

知识测评

一、填空题

1. 曲轴位置传感器也称为_____，其作用是采集_____或_____信号，并输送至ECM，作为_____和_____的主要参数之一。

2. 凸轮轴位置传感器的作用主要是检测_____，从而确定第一缸活塞_____的位置。

3. 氧化锆式氧传感器只有在_____以上的温度时才能正常工作，为了保证传感器在发动机进气量小、排气温度低时也能工作，氧传感器中装有加热元件，加热元件受发动机_____的控制。

4. 曲轴位置传感器和凸轮轴位置传感器按结构和工作原理的不同分为_____式、_____式和_____式三种类型。

二、选择题

1. 氧传感器是测量排气中的（　　）的含量，向ECM传递混合气浓度信号。

A. 氧气　　　　　B. CO　　　　　C. HC　　　　　D. CO_2

2. 如果废气中的氧含量高，说明混合气浓度（　　）。

A. 较浓　　　　　B. 较稀　　　　　C. 标准　　　　　D. 无法确定

3. 氧传感器通过检测发动机排气中氧的含量，向ECU反馈空燃比信号，进行喷油量的（　　）。

A. 开环控制　　　B. 闭环控制　　　C. 点火控制　　　D. 爆震控制

4. 氧传感器信号电压大于1V的原因可能是（　　）。

A. 氧传感器信号线断路　　　　　B. 氧传感器搭铁不良

C. 电脑有故障　　　　　　　　　D. 氧传感器信号线与加热线短路

三、简答题

1. 简述磁电式曲轴位置传感器的工作原理。

2. 冷却液温度传感器有什么作用？

3. 氧传感器有什么作用？

任务二　ECM 的构造与控制功能

任务目标

知识目标：
1. 了解控制器 ECM 的结构及作用；
2. 掌握 ECM 的控制功能和控制方式。

能力目标：
理解 ECM 的控制功能和控制方式。

任务描述

任务主要是让学生通过学习控制器 ECM 的结构原理，从而进一步理解 ECM 的控制功能和控制方式。

知识链接

一、发动机电子控制系统（ECM）的作用、组成和工作过程

在整个系统中，电子控制系统（ECM）是核心部分，具有强大的数学运算、逻辑判断、数据处理及数据管理等功能。其作用主要体现在以下几个方面：

① 接收传感器等其他装置输入的信息，给传感器提供参考电压（2V、5V、9V 或 12V）。
② 处理、存储、计算和分析信息数据及故障信息。
③ 根据输入的有关信息求出输出值（指令信号），并且将它与标准值对比，进行故障判断。
④ 把弱信号（指令信号）变为强信号（控制信号）。
⑤ 当电控系统出现故障时，输出故障信息。
⑥ 实行学习控制（自我修正输出值）。

ECM 是以微型计算机为核心组成的电子控制装置，并在内存中存储事先编制的程序或控制软件，即 ECM 由硬件和软件两部分组成。

1. 硬件

ECM 的硬件按照功能可分为输入电路、微型计算机和输出电路三个部分，如图 4-72 所示。从传感器输送过来的信号，首先进入输入电路进行预处理，一般是在去除杂波和把正弦波变为矩形波后转换成输入电平。对于 CPU 不能直接处理的模拟信号，A/D 转换器将其转换为数字信号后再输入。输出电路将 CPU 发出的指令转变成控制信号来驱动执行器工作，一般有控制信号的生成和放大等功能。

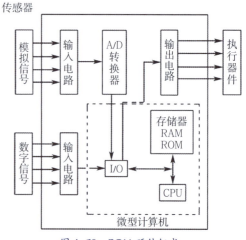

图 4-72　ECM 硬件组成

2. 软件

ECM 的软件包括控制程序和数据两部分，最主要的是主控程序。主控程序的主要任务是实现整个系统

初始化、协调系统工作时序、设定控制模式,包括常用工况及其他工况下喷油信号和点火信号的输出程序,软件中还有转速和负荷的处理程序、中断处理程序等。

3. 工作过程

发动机启动时,ECU进入工作状态,某些运行程序或操作指令从存储器(ROM)中调入中央处理单元(CPU)。这些程序可以控制燃油喷射、点火时刻、怠速转速等。在CPU的控制下,一个个指令按照预先编制的程序有条不紊地进行循环。在程序运行过程中所需要的发动机工况信息由各种传感器提供。

当脉冲信号、模拟信号等输入ECM后,首先通过输入回路进行信号处理。如果是数字信号,就根据CPU的安排经缓冲器和I/O接口电路直接进入CPU;如果是模拟信号,则首先经过模/数(A/D)转换器转换成数字信号,以便数字式单片机处理,然后才能经I/O接口电路输入CPU。大多数信息暂时存储在RAM中,根据控制指令再从RAM传送到CPU。ECM将预先存储在ROM中的最佳试验数据引入CPU,再将传感器输入的信息与其进行比较。CPU将来自传感器的各种信息依次取样,与最佳试验数据进行逻辑运算,通过比较作出判定结果并发出指令信号,经I/O接口电路、输出回路控制执行器动作。

如果是喷油器驱动信号,就控制喷油开始时刻、喷油持续时间,完成控制喷油功能。

如果是点火器驱动信号,就控制点火导通角和点火时刻,完成控制点火功能。

如果执行器需要线性电流量驱动,单片机就控制占空比来控制输出回路导通与截止,使流过执行器电磁线圈的平均电流线性增大或减小。

发动机工作时,计算机运行速度相当快,如点火时刻控制,每秒可以修正上百次,因此控制精度很高,点火时刻十分准确。

二、发动机电子控制系统的控制功能

汽车发动机控制系统是一个综合控制系统,具有多种控制功能。燃油喷射控制和点火控制是发动机控制系统的主要功能,进气控制、排放控制、故障自诊断与失效保护等均为辅助控制功能。

1. 燃油喷射控制

燃油喷射控制主要包括喷油量控制、喷油正时控制,还包括断油控制和燃油泵控制等。

(1)喷油量控制 发动机控制系统根据空气流量传感器提供的进气量信号确定基本喷油量,再根据其他传感器信号对喷油量进行修正,能有效控制混合气空燃比,使发动机在各种工况下均能获得最佳浓度的混合气,从而实现提高功率、降低油耗、减少排气污染等功效。

电子控制燃油喷射

(2)喷油正时控制 当发动机采用顺序独立喷射方式时,发动机控制系统还要根据各缸的点火顺序,将燃油喷射时间控制在最佳时刻。

(3)断油控制 是发动机控制系统在某些特殊工况下暂时中断燃油喷射,以满足发动机运行时的特殊需要,包括发动机超速断油控制、减速断油控制和清除溢流控制、减转矩断油控制等。

(4)燃油泵控制 是指当点火开关打开后,发动机控制系统将控制燃油泵工作2~3s以建立必需的油压,此时若不启动发动机,电子控制系统将切断燃油泵控制电路,使燃油泵停止工作。在发动机启动和运转过程中,电子控制系统控制燃油泵保持正常运转。

2. 点火控制

(1)提前角控制 发动机控制系统可使发动机在不同转速、不同负荷条件下,根据各相关传感器信号,判断发动机的运行工况和运行条件,选择最理想的点火提前角点燃可燃混合气。

(2)闭合角控制 为保证点火线圈初级电路有足够大的断开电流以产生足够高的次级电压,同时防止通电时间过长使点火线圈过热而损坏,发动机控制系统根据蓄电池电压及转速等信号控制点火线圈初级线圈的通电时间,以满足对点火系统击穿电压和点火能量上的要求,改善点火性能,同时避免初级线圈过热和电能的无效损耗。

点火正时控制功能

(3)爆燃控制 在发动机控制系统中,当点火时刻采用闭环控制时,就能把点火提前角控制在接近临界爆燃点或使发动机有轻微的爆燃,以最大限度地发挥发动机的潜能,提高动力性。

3. 进气控制

发动机控制系统根据转速和负荷的变化，对发动机的进气进行控制，以提高发动机的充气效率，从而改善动力性。进气系统控制主要包括发动机怠速控制系统、可变进气道控制系统、废气涡轮增压控制系统、可变气门正时控制系统等。

4. 排放控制

排放控制主要对发动机排放控制装置的工作进行电子控制，排放控制系统主要包括燃油蒸发排放控制系统、废气再循环控制系统、三元催化转化与空燃比反馈控制等。

5. 故障自诊断控制

发动机工作时，故障自诊断系统对电子控制系统各部分的工作情况进行监测，当传感器或传感器线路发生故障时，立即点亮仪表板上的故障指示灯，并将故障信息以设定的故障码形式存储在存储器中，以帮助维修人员确定故障类型和范围。同时，故障自诊断系统启动故障运行程序，发挥失效保护功能，使发动机以基本功能运转，保证可以将汽车开回家或开到附近的修理厂进行维修，以防车辆停泊在路上。

三、发动机电子控制系统的控制方式

在发动机工作过程中，ECM 根据发动机控制系统的各传感器输送过来的信号，判断发动机当前所处的运行工况和运行条件，并从 ROM 中查取相应的控制参数数据，经 CPU 的计算和必要的修正处理后，输出相应的控制信号，控制发动机运转。发动机控制系统的控制方式主要有开环控制和闭环控制。

1. 开环控制

发动机工作时，ECM 根据各传感器的信号对执行器进行控制，而控制的结果（如燃烧是否完全、怠速是否温度、是否有爆燃发生等）是否达到预期目标无法做出分析，控制的结果对控制过程没有影响，这种控制方式成为开环控制。

开环控制的特点是在控制器与被控对象之间没有反馈。要实现精确控制，必须在其控制系统 ROM 中预先存储可能遇到的各种工况及运行条件所需控制参数的精确数据，这样才能保证输出的控制信号能产生预期的工作效果。而控制数据一旦存入 ROM，就不再变动。

2. 闭环控制

在开环系统中，对控制对象控制的精确程度受到发动机技术状况和控制程序及数据的限制，所以很难做到精确控制。

闭环控制实质上就是反馈控制。在开环控制的基础上，控制系统根据实际检测到的控制结果的反馈信号来决定增减输出控制量的大小。闭环控制的特点是在控制器与被控对象之间，不仅存在着正向作用，而且存在着反馈作用，即系统的控制结果对控制量有直接影响。

如图 4-73 所示，喷油量控制由 ECM 根据氧传感器输出的氧浓度信号来判断进入汽缸中的可燃混合气的浓度是否合适，从而修正燃油供给量，实现空燃比的闭环控制，使混合气空燃比保持在理想状态下。当氧传感器检测到排气中的含氧量太低，表示混合气浓度太浓（空燃比太小），需减少喷油量；反之应增加喷油量。

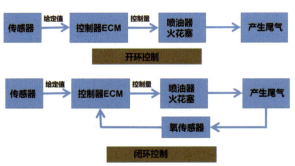

图 4-73 开环控制和闭环控制

闭环反馈控制

由于开环控制和闭环控制各有特点，现代发动机电控系统大多同时采用两种控制方式。开环控制作为基本控制手段，而闭环控制作为精确控制手段，根据发动机工作需要，相互转换、协调工作。

知识测评

一、填空题

1. 当脉冲信号、模拟信号等输入ECM后，首先通过_____进行信号处理。

2. 闭环控制实质上就是_____控制。

3. 排放控制系统主要包括_____系统、_____系统、_____与空燃比反馈控制等。

4. 发动机控制系统根据_____和_____的变化，对发动机的进气进行控制，以提高发动机的充气效率，从而改善动力性。

5. 发动机控制系统根据_____提供的进气量信号确定基本喷油量，再根据其他传感器信号对喷油量进行修正。

二、简答题

1. 发动机电子控制系统ECM的作用有哪些？
2. 发动机电子控制系统常用的传感器有哪些？
3. 发动机电子控制系统的控制内容有哪些？
4. 开环控制和闭环控制的区别是什么？

项目四 电控燃油喷射系统常见故障的诊断与排除

项目导入

电控燃油喷射系统能够在汽车运行过程中不断监测电子控制系统各组成部分的工作情况,如有异常,根据特定的算法判断出具体的故障,并以代码形式存储下来,同时启动相应故障运行单元功能,使有故障的汽车能够被驾驶到修理厂进行维修,维修人员可以利用汽车故障自诊断功能调出故障码,快速对故障进行定位和修复。

任务 电控燃油喷射系统常见故障的诊断与排除

知识目标:
1. 了解电控发动机故障诊断的注意事项;
2. 熟悉电控发动机故障诊断的基本流程。

能力目标:
能对电控发动机常见故障进行诊断分析。

本任务主要是使学生了解电控发动机故障诊断的注意事项和基本流程;掌握电控发动机常见典型故障的诊断顺序及分析方法,并且能对一般电控发动机的常见典型故障进行诊断分析。

一、电控汽油喷射系统使用注意事项

① 严禁在发动机高速运转时将蓄电池从电路中断开,防止产生瞬间过电压将电控单元(ECM)和传感器损坏。

② 发动机故障指示灯点亮时,不能将蓄电池从电路中断开,以防故障代码及有关资料信息被清除。

③ 检修电控系统时,应先将点火开关关掉。检修燃油系统时还须将蓄电池搭铁线拆下,以防电动汽油泵工作。

④ 在车身上进行电弧焊时,应先断开电控单元(ECM)电源。在靠近电控单元(ECM)或传感器的地方进行车身修理作业时,更应特别注意。

⑤ 除特殊指明外,不允许用指针式万用表测试电脑及传感器,应用高阻抗数字式万用表或汽车专用万

用表进行测试。

⑥ 不要用试灯去测试任何与电控单元（ECM）相连接的电气设备。

⑦ 蓄电池搭铁极性切不可接错，必须负极搭铁。

⑧ 电控单元（ECM）、传感器必须防止受潮，不允许将电控单元（ECM）或传感器的密封装置损坏，更不允许用水冲洗电控单元（ECM）和传感器。

⑨ 在电控汽车上，坚决禁止用搭铁试火或拆线刮火的方式对电路进行检查。

⑩ 检修电控系统时，不论发动机是否运转，只要点火开关接通，绝不可断开任何正在工作的电气设备，以防止瞬间电感高压，损毁 ECM 或其他电子器件。

⑪ 在拆卸导线连接器时，须先松开锁紧弹簧或锁扣；安装连接器时，须将接器插到底并锁好。

⑫ 不可随意打开 ECM 盖板。

⑬ 在检查喷油器喷油性能时，必须弄清喷油器是高电阻型还是低电阻型。

⑭ 拆卸油管前，应首先释放燃油系统内的油压，以防止高压燃油喷洒出来引起事故。

⑮ 在检修燃油供给系统时，不得进行高压线试火。

二、故障诊断流程（图 4-74）

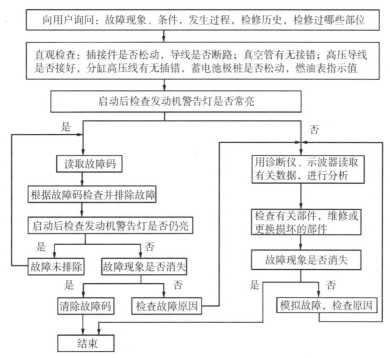

图 4-74　故障诊断流程图

三、常见故障分析

（一）怠速不稳

怠速不稳是发动机最常见的故障之一，造成怠速不稳的故障原因可能是单一的，也可能是几个原因共同导致的。

1. 故障现象

发动机怠速转速不稳定或上下波动，怠速转速过低，发动机抖动、易熄火。

2. 故障原因

（1）进气系统

① 进气歧管或各种阀泄漏。当不该进入的空气、汽油蒸气、燃烧废气进入到进气歧管，造成混合气过

笔记

浓或过稀，使发动机燃烧不正常。当漏气位置只影响个别汽缸时，发动机会出现较剧烈的抖动，对冷车怠速影响更大。常见原因有：进气总管卡子松动或胶管破裂；进气歧管衬垫漏气；进气歧管破损；喷油器O形密封圈漏气；真空管插头脱落、破裂；曲轴箱强制通风（PCV）阀开度过大；活性炭罐阀常开；废气再循环（EGR）阀关闭不严等。

② 节气门和进气道积垢过多。节气门和周围进气道的积炭、污垢过多，空气通道截面积发生变化，使得控制单元无法精确控制怠速进气量，造成混合气过浓或过稀，使燃烧不正常。常见原因有：节气门有油污或积炭（常见于节气门直动式的怠速控制系统）；节气门周围的进气道有油污、积炭；怠速步进电机、占空比电磁阀、旋转电磁阀有油污、积炭。

③ 怠速空气执行元件故障。怠速空气执行元件故障导致怠速空气控制不准确。常见原因有：节气门电机损坏或发卡；怠速步进电机、占空比电磁阀、旋转电磁阀损坏或发卡。

④ 进气量失准。控制单元接收错误信号而发出错误的指令，引起发动机怠速进气量控制失准，发动机燃烧不正常。常见原因有：空气流量计或其线路故障；进气压力传感器或其线路故障；发动机控制单元插头接触不良或电脑内部故障。

（2）燃油系统

① 喷油器故障。喷油器的喷油量不均、雾状不好，造成各汽缸发出的功率不平衡。常见原因有：喷油器堵塞、密封不良、喷出的燃油成线状等。

② 燃油压力故障。油压过低，燃油雾化不良，实际喷油量减少，使混合气过稀；油压过高，实际喷油量增加，使混合气过浓。常见原因有：燃油滤清器堵塞；燃油泵滤网堵塞；燃油泵的泵油能力不足；燃油泵安全阀弹簧弹力过小；进油管变形；燃油压力调节器有故障；回油管压瘪堵塞。

③ 喷油量失准。各传感器或线路故障，导致控制单元发出错误指令，使喷油量不正确，造成混合气过浓或过稀，怠速不稳。常见原因有：空气流量计（或进气歧管压力传感器）故障；节气门位置传感器故障；节气门怠速开关故障；冷却液温度传感器故障；进气温度传感器故障；氧传感器失效；以上传感器的线路有断路、短路、接地故障；发动机控制单元插头因进水接触不良或电脑内部故障。

（3）点火系统

① 点火模块与点火线圈。点火模块或点火线圈有故障主要表现为高压火花弱或火花塞不点火。常见原因有：点火触发信号缺失；点火模块有故障；点火模块供电或接地线的连接松动、接触不良；初级线圈或次级线圈有故障等。

② 火花塞与高压线。火花塞、高压线故障导致火花能量下降或失火。常见原因有：火花塞间隙不正确；火花塞电极烧蚀或损坏；火花塞电极有积炭；火花塞磁绝缘体有裂纹；高压线电阻过大；高压线绝缘外皮或插头漏电；分火头电极烧蚀或绝缘不良。

③ 点火提前角失准。传感器及线路故障导致控制单元发出错误指令，使点火提前角失准。常见原因有：空气流量计或进气压力信号故障；霍尔传感器故障；冷却液温度传感器故障；进气温度传感器故障；爆震传感器故障；以上传感器的线路有断路、短路、接地故障；发动机控制单元插头接触不良或内部电路损坏。

④ 其他原因。三元净化催化器堵塞引起怠速不稳；自动变速器、空调、转向助力器等有故障会增加怠速负荷，引起怠速不稳；发动机控制单元与空调、自动变速器控制单元之间的怠速提升信号中断；在安装CAN-BUS的车辆存在总线系统故障等。随着新技术、新结构的增加，引起怠速不稳的因素会更多，诊断者必须全面考虑问题。

（4）机械结构

① 配气机构。配气机构故障导致个别汽缸的功率下降过多，从而引起怠速不稳。常见原因有：正时皮带安装正时错误，导致配气相位失准；气门工作面与气门座圈积炭过多，导致气门密封不严，各汽缸压缩比不一致；各缸凸轮的磨损不一致导致各汽缸进入空气量不一致；气门相关件有故障，如气门推杆磨损或

弯曲，摇臂磨损，气门卡住或漏气，气门弹簧折断等。

② 发动机体、活塞连杆机构。发动机体、活塞连杆机构故障使个别汽缸功率下降过多，从而引起怠速不稳。常见原因有：汽缸垫烧蚀或损坏，造成单缸漏气或两缸之间漏气；活塞环端隙过大、对口或断裂，活塞环失去弹性导致漏气；活塞与汽缸磨损，汽缸圆度、圆柱度超差导致汽缸密封不良；连杆弯曲，燃烧室积炭导致压缩比改变等。

③ 其他原因。曲轴、飞轮、曲轴皮带轮等转动部件动平衡不合格，发动机支脚垫断裂损坏，发动机底护板因变形与油底壳相撞击等，这些原因都会造成发动机振动而影响转速。

（二）发动机无法启动

1. 故障现象

汽车打不着火或着火后很快熄火。

2. 故障原因

（1）启动系统故障

① 电源系统故障。

② 启动机故障。

③ 继电器、电路连接故障。

（2）点火系统故障

① 火花塞故障。

② 高压线故障。

③ 点火控制电路故障。

④ 点火线圈故障。

⑤ 点火控制器故障。

⑥ 曲轴位置传感器故障。

⑦ 发动机控制模块故障。

（3）燃油供给系统的故障

① 油管泄漏。

② 油箱无油。

③ 汽油泵不工作：汽油泵本身故障；汽油泵控制电路故障；继电器、保险丝故障；线路故障等。

④ 油路堵塞：汽油滤清器堵塞或油箱过脏。

⑤ 喷油器及其控制电路故障。

⑥ 油压调节器故障。

（4）防盗系统故障

① 防盗控制单元故障。

② 识读线圈故障。

③ 点火钥匙受损。

④ 发动机控制单元和防盗控制单元常电供给的线路不正常。

1. 电控发动机不能启动故障诊断与排除

发动机不能启动故障现象：启动发动机时，发动机不转，或能转动但不能启动。

其故障诊断程序如图 4-75 所示。

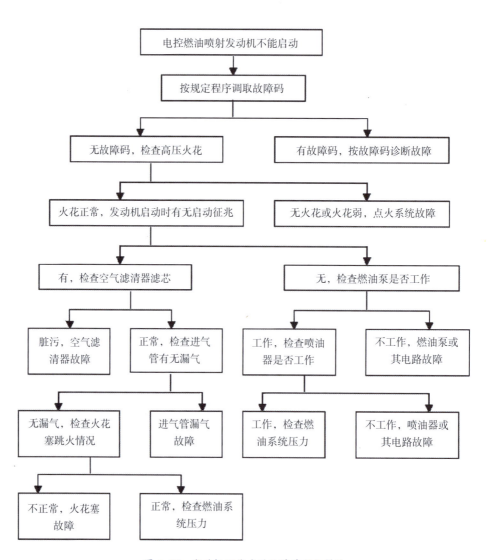

图 4-75 发动机不能启动故障诊断与排除

2. 电控发动机启动困难故障诊断与排除

发动机启动困难故障现象：发动机不易启动，启动后很快又熄火。
其故障诊断程序如图 4-76 所示。

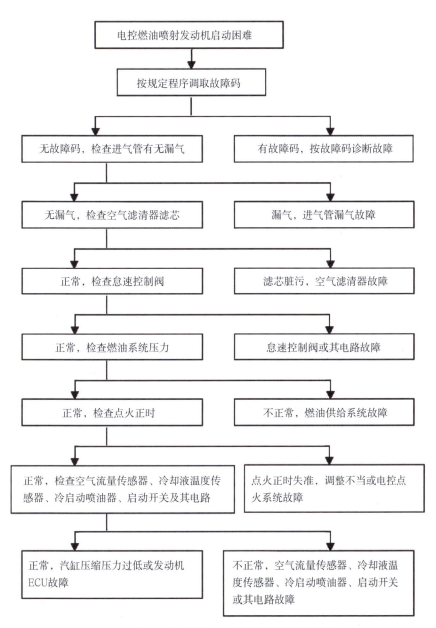

图 4-76　发动机启动困难故障诊断与排除

3. 电控发动机怠速常见故障诊断与排除

（1）怠速过高故障现象：发动机在正常怠速工况下，其转速明显高于标准。其故障诊断程序如图 4-77 所示。

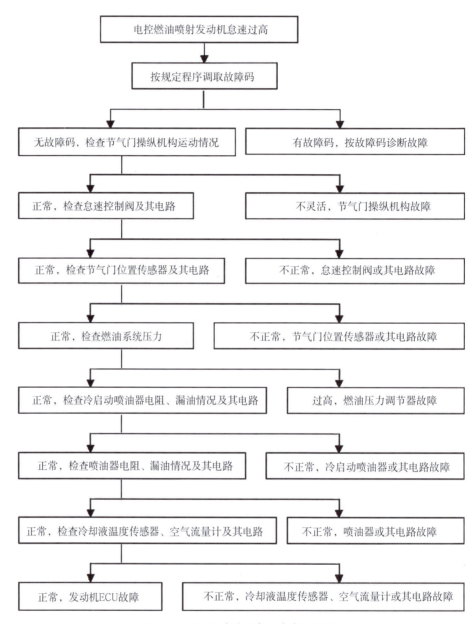

图 4-77 发动机怠速过高故障诊断与排除

（2）怠速不稳、易熄火故障现象：怠速转速过低，且不稳定、经常熄火。其故障诊断程序如图 4-78 所示。

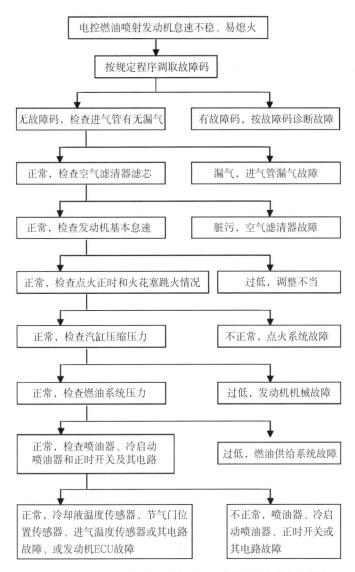

图 4-78　发动机怠速不稳、易熄火故障诊断与排除

1. 列举电控发动机不能启动故障的可能原因。
2. 列举电控发动机启动困难故障的可能原因。
3. 列举发动机怠速过高故障的可能原因。
4. 列举发动机怠速不稳、易熄火故障的可能原因。

单元五　柴油机燃油供给系统

单元描述

柴油机燃油供给系统的作用是根据柴油机工作的要求，定时、定量、定压地将雾化质量良好的柴油，以一定喷油规律喷入燃烧室与空气相混合，为可燃混合气的形成与燃烧提供良好条件。柴油机燃油供给系统的工作性能好坏，将直接影响到柴油机的工作性能。传统柴油机燃油供给系统一般由柴油箱、输油管、输油泵、柴油滤清器、喷油泵、高压油管、喷油器和调速器等组成；共轨柴油机燃油喷射系统主要由低压油路、高压油路、传感器与控制器等几部分组成。

本单元主要任务是了解柴油机燃油供给系统的作用、组成，掌握传统柴油机供给系统中的喷油泵、调速器、喷油器的结构、原理和检测方法；掌握共轨柴油机控制系统电子元器件的原理和检测，能够对常见故障进行诊断与排除等。

项目一　传统柴油机燃油供给系统的构造与检修

项目导入

传统柴油机燃油供给系统主要由燃油箱、输油管、输油泵、柴油滤清器、喷油泵、高压油管、喷油器和调速器等组成。本项目主要学习传统柴油机燃油供给系统的组成、喷油泵、喷油器、输油泵、调速器和柴油滤清器的构造及拆装、检测等。

任务一　柴油机可燃混合气的形成与燃烧过程

知识目标：
1. 了解柴油机可燃混合气的形成过程；
2. 理解柴油机可燃混合气的燃烧过程；
3. 了解柴油机燃烧室的形式及特点。

能力目标：
会识别柴油机燃烧室的形式。

本任务主要了解柴油机可燃混合气的形成过程;理解柴油机可燃混合气燃烧过程对发动机工作性能的影响;认识柴油机燃烧室的结构特征及对发动机性能的影响。

一、柴油机可燃混合气的形成

柴油发动机的工作过程与汽油发动机有许多相同的地方,每个工作循环也都经历进气、压缩、做功、排气四个冲程。但由于柴油机用的燃料是柴油,其黏度比汽油大,不易蒸发,而其自燃温度却比汽油低,因此可燃混合气的形成及点火方式都与汽油机不同,柴油机的混合气是压燃,而不是点燃。柴油机工作时进入汽缸的是纯空气,汽缸中的空气压缩到终点时,温度可达500~700℃,压力可达40~50个大气压(1个大气压=1.013×10^5Pa),此时,供油系统中的喷油器以极高的压力在极短的时间内向燃烧室内喷射柴油,柴油形成细微的油粒,与高压高温的空气混合,形成可燃混合气,可燃混合气自行燃烧膨胀,推动活塞下行做功,此时的温度可达1900~2000℃,压力可达60~100个大气压,产生很大的扭矩。柴油发动机广泛地应用于农业作业车、工程作业车、大型汽车等。

二、柴油机可燃混合气的燃烧过程

柴油机在压缩行程接近上止点时,汽缸内空气温度上升到500~700℃,超过柴油的自燃温度。此时喷油器将一定量的高压柴油喷入汽缸并形成可燃混合气。可燃混合气中的柴油分子与空气中的氧分子在高温下发生化学反应,直至自燃着火。随即开始迅速燃烧并膨胀做功。根据汽缸内温度和压力变化的特点,可将柴油机混合气的形成与燃烧过程按曲轴转角分为着火延迟期、速燃期、缓燃期和补燃期四个阶段,如图5-1所示。

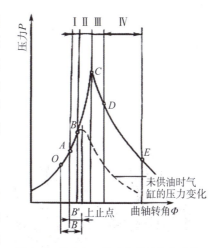

图5-1 柴油机可燃混合气的燃烧过程

Ⅰ-着火延迟期;Ⅱ-速燃期;
Ⅲ-缓燃期;Ⅳ-补燃期

1. 着火延迟期

从柴油开始喷入汽缸点(A)到开始着火点(B)这一段时期称为着火延迟期(或称滞燃期)。喷入汽缸内的雾状柴油在高温空气中吸热、蒸发、扩散、与空气混合,为燃烧进行物理和化学反应准备。混合气形成后,进行焰前反应,反应释放出的热量又使汽缸内温度进一步升高,使化学反应速度不断加快,直至着火。最先的着火点是发动机汽缸内的一些炽热点。影响这个时期长短的主要因素有:柴油的着火性能、喷雾质量、压缩终了的温度和压力、供油提前角和转速等。这段时间的长短,是控制和改善整个燃烧过程的关键。

2. 速燃期

从柴油开始着火点(B)到迅速燃烧出现最高压力点(C)时为止的这段时期称为速燃期。可燃混合气着火后形成多点火焰中心一起参加燃烧而迅速放出大量热量。由于燃烧是在活塞靠近上止点附近,所以缸内压力、温度迅速上升。影响这个时期工作的主要因素有:着火延迟期的长短、喷油规律(着火延迟期和速燃期内的喷油量)、雾化状况和汽缸内的空气涡流强度。过高的压力升高率会引起柴油机工作粗暴和燃烧噪声等问题，一般采用控制着火延迟期的喷油量来改善工作粗暴性。

3. 缓燃期

从燃气最高压力点（C）开始到燃气最高温度点（D）为止的这一段时期称为缓燃期。缓燃期放热量占循环放热量的70%～80%。缓燃期内燃烧速度受混合气形成速度的控制，柴油边喷入、边蒸发、边混合、边燃烧，属于扩散燃烧。随着燃烧的进行，废气不断增多，氧气不断减少，使后期燃烧越来越慢，同时活塞已向下运动，燃气压力有所下降。影响缓燃期的主要因素有：燃烧开始后的柴油喷入量、雾化质量及汽缸内空气涡流强度等。一般而言，在小负荷时，缓燃期很短；大负荷时，缓燃期加长。

4. 补燃期

从燃气最高温度点（D）开始直到燃烧过程结束点（E），称为补燃期。补燃期的终点一般难以确定。由于柴油机可燃混合气形成时间短，柴油蒸发性差，少量柴油直到膨胀过程才能燃烧，甚至要延续到排气过程。补燃期放出的热量做功利用程度很低，只能传给冷却水，使排气温度升高，汽缸、活塞热负荷增大，所以应尽量减少补燃。

从上述燃烧过程的分析可以看出，为了提高柴油机的动力性、经济性和工作平顺性，着火延迟期不能太长，要控制速燃期的压力增长率和最高的燃烧压力，要缩短缓燃期，尽量消除补燃期。

三、柴油机燃烧室

柴油机燃烧室的结构形式直接影响混合气的品质和燃烧状况，燃烧室的优劣对柴油机的性能有决定性的作用。按结构形式，柴油机燃烧室分成两大类：直接喷射式燃烧室和分隔式燃烧室。

1. 直接喷射式燃烧室

直接喷射式燃烧室是由活塞凹顶与汽缸盖底面所包围的单一内腔，几乎全部容积都在活塞凹顶上。常见的结构有以下几种形式。

（1）ω形燃烧室　ω形燃烧室的活塞凹顶剖面轮廓呈ω形，如图5-2（a）所示。这种燃烧室喷入的柴油一部分分布在燃烧室空间内，另一部分被空气涡流甩到燃烧室壁面上，形成油膜。混合气形成以空间混合为主，喷油压力较高，一般为17～22MPa，并采用小孔径的多孔喷油器，以使喷柱形状与燃烧室形状大致相符。

ω形燃烧室，形状简单，易于加工；结构紧凑，热效率高；启动性较好。但ω形燃烧室喷油压力要求高，配合偶件加工精度要求也高；喷油器的喷孔直径小，易于堵塞；着火准备期内形成的混合气较多，导致发动机工作比较粗暴。

（2）球形燃烧室　球形燃烧室的活塞凹顶剖面轮廓呈球形，如图5-2（b）所示。利用螺旋进气道产生强烈的空气涡流，采用单孔或双孔喷油器将燃油在高压下顺

（a）ω形燃烧室　（b）球形燃烧室　（c）U形燃烧室

图5-2　直接喷射式燃烧室结构

气流接近于燃烧室的切线方向喷入燃烧室内。燃油绝大部分分布于燃烧室壁上，形成较均匀的油膜，油膜从燃烧室壁上吸热逐层蒸发，强烈的空气涡流加速了油膜的蒸发并使混合气更为均匀。少量喷射在燃烧室空间的雾状燃油首先着火，成为火源。球形燃烧室的混合气形成主要靠油膜逐层蒸发来完成。

球形燃烧室混合气形成速度开始较慢，燃烧初期压力升高缓和，发动机工作柔和，但启动较困难；形成着火点后混合气形成速度愈来愈快，燃烧不会拖延，柴油机有较高的动力性和经济性；球形燃烧室要求燃料喷出时尽量不分散，必须具有较高的喷油压力。

（3）U形燃烧室　U形燃烧室的活塞凹顶剖面轮廓呈U形，如图5-2（c）所示。与球形燃烧室一样，其主要是借助高速空气涡流把燃料均匀地分布在燃烧室壁面形成油膜，然后蒸发而形成混合气。不同之处在于其燃料喷射方向基本垂直于气流方向，由气流将燃料甩到燃烧室壁上形成均匀的油膜。其中有一部分

细小油膜没有被甩到燃烧室壁上而留在高温空气中，首先形成火源，起引燃作用。在低速时，空气涡流弱，甩到燃烧室壁面上的油量少，而留在空间的油量多，提高了柴油机的启动性。

U形燃烧室多采用单孔轴针式喷油器，其喷孔直径较大，不易堵塞，喷油压力较低(12MPa)。

2. 分隔式燃烧室

分隔式燃烧室由两部分组成，一部分位于活塞顶与缸盖底面之间，称为主燃烧室；另一部分在汽缸盖中，称为副燃烧室。这两部分由一个或几个孔道相连。分隔式燃烧室有预燃室式和涡流室式两种，如图5-3所示。

（1）预燃室式燃烧室　预燃室式燃烧室的副燃烧室容积约为燃烧室总容积的25%～40%，用一个或几个小孔与主燃烧室相通；在压缩冲程，空气经小孔进入预燃室产生强烈的紊流，燃油喷入后，依靠空气的紊流运动形成混合气并发火燃烧，使预燃室内压力急剧上升，大部分未燃柴油连同燃烧产物经小孔高速喷入主燃烧室，进一步与空气混合而燃烧。

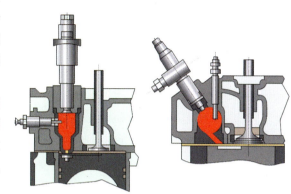

（a）预燃室式燃烧室　　（b）涡流室式燃烧室

图5-3　分隔式燃烧室

（2）涡流室式燃烧室　涡流室式燃烧室的副燃烧室是球形或圆柱形，容积约占燃烧室总容积的50%～80%，与其内壁相切的孔道与主燃烧室连通，在压缩冲程，空气从汽缸被挤入涡流室时形成强烈的有规则的压缩涡流。喷入涡流室内的燃油靠强烈的涡流与空气迅速完成初步混合。在涡流室着火后，室内压力、温度急剧上升，高压燃气夹带未燃的燃料和空气一起通过切向孔道喷入主燃烧室，进一步与空气混合而燃烧。

分隔式燃烧室混合气的形成主要靠强烈的空气运动，对喷油系统要求不高，可采用有较大喷孔的轴针式喷油器及较低的喷油压力，使用时故障少；因为燃烧是在两个部分内先后进行的，所以主燃烧室内的气压升高比较缓和；发动机工作较平稳，曲柄连杆机构所受载荷也较小，且排气污染少。但由于散热面积大，燃油消耗率较高，启动性差。

知识测评

一、填空题

1. 柴油发动机的燃料燃烧过程可分为四个阶段：_____、_____、_____和_____。
2. 柴油机混合气的着火方式是_____。
3. 按结构形式柴油机燃烧室分成两大类，即_____、_____燃烧室；_____燃烧室活塞顶面凹坑，呈_____、_____及_____等形状；_____燃烧室，包括_____和涡流室式燃烧室。

二、判断题

1. 孔式喷油器主要用于直接喷射式燃烧室的柴油机上，而轴针式喷油器适用于涡流室燃烧室、预燃室燃烧室。（　　）
2. 为了提高柴油机的动力性、经济性和工作平顺性，着火延迟期不能太长，要控制速燃期的压力增长率和最高的燃烧压力，缩短缓燃期，尽量消除后燃期。（　　）

3. 速燃期的汽缸压力达最高，而温度也最高。（   ）

4. 速燃期的燃烧情况与备燃期的长短有关，一般情况下，备燃期愈长，则在汽缸内积存并完成燃烧准备的柴油就愈多，燃烧愈迅速，发动机工作愈柔和。（   ）

5. 柴油机混合气的形成和燃烧过程可按曲轴转角划分为着火延迟期、速燃期、缓燃期和补燃期四个阶段。（   ）

三、选择题

1. 柴油机在进气冲程进入汽缸的是（   ）。

   A. 柴油－空气混合气　　B. 纯柴油　　C. 纯空气　　D. 以上都不对

2. 柴油机燃烧过程中，汽缸内温度达最高时在（   ）。

   A. 后燃期　　　　　B. 速燃期　　　C. 缓燃期　　　D. 补燃期

3. 下面不属于 ω 形燃烧室的特点的是（   ）。

   A. 着火准备期内混合气较多　　　　B. 发动机工作粗暴

   C. 启动性好　　　　　　　　　　　D. 发动机工作柔和

4. 球形燃烧室的特点是（   ）。

   A. 混合气形成速度开始较慢　　　　B. 燃烧初期压力升高迅速

   C. 启动容易　　　　　　　　　　　D. 发动机工作粗暴

任务二　传统柴油机燃油供给系统的组成与检测

知识目标：

1. 认识传统柴油机燃油供给系统的组成；
2. 掌握柴油机燃油供给系统的作用；
3. 掌握传统柴油机燃油供给系统低压油路的检测方法。

能力目标：

会排除柴油机燃油供给系统简单故障。

本任务主要是让学生掌握柴油机燃油供给系统的组成及工作过程，学会使用合适的工具对柴油机燃油供给系统拆装和检测。

单元五 柴油机燃油供给系统

一、柴油机燃油供给系统的作用与组成

柴油机燃油供给系统用于燃料的储存、过滤和输送工作,并按柴油机各种不同工况的要求,定时、定量、定压并以一定的喷油质量喷入燃烧室,使其与空气迅速且良好地混合和燃烧,最后将废气排入大气。

柴油机燃油供给系统由柴油箱、柴油滤清器、输油泵、喷油泵、高压油管、喷油器及低压油管等组成,如图5-4所示。

二、传统柴油机各组成零部件的作用及基本工作原理

1. 柴油滤清器

柴油滤清器的作用是将柴油中杂质滤掉,保证喷油泵和喷油器工作可靠并延长使用寿命。结构如图5-5所示。

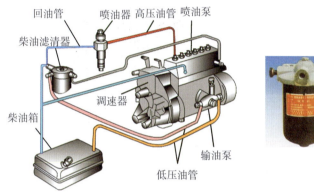

图5-4 传统柴油机燃油供给系统

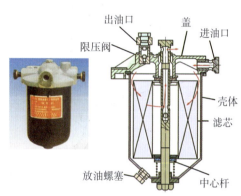

图5-5 柴油滤清器

柴油滤清器的滤芯是由微孔滤纸制成,装在滤清器盖与底部的弹簧座之间,并用橡胶圈密封。输油泵输出的柴油,经低压油管进入滤芯外的壳体内,再透过滤芯经出油管输出给喷油泵,柴油机中的机械杂质和尘土被滤去,水分沉淀在壳体下部。

2. 输油泵

柴油机输油泵的作用是克服滤清器及管路阻力,将足够数量的柴油自油箱输送到喷油泵。为了便于排除低压油路中的空气,输油泵上常装有手油泵。柴油机输油泵主要有活塞式、膜片式、滑片式及齿轮式等,用得较多的是活塞式输油泵。

活塞式输油泵的结构如图5-6所示。

输油泵的工作原理及工作过程如图5-7所示。

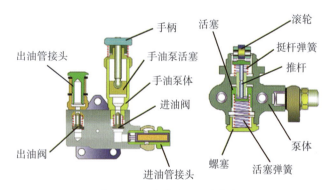

图5-6 活塞式输油泵的构造

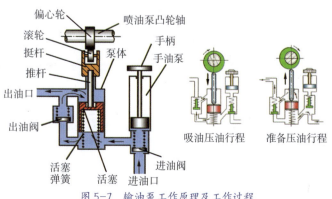

图5-7 输油泵工作原理及工作过程

153

（1）吸油和压油冲程　在弹簧力的作用下，随着偏心轮的转动，活塞上行，下腔容积增大，产生真空，进油阀开启，柴油经进油口进入下泵腔。同时，上泵腔容积缩小，压力增大，出油阀关闭，上泵腔中的柴油经出油口压出。

（2）准备压油行程　偏心轮推动滚轮、挺杆和活塞向下运动，下泵腔油压增高，进油阀关闭，出油阀开启，柴油从下腔流入上腔。

（3）输油量的自动调节　输油泵供油量大于喷油泵需要量时，上泵腔油压逐渐增高，活塞的有效行程越来越小，泵油量也逐渐减少，当上泵腔压力与活塞弹簧弹力相平衡时，输油泵便停止泵油。

3. 油水分离器

油水分离器的作用是除去柴油中的水分，构造与工作原理如图5-8所示。柴油流经油水分离器时，油中的水分由于重力的作用而沉淀下来。浮子随着积水的增多而上浮，当浮子到达规定的放水水位时，仪表板上的报警灯发出放水信号，驾驶员及时旋松放水塞放水。

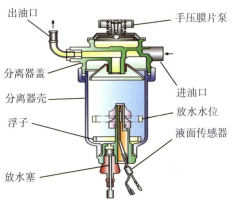

图5-8　油水分离器构造与工作原理

图5-9　柱塞式喷油泵

4. 喷油泵

喷油泵的作用是根据柴油机的工作要求，在规定的时刻将定量的柴油以一定的压力输送至喷油器。现代柴油机上常用的喷油泵主要有柱塞式喷油泵、喷油泵-喷油器和转子分配式喷油泵三类。柱塞式喷油泵如图5-9所示，是利用柱塞的往复运动来泵油，这种喷油器结构紧凑、性能良好、工作可靠，为大多数汽车柴油机所采用。喷油泵-喷油器是将喷油泵和喷油器结合成一个整体，直接安装在汽缸盖上，消除了高压油管所引起的压力波动现象，可以更加精确地控制喷油规律，PT燃油供给系统的喷油泵就属于此类。转子分配式喷油泵是依靠转子的转动实现压油及分配，它体积小、重量轻、零件少、成本低，但其最大供油量和供油压力均比柱塞式喷油泵小，比较适合用在中小功率的多缸柴油机上。

国产系列柱塞式喷油泵分为Ⅰ、Ⅱ、Ⅲ和A、B、P、Z等系列。其中A、B、P、Z系列泵采用整体式泵体，结构刚性较好；Ⅰ、Ⅱ、Ⅲ系列泵采用上下分体式泵体，拆装较方便。在每一个系列中都有若干种喷油泵，其结构形式、柱塞行程（凸轮升程）和分泵中心距都是相同的，但柱塞直径和分泵数不同，以满足各种柴油机的需要，喷油泵的系列化有利于制造和维修。上述七种系列泵的主要参数如表5-1所示。

表5-1　国产系列柱塞式喷油泵主要参数

主要参数	系列代号						
	Ⅰ	Ⅱ	Ⅲ	A	B	P	Z
凸轮升程/mm	7	8	10	8	10	10	12
分泵中心距/mm	25	32	38	32	40	35	45
柱塞直径范围/mm	7～8	7～11	9～13	7～9	8～10	8～13	10～13
最大供油量范围/(mm³/循环)	60～150	80～250	250～330	60～150	130～225	130～475	300～600
分泵数	1～12	2～12	2～8	2～12	2～12	4～8	2～8
最大转速范围/(r/min)	1500	1500	1000	1400	1000	1500	900
适用柴油机缸径范围/mm	105以下	105～135	140～160	105～135	135～150	120～160	150～180

5. 喷油器

喷油器的作用是将柴油雾化成较细的颗粒，并把它们分布到燃烧室中。根据混合气形成与燃烧的要求，喷油器应具有一定的喷射压力和过程，以及合适的喷雾锥角。此外，喷油器在规定的停止喷油时刻应能迅速地切断燃油的供给，不发生滴漏现象。

6. 回油管

用于将多余的柴油收集回流到油箱或滤清器中。通常在其喷油泵连接处有个单向阀，拆装及排除故障时要留意。

一、任务准备

（1）设备　上柴495柴油发动机，维修资料，工具车，工作台等。

（2）工具和量具　常用工具1套，油盆，抹布等。

二、实施步骤

	步骤1　工具准备
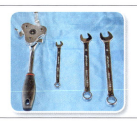	1. 工具准备齐全，摆放整齐，场地清洁，放好接油盆 2. 查看上柴495柴油发动机使用手册，熟悉低压油路的组成
	步骤2　检查加油口
	1. 打开油箱盖，检查加油滤网是否脏污 2. 检查油箱盖出气口是否堵塞
	步骤3　检查沉淀杯
	1. 检查沉淀杯开关是否灵活，外壳是否存在破损，开关及接头是否存在泄漏 2. 检查沉淀杯滤网是否脏污，沉淀杯内水面高度及脏污情况
	步骤4　检查输油管路
	1. 检查输油管各接头是否存在泄漏 2. 拆卸输油管，检查输油管路出油是否顺畅，以判断输油管路是否存在堵塞

柴油机油路
的检查

续表

步骤5 检查手油泵	
 1.用手按压手油泵,通过泵压的手感阻力来判断手油泵的进口滤网、进油阀、出油阀及柱塞工作情况及油路是否有空气等	 2.拆卸手油泵出油管螺栓,连续按压手油泵检查出油口泵油是否顺畅
步骤6 检查柴油滤清器	
 1.拆卸滤清器进油口螺栓,连续按压手油泵检查管路出油是否顺畅,是否存在泡沫等,以判断管路是否密封不严	 2.拆卸滤清器出油口螺栓,连续按压手油泵检查管路出油是否顺畅,以判断滤清是否堵塞
步骤7 柴油滤清器的更换及空气排除	
	1.柴油滤清器每工作200～250h需更换一次,定期检查滤芯有无破损 2.更换滤芯后,用手油泵排除滤清器内的空气。排气时连续按压手油泵,同时松开滤清器上排气螺钉等没有泡沫状油流出时,拧紧放气螺栓 3.注意排放顺序,先排粗滤再排细滤,方法同上,直至排出的油没有泡沫为止
步骤8 喷油泵排气	
	连续按压手油泵,同时松开喷油泵上的排气螺钉检查出油是否顺畅,油路是否有空气,等没有泡沫状油流出时,拧紧放气螺栓
步骤9 作业后整理	
1.所有工量具清洁归位 2.整理好工作台 3.分类收集废弃物 4.用拖把清洁地面	

知识测评

一、填空题

1.柴油机由_____、_____、_____、_____、_____、_____等组成。

2.传统柴油机燃油供给装置由_____、_____、_____、_____、_____、_____和_____等组成。

3.输油泵型式有活塞式、_____、_____、_____等几种,而目前多采用_____。活塞式输油泵由_____、_____、_____、_____及_____等组成。

二、判断题

1. 柴油机正常工作时，输油泵的供油量总是大于喷油泵的需油量。（ ）
2. 同型号的输油泵活塞可互换使用。（ ）
3. 柴油机供给系统随发动机负荷的不同可相应地改变其供油量，以使各缸间的油量不一致。（ ）

三、问答题

1. 简述柴油机燃油供给系统的作用。
2. 简述柴油机燃油供给系统燃油的供给路线。
3. 喷油器的作用是什么？对它有什么要求？
4. 喷油泵的作用是什么？对它有什么要求？
5. 柴油机的燃油滤清器为何普遍带油水分离器？

任务三　喷油泵的构造与检测

知识目标：
1. 掌握喷油泵的构造；
2. 掌握喷油泵的工作原理；
3. 了解调速器的结构组成及工作原理。

能力目标：
会调整柴油机的供油提前角。

通过本任务的学习使学生了解机械式调速器的工作原理；掌握喷油泵的结构及工作原理；学会喷油泵的调试和供油提前角的调整。

一、柱塞式喷油泵的工作原理

柱塞式喷油泵的工作原理如图 5-10 所示。柱塞的圆柱表面上加工有斜槽，通过径向油道和轴向油道与柱塞的上端面连通。在柱塞的中部开有一环形槽，以储存少量柴油润滑工作表面。柱塞套的内部为光滑的圆柱形孔，与柱塞的外圆柱面相配合。柱塞套上部开有两个径向孔（进油孔和回油孔），与喷油泵体内的低压油腔相通。柱塞与柱塞套精密配合，称为柱塞偶件（俗称柱塞副）。柱塞套顶部装有由出油阀及出油阀座组成的出油阀偶件和出油阀弹簧。柱塞的上、下运动由装在下部的凸轮及柱塞弹簧驱动。柱塞还可以在油泵调节拉杆的驱动下绕本身轴线在一定角度范围内转动。

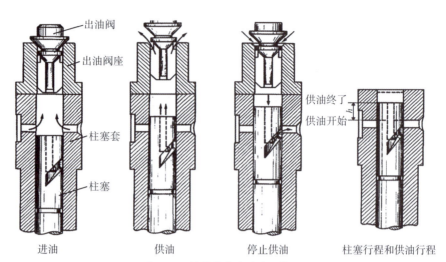

图 5-10　柱塞式喷油泵的工作原理

当柱塞运行到最下端时,柴油从低压油道经进、回油道孔吸入并充满柱塞上方的泵腔。柱塞上行时,开始有一部分柴油通过柱塞套上的进、回油孔被挤回低压油道,直至柱塞上端封住两个油孔时,柱塞上方便形成了一个密封腔。柱塞继续上行,封闭腔内的柴油受到压缩,压力迅速上升。当柴油压力增大到足以克服出油阀弹簧压力和高压油管内的剩余压力时,出油阀开始上升。当出油阀上的圆柱形环带(称为减压环带)离开出油阀座上端面时,高压柴油经高压油管向喷油器供油。当柱塞继续上行到柱塞的斜油槽与柱塞套上的回油孔相通时,柱塞上部的柴油经轴向油道和径向油道流回低压油道,高压油路的压力急剧下降。出油阀在弹簧的作用下关闭,供油迅速停止。此后柱塞继续上行到上止点,但不再泵油。

由喷油泵的工作过程可知,柱塞的总行程 h(即柱塞上、下止点间的距离)是一定的,其大小取决于凸轮升程,但不是在柱塞上移行程 h 内都供油,而只是从柱塞上端面封闭进油孔和回油孔之后到柱塞斜油槽与回油孔开始接通之前的这一部分柱塞行程 h_g 内才供油,h_g 称为柱塞的有效行程。喷油泵每次泵出油量的多少(循环供油量)取决于供油有效行程 h_g 的长短。改变柱塞的有效行程,即可改变循环供油量,一般通过改变斜油槽与柱塞套油孔的相对位置来实现。

二、柱塞式喷油泵的构造

柱塞式喷油泵一般由分泵、油量调节机构、传动机构及泵体组成。

1. 分泵

分泵是喷油泵的泵油机构,多缸发动机中分泵的数量与柴油机汽缸数相等。分泵主要由柱塞偶件、柱塞弹簧、弹簧下座、出油阀偶件、出油阀弹簧、出油阀压紧座等组成,如图 5-11 所示。

2. 出油阀偶件

出油阀偶件结构如图 5-12 所示,包括出油阀和出油阀座,它的作用是出油、断油和断油后迅速降低高压油管的剩余压力,使喷油器迅速停止供油而不出现滴漏现象。

出油阀的上部有一圆锥面,出油阀弹簧将此锥面紧压在阀座的圆锥面上,形成宽为 0.3～0.5mm 密封环带。锥面下部有一窄的圆柱形环带,称为减压环带,它与阀座孔精密配合,也具有密封作用。出油阀减压环带下部为导向部,在圆柱形的阀杆上铣出了四个直切槽,使阀杆断面呈"十"字形,既能导向,又为高压柴油提供通道。出油阀偶件装在柱塞的上端,由出油阀压紧座压紧在喷油泵体上。出油阀偶件是燃油供给系的第三副精密偶件,要求有较高的精度和光洁度、好的耐磨性,采用优质合金钢制造,加工中经过选配和互研,其工作表面的径向间隙为 0.006～0.016mm,使用和维修过程中不得互换。

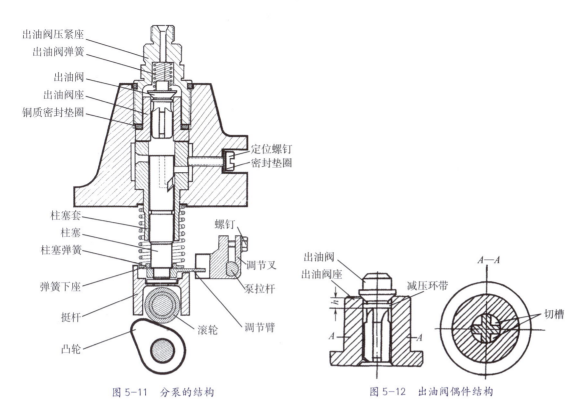

图 5-11　分泵的结构

图 5-12　出油阀偶件结构

3. 油量调节机构

油量调节机构的作用是根据柴油机工况的变化来改变喷油泵的供油量且保证各缸的供油量一致。从喷油泵的工作原理可知，柱塞每次循环的供油量取决于供油的有效冲行程 h_g 的大小，由于斜槽的存在，只要转动柱塞就可以改变柱塞的供油有效行程，从而达到调节供油量的目的。

直列式柱塞泵常用的油量调节机构主要有齿杆式、球销角板式、拨叉式三种油量调节机构。

（1）齿杆式油量调节机构　该调节机构如图 5-13 所示。油量调节套筒松套在柱塞套上。在油量调节套筒的下端开有两个纵向切槽，柱塞下端的两个凸耳就嵌在切槽之中。可调节齿圈用螺钉锁紧在油量调节套筒上并与调节齿杆啮合。当齿杆做往复运动时候，柱塞被带着转动而改变循环供油量。当松开齿圈的锁紧螺钉，将油量调节套筒及柱塞相对于柱塞套转动一个角度时，可调整各缸油量的大小和均匀性。这种调节机构的优点是传动平稳，工作比较可靠，寿命长，但结构尺寸较大。

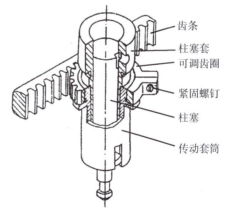

图 5-13　齿杆式油量调节机构

（2）拨叉式油量调节机构　该调节机构如图 5-14 所示。在柱塞下端压装一调节臂，臂的球头插入调节叉的槽内，而调节叉则用螺钉紧固在供油拉杆上。移动供油拉杆则可转动柱塞，改变循环供油量。松开调节叉上的螺钉可以调整调节叉在节拉杆上的位置，可以调整各缸的供油量的大小和均匀

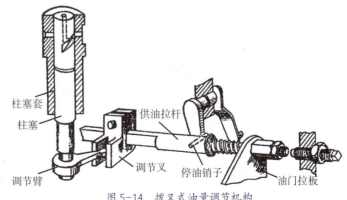

图 5-14　拨叉式油量调节机构

性。这种调节结构的优点是结构简单、容易制造。

（3）球销角板式油量调节机构　球销角板式油量调节机构与齿条式类似，不同的是齿条式油量调节机构采用齿条齿圈传动机构，而球销角板式油量调节机构采用角板钢球传动机构。在传动套筒上端焊接有1～2个钢球，供油调节杆为横截面呈角钢状的角板，角板上加工有切槽与传动套筒上的钢球啮合，以实现喷油泵供油量的调节。

4. 传动机构

传动机构由凸轮轴和滚轮传动部件组成。凸轮轴的两端支承在圆锥滚子轴承上，前端装有联轴器及机械离心式供油提前角自动调节器，后端与调速器相连。滚轮传动部件如图5-15所示。带有衬套的滚轮松套在滚轮轴上，轴又支承在滚轮架的座孔中。滚轮架左侧圆柱面上镶有一导向块。泵体上相应开有轴向长槽。导向块插入该槽中，使滚轮架只能上下移动而不能转动。

喷油泵的凸轮轴是由柴油机的曲轴通过齿轮驱动的。当凸轮轴上的凸轮凸起部分与滚轮接触时，便克服柱塞弹簧的弹力，推动柱塞向上运动。当凸轮的凸起部分转过后，柱塞便在弹簧的作用下回位。为保证在相当于一个工作循环的曲轴转角内，各缸都能喷油一次，四冲程柴油机的喷油泵凸轮轴的转速应等于曲轴转速的二分之一。凸轮的外部轮廓应满足柴油机对燃油供油规律的要求，各凸轮相对角位置，必须符合柴油机的发火次序。

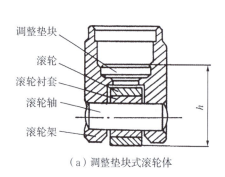

（a）调整垫块式滚轮体

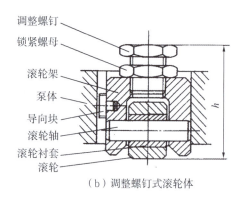

（b）调整螺钉式滚轮体

图5-15　滚轮传动部件

三、喷油泵主要零部件的检测

由于机械零部件在使用过程中，主要的耗损形式是磨损，所以有必要进行相关的检测。

1. 凸轮轴

凸轮轴的主要损坏形式是磨损和弯曲。磨损主要是用外径千分尺测量凸轮高度和凸轮轴轴径。凸轮高度超差只能报废；通过测量若发现凸轮轴弯曲度超过允许值必须更换或进行弯曲校正。

2. 柱塞偶件

柱塞偶件由柱塞和柱塞套组成，如图5-16示。柱塞偶件主要检查相互之间的配合间隙及柱塞及柱塞套工作面的磨损情况。检查柱塞偶件相互配合间隙时，在柱塞外圆柱面和柱塞套内涂上干净的柴油，然后将二者装合并倾斜60°，若柱塞在柱塞套内能缓慢滑下，则证明配合间隙正好，否则应成套更换。

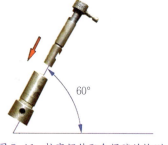

图5-16　柱塞偶件配合间隙的检测

图5-17　出油阀偶件

3. 出油阀偶件

出油阀偶件由出油阀和阀座两部分组成,如图 5-17 所示。出油阀偶件常见的故障主要是出油阀密封锥面、出油阀减压环带、出油导向部分等部位的磨损及出油阀座的磨损,磨损情况主要通过检查偶件之间的密封性来检测。

4. 油量控制机构

如图 5-18 所示,若油量调节机构有明显的松脱或松旷,则说明定位不牢固或磨损变大,应予以调整或更换。

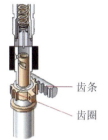
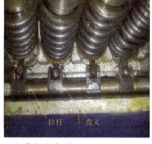

图 5-18 油量控制机构

四、调速器

调速器的作用是根据发动机负荷变化而自动调节供油量,使柴油机在一定转速范围内稳定运转。

根据调速器的工作原理,调速器的类型可分为机械式、气力式和液力式三种。机械式调速器的结构简单、工作可靠,广泛应用于中、小型柴油机。液力式调速器结构复杂,制造精度高,调节灵敏性好,作用在调节机构上的调节力大,主要用于大型柴油机。气力式调速器应用在少数小型柴油机上。机械式调速器根据其转速作用的范围可分为单程式调速器、两速式调速器、全程式调速器。汽车柴油机常用两极调速器。

调速器有两个基本组成部分,一个是转速感应元件,另一个是调节供油拉杆的执行机构。机械式调速器采用的是具有一定质量的与调速弹簧相平衡的钢球(或飞块等)作为感应元件。当转速发生变化时,利用感应元件旋转时产生的离心力的变化来驱动执行机构以改变供油拉杆的位置。

(1)单程式调速器 机械式单程式调速器如图 5-19 所示。喷油泵凸轮轴带动调速器传动盘旋转,在传动盘的内锥面上开有凹槽,槽中装有钢球。在支承轴上装有推力盘。推力盘的运动可以带动供油拉杆左右移动。在推力盘与弹簧座(固定在支撑轴上)之间装有带一定预紧力调速弹簧,供油拉杆的最大的供油位置由支承轴的凸肩限定。

当喷油泵凸轮轴旋转时,传动盘、钢球一起旋转,钢球在离心力的作用下沿径向向外飞开。钢球的离心力作用在推力盘的斜锥面上产生一个轴向分力 F_1,该力使推力盘向左移动并带动供油拉杆减少供油量。在推力盘的另一侧受到调速弹簧的压力 F_t 的作用,该弹簧力 F_t 总是力图使推力盘向右移动并带动供油拉杆增大供油量。

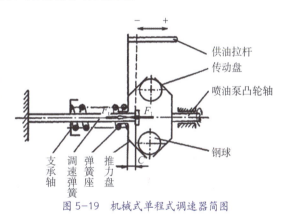

图 5-19 机械式单程式调速器简图

柴油机不工作时,供油拉杆在弹簧力的作用下处于最大的供油位置(图中虚线的位置)。柴油机开始工作后,曲轴的转速逐渐升高,钢球的离心力也逐渐增大,但由于小于调速弹簧的压力,因此推力盘保持不动。当柴油机转速升高到某一转速时,钢球离心力的轴向分力与弹簧的压力相等,处于暂时平衡。这一转速叫做标定转速。此时,推力盘与支承轴凸肩之间,既没有力的作用,也没有间隙存在,供油拉杆保持原来的位置不变。

当柴油机负荷减少时,供油量超过了负荷需要,转速进一步提高,离心力的分力增大到超过调速弹簧的预紧力后,便迫使推力盘移动并带动供油拉杆减少供油量,直到供油量重新与负荷相适应时,转速便停止继续升高,推力盘也停止移动。调速器在新的条件下获得平衡。此时,在推力盘与支承轴凸肩之间产生了间隙 "C"。

当负荷增加时,发动机转速降低,其作用正好与上述过程相反,调速弹簧则推动供油拉杆增加供油量,直到两者重新适应为止。

(2)两速式调速器 如图 5-20 所示。与单程式调速器相比,两速式调速器在推力盘与弹簧座(固定在支承轴上)之间装有两根调速弹簧。一根外弹簧的刚度较弱,预紧力小,紧贴于推力盘上。另一根内弹簧刚度强，预紧力大，安装时与推力盘保持一定距离。此外，供油拉杆除由调速器控制外又可由操纵者直接控制。

当柴油机未启动时，外弹簧作用在推力盘上，通过推力盘将供油拉杆向右推向循环供油量最大的位置。柴油机启动后，转速上升，钢球离心力的轴向分力 F_1 随之增大。由于外弹簧预紧力小且弹性弱，F_1 很快大于外弹簧弹力 F_t，推动供油拉杆向左移动减少供油量，调速器开始起作用，此时对应的发动机转速叫做最低怠速转速。当转速继续升高使推力盘与内弹簧接触时，由于内弹簧

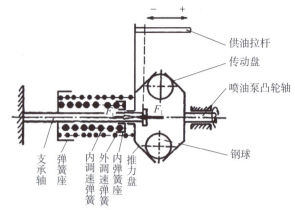

图 5-20 机械式两速式调速器

的预紧力大及刚性强，弹簧力 F_t 瞬时增大。此时转速继续升高，但 F_1 不足以克服克服内、外弹簧的弹力 F_t，供油拉杆不动，不能改变供油量，调速器停止起作用。当发动机转速继续升高到使 $F_1=F_t$，此时对应的转速为发动机的额定转速。当转速稍高时，$F_1>F_t$，推力盘将压缩内、外弹簧，调速器开始起作用，使供油拉杆向左移动，供油量减少，转速又回落到额定值。由此可见，两速式调速器只在低于怠速和高于额定转速时才起作用，在它们之间则不起作用。在怠速和额定转速之间，供油量由操纵人员推动操纵杆自行调节。

（3）全程式调速器 如图 5-21 所示。单程调速器的调速弹簧预紧力是固定的，只能在某一转速范围内起作用。若将装在支承轴上的弹簧座做成可移动的，由驾驶员通过操纵杆控制，就成了弹簧预紧力可调的全程式调速器。

当操纵杆碰到高速限制螺钉时，调速弹簧的预紧力最大，相当于一个调整高速的单程调速器，如果操作杆碰到了怠速限制螺钉，调速弹簧预紧力最小，相当于一个调整怠速的单程调速器。

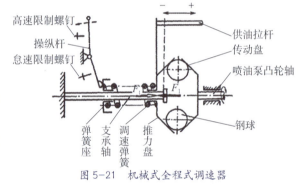

图 5-21 机械式全程式调速器

在高速限制螺钉和低速限制螺钉之间，操纵杆可以处于任何一个位置，调速弹簧也就对应某一个不同的预紧力。在这一范围内，调速器起到了无数个单程调速器的作用。

当操纵杆处于某一位置而柴油机负荷处于稳定状态时，调速器内的弹力和离心力轴向分力也处于平衡状态，柴油机便在调速器作用下以某一转速稳定运转。如果此时驾驶员要提高柴油机转速，便可将操纵杆向左扳动（图中虚线箭头的方向）以增大弹簧的预紧力。弹簧力增大后 $F_t>F_1$，调速器原有的平衡被打破，调速弹簧迫使推力盘带动供油拉杆增大供油量。但由于此时外界的负荷并没有变化，增大了油量超出了负荷的实际需要，柴油机便得到加速。

五、供油提前角

1. 供油提前角的认知

从柴油机喷油器开始向燃烧室内喷油时刻起，至活塞到达压缩行程上止点时刻止，发动机曲轴的转角叫喷油提前角。喷油提前角的大小对柴油机的工作性能影响很大。喷油提前角过大，将导致燃烧开始过早，缸内最高压力在上止点前出现，造成柴油机工作粗暴、噪声增大、敲击声严重、容易烧缸垫、冷却水消耗较快、功率下降、油耗增加、怠速不稳、加速不灵、启动困难甚至反转等；若喷油提前角过小，将导致燃烧过程滞后，最高压力值下降，造成柴油机热效率明显下降、油耗增加、加速不灵、启动困难、功率不足、发动机过热、柴油燃烧不完全、排气管冒黑烟等。

最佳喷油提前角是指在转速和供油量一定的条件下，能获得最大功率和最小燃油消耗率的喷油提前角。柴油机的最佳喷油提前角会随供油量和曲轴转速的变化而变化。当柴油机转速升高时最佳喷油提前角会增

大。此外，柴油机的结构对最佳喷油提前角也有一定的影响，例如，采用不同形式的燃烧室，其最佳喷油提前角大小就不同；一般采用直接喷射燃烧室的柴油机最佳喷油提前角比采用分隔式燃烧室大。

实际生产中，由于喷油提前角的喷油时刻难以准确测量，而喷油提前角实际上是由喷油泵的供油提前角来保证的，所以在柴油机说明书中多是提供柴油机的供油提前角。供油提前角是指喷油泵开始向柴油机的高压油管供油时刻起，至活塞到达压缩行程上止点时刻止，发动机曲轴的转角。

2. 供油提前角的影响因素

① 发动机的转速：随发动机转速的增高，燃油从柱塞和柱塞套之间的泄漏减少，供油时刻会提前。即发动机转速增高，供油提前角变大，反之则变小。

② 燃油的温度：随发动机机体温度或外界气温的升高，燃油的黏度会下降，从柱塞和柱塞套之间的泄漏增多，开始供油时刻会推迟。即燃油的温度增高，供油提前角变小，反之则变大。

③ 弹簧的弹力：随喷油泵出油阀和喷油器弹簧的弹力减弱，开始供油时刻会提前。即出油阀和喷油器弹簧的弹力减弱，供油提前角变大，反之则变小。

④ 柱塞副的磨损：随喷油泵柱塞副的磨损量增大，从柱塞和柱塞套之间的泄漏增多，开始供油时刻会推迟。即柱塞副的磨损量越大，供油提前角越小，反之则越大。

⑤ 滚轮体和凸轮之间的磨损：随喷油泵滚轮体和凸轮之间的磨损量增大，开始供油时刻会推迟。即喷油泵滚轮体和凸轮之间的磨损量越大，供油提前角越小，反之则越大。

3. 供油提前角的调整

随柴油机使用寿命的延长，出油阀和喷油器弹簧的弹力会变弱，导致供油提前角变大；柱塞副、滚轮体和凸轮等零件的磨损，又会导致供油提前角变小。为保证柴油机的正常工作，必须定期对柴油机的供油提前角进行检查和调整。调节整个喷油泵供油提前角的方法是改变发动机曲轴与喷油泵凸轮轴之间的相对角位置。

单缸柴油机供油提前角的调整是通过增减喷油泵与机体之间的安装垫片来实现的。如170F柴油机喷油泵的垫片有0.2mm/0.3mm/0.5mm三种规格，根据供油提前角的检查结果来决定安装哪一种规格的垫片，或使用几种规格的垫片进行组合安装。

多缸柴油机供油提前角的调整主要有调节花盘法、转动泵体法等。

采用调节花盘法调整供油提前角的柴油机，如4115、4125型柴油机等，其喷油泵正时齿轮的轮毂是空套在花键套管上，不与喷油泵的凸轮轴一起转动；喷油泵的凸轮轴是通过与花键套管连接在一起的花键接盘来驱动的；花键接盘及喷油泵正时齿轮的轮毂上，各有14个孔，齿轮上两孔间的夹角是22.5°，花键接盘上两孔间的夹角是21°，花键接盘与喷油泵正时齿轮是通过两个固定螺钉连接在一起的。供油提前角调整时，打开调整口盖，摊开锁片，拧出花键接盘上的两个固定螺钉但不能转动花键接盘，然后连同花键接盘一起转动凸轮轴，使两者的下一对孔对正时，接盘与齿轮的相对位置正好改变1.5°，相当于供油提前角改变3°。顺着凸轮轴工作旋转，供油提前角增大，反之则减少，最后将两固定螺钉拧紧锁死。

采用转动泵体法调整供油提前角的柴油机，如495A型柴油机等，喷油泵是用三个固定螺钉通过喷油泵法兰连接到机体上，喷油泵法兰上有三个腰形长条孔。供油提前角调整时，松开喷油泵法兰连接于机体的三个固定螺钉，转动喷油泵壳体，以改变分泵柱塞相对于喷油泵凸轮的位置，从而改变供油提前角。将泵体顺着凸轮轴的旋转方向转动，供油提前角减少，反之则增大。喷油泵壳体改变1°，相当于供油提前角改变2°。

一、任务准备

（1）设备　495柴油机，维修资料，工具车，工作台等。

（2）工具和量具　常用工具1套，油盆，抹布等。

二、实施步骤

步骤1 工具准备	
	1.工具准备齐全，摆放整齐，场地清洁，放好接油盆 2.查看上柴495柴油发动机技术手册，记录相关数据
步骤2 松开高压油管固定夹	
	使用套筒扳手松开高压油管固定夹
步骤3 拆卸第一缸高压油管	
	使用开口扳手将第一缸高压油管拆卸
步骤4 撬动飞轮泵油	
 1.拆卸飞轮观察孔盖板 2.使用长撬棒顺时针撬动飞轮	 3.连续顺时针撬动飞轮，直至喷油泵第一缸出油口开始出油时停止撬动
步骤5 安装正时管	
	将正时管安装到喷油泵第一缸的出油口上
步骤6 正时管充油	
	在供油起始点附近来回撬动飞轮直到正时管内的油面充至1/2高度左右

笔记

柴油机供油提前角的检查与调整

续表

步骤7 检查供油提前角	
 1. 逆时针撬动飞轮1/4圈 2. 再顺时针缓慢撬动飞轮，直至观察到正时管内油面波动时，停止撬动	 3. 读出供油提前角度数（目光与刻度盘垂直） 4. 重复一次1、2动作验证读数并记录
步骤8 调整供油提前角	
 1. 拆卸2、3、4缸高压油管	 2. 松开喷油泵与机体连接的三颗固定螺钉
 3. 根据所读的提前角调整泵体，紧固油泵固定螺钉（喷油泵向机体方向推提前角增大，反之则减小）	 4. 紧固喷油泵与机体连接的三颗螺母螺钉 5. 复核供油提前角是否满足技术要求 6. 如若未达到则重新调整，直至符合要求
步骤9 结束工作	
	1. 拆卸定时管，安装高压油管 2. 紧固所有高压油管螺栓及油管固定夹 3. 使用吸油纸清洁机体上油渍 4. 所有工量具清洁归位 5. 整理好工作台 6. 分类收集废弃物 7. 用拖把清洁地面

知识测评

一、填空题

1. 机械式调速器按其起作用的范围分为：_____和_____、_____。

2. 直列式柱塞泵的泵柱塞个数与发动机缸数_____，而VE型分配泵的泵柱塞个数_____。

3. 直列式柱塞泵的油量是靠调速器移动_____调节的，VE型分配泵的油量是靠调速器移动_____调节的。

二、判断题

1. 所谓柱塞偶件是指喷油器中的针阀与针阀体。　　　　　　　　　　　　　（　　）

2.喷油泵是由柴油机曲轴前端的正时齿轮通过一组齿轮传动来驱动的。（ ）

3.柱塞的行程是由驱动凸轮的轮廓曲线的最大齿径决定的，在整个柱塞上移的行程中，喷油泵都供油。（ ）

4.滚轮挺柱传动部件高度的调整，实际上是调整该缸的供油量。（ ）

5.供油提前角过大会使柴油发动机的工作粗暴。（ ）

三、选择题

1.喷油泵柱塞冲程的大小取决于（ ）。

  A.柱塞的长短   B.喷油泵凸轮的升程

  C.喷油时间的长短   D.柱塞运行的时间

2.在柴油机中，改变喷油泵柱塞与柱塞套的相对位置，则可改变喷油泵的（ ）。

  A.供油时刻   B.供油压力   C.供油量   D.喷油锥角

3.喷油泵是在（ ）内喷油的。

  A.柱塞冲程   B.柱塞有效冲程   C.A、B均可   D.A、B不确定

4.全程式调速器作用的范围是（ ）。

  A.最低转速   B.最高转速   C.整个速度范围内   D.最低－最高转速范围内

5.喷油泵滚轮挺柱体高度调整螺钉升高，使该缸的供油提前角（ ）。

  A.不变   B.增加   C.减小   D.无法确定

6.喷油泵每次泵出的油量取决于柱塞的有效行程的长短，而改变有效行程可采用（ ）。

  A.改变喷油泵凸轮轴与柴油机曲轴的相对角位移

  B.改变滚轮挺柱体的高度

  C.改变柱塞斜槽与柱塞套筒油孔的相对角位移

  D.以上方法均可行

7.两速式调速器的高速调速弹簧预紧力愈大，则最高转速（ ）。

  A.不变   B.愈高   C.愈低   D.无法确定

四、名词解释

1.喷油提前角

2.供油提前角

3.最佳喷油提前角

4.柱塞供油有效行程

五、简答题

1.以495柴油机为例简述怎样调整喷油泵的供油提前角。

2.调速器的作用是什么？

3.以四缸柴油机直列式柱塞泵为例：

  （1）写出其结构组成；

  （2）简述其工作过程。

4.供油提前角过大过小有什么影响？

5.喷油提前角与供油提前角之间有什么关系？

任务四　喷油器的构造与检测

笔记

任务目标

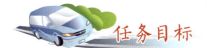

知识目标：

1. 了解喷油器的分类；
2. 掌握喷油器的结构组成；
3. 理解喷油器的工作过程。

能力目标：

会拆装与检测喷油器。

任务描述

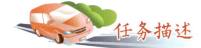

通过本任务的学习，掌握喷油器的构造及工作原理；利用试验台对喷油器喷油质量进行检测和调整。

知识链接

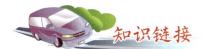

一、喷油器的作用及技术要求

喷油器的作用是将柴油雾化成均匀细小的颗粒，喷入燃烧室。喷油器应具有一定的喷射压力和射程及合适的喷射锥角，停止喷油时刻应断油干脆迅速、无滴漏现象。喷油器结构如图 5-22 所示。

图 5-22　喷油器结构

柴油喷油器原理

二、喷油器的构造及工作过程

常见的喷油器有孔式喷油器和轴针式喷油器两种。孔式喷油器包括单孔式和多孔式；轴针式喷油器又可分为节流式和针阀式，如图 5-23 所示。

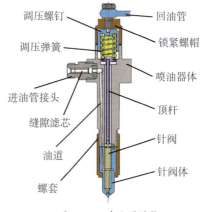

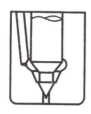

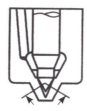

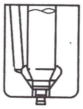

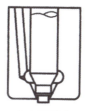

（a）单孔式　（b）多孔式　（c）节流式　（d）针阀式

图 5-23　喷油器分类

1. 孔式喷油器

孔式喷油器，如图 5-24 所示。

孔式喷油器主要用于具有直接喷射式燃烧室的柴油机。喷油孔的数目范围一般为 1 ～ 8 个，喷孔直径 0.2 ～ 0.8mm。喷孔数目和喷孔角度的选择视燃烧室的形状、大小和空气涡流情况而定。

针阀和针阀体合称针阀偶件。针阀上部的圆柱表面与针阀体的相应圆柱面作高精度的滑动配合,配合间隙为0.002～0.003mm。

针阀偶件的配合面通常是经过精磨后再研磨,从而保证其配合精度的。所以选配和研磨好的一副针阀偶件是不能互换的,这点在维修过程中应特别注意。装在喷油器上部的调压弹簧通过顶杆使针阀紧压在针阀体的密封锥面上,将喷孔关闭。喷油泵输出的高压柴油从进油管接头经过喷油器体与针阀体中的油道进入针阀中部周围的环状空间——高压油

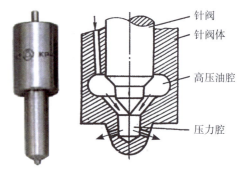

图5-24 孔式喷油器

腔。油压作用在针阀的承压锥面上,造成一个向上的轴向推力,当此推力克服了调压弹簧的预紧力、针阀与针阀体间的摩擦力(此力很小)及针阀自身重力后,针阀即上移而打开喷孔,高压柴油便从针阀体下端的喷油孔喷出。当喷油泵停止供油时,由于油压迅速下降,针阀在调压弹簧作用下及时回位,将喷孔关闭。喷油开始时的喷油压力取决于调压弹簧的预紧力。喷油压力可用调压螺钉或垫片调节。

喷油器喷油时,其喷射油束锥角必须与所用燃烧室形状相适应,使燃油雾粒直接喷射在燃烧室空间并均匀分布。在喷油器工作过程中,会有少量柴油从针阀与针阀体的配合表面之间的间隙漏出。这部分柴油对针阀起润滑作用,并沿顶杆周围的空隙上升,通过回油管螺栓上的孔进入回油管,流回柴油滤清器。对多缸柴油机,为使各缸喷油器工作一致,各缸应采用长度相等的高压油管。喷油器用两个固定螺钉固定在汽缸盖上的喷油器孔座内,用铜制或铝制的垫片密封,以防止漏气。

2. 轴针式喷油器

轴针式喷油器的工作原理与孔式的相同。其结构特点是针阀下端的密封锥面以下还延伸出一个轴针,其形状可以是倒锥形或圆柱形。轴针伸出喷孔外,使喷孔成为圆环状的狭缝(轴针与孔的径向间隙为0.05mm)。这样,喷油时的喷射将呈空心的锥状或柱形,如图5-25所示。喷孔通过端面与喷射锥角的大小取决于轴针的升程和形状,因此要求轴针的形状加工得很精确。

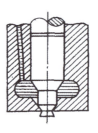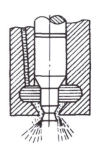

图5-25 轴针式喷油器

常见的轴针式喷油器只有一个直径1～3mm的喷孔。由于喷孔直径较大,孔内有轴针上下运动,喷孔不易积炭,而且还能自行清除积炭。

轴针式喷油器孔径较大,喷油压力较低(12～14MPa),故比较易于加工。它适用于对喷雾要求不高的涡流室式燃烧室和预燃室式燃烧室。

一、任务准备

(1)设备 喷油器,维修资料,工具车,工作台等。
(2)工具和量具 常用工具1套,喷油器试验台,油盆,抹布等。

二、实施步骤

	步骤1　设备检查
	1. 检查试验台的油位和按压手柄是否正常 2. 检查试验台各管路接头密封是否良好

	步骤2　工具准备
	工具准备：17、19、16号开口扳手，毛刷，抹布，油盆，紫铜棒，专用工具1套，活动扳手，机油等

	步骤3　安装喷油器
	将喷油器安装到试验台上，固定好并排出管路中的空气

	步骤4　压力检查
	以每分钟60次的速度压试验台的手柄，观察喷油器开始喷油时的压力是否与技术手册一致

	步骤5　压力调整	

1. 将喷油器一端固定在台钳，使用开口扳手拆卸喷油器		2. 将拆卸的零件依次摆好并使用清洁柴油进行清洗
		3. 通过安装不同厚度的垫片，调整喷油器压力在规定的范围

	步骤6　密封试验
	1. 以每分钟60次的速度连续压动试验台手柄，看压力表指针直至压力上到23MPa 2. 保持手柄不动，观察压力下降到18MPa时，所用的时间。用时越长，说明密封性越好

步骤7　检测完毕后做好清洁整理工作

柴油机喷油器的检修

一、填空题

1. 喷油器油束的特性可用油雾油束的_____、_____和_____来表示。
2. 针阀偶件是由_____和_____两部分组成。
3. 喷油器一般可分为_____和_____。_____主要适用于_____直接喷射式燃烧室的柴油机，_____则适用对喷雾要求不高的涡流室式和预燃室式燃烧室。

二、判断题

1. 同一发动机上，各喷油器中针阀与针阀体之间是可以互换的。（　　）
2. 孔式喷油器的喷孔直径一般比轴针式喷油器的喷孔大。（　　）
3. 孔式喷油器主要用于直接喷射式燃烧室的柴油机上，而轴针式喷油器适用于涡流室燃烧室、预燃室燃烧室。（　　）

三、选择题

1. 孔式喷油器的喷油压力比轴针式喷油器的喷油压力（　　）。
   A. 大　　　　B. 小　　　　C. 不一定　　　　D. 相同
2. 喷油器开始喷油时的喷油压力取决于（　　）。
   A. 高压油腔中的燃油压力　　　　B. 调压弹簧的预紧力
   C. 喷油器的喷孔数　　　　D. 喷油器的喷孔大小
3. 旋进喷油器端部的调压螺钉，喷油器喷油开启压力（　　）。
   A. 不变　　　　B. 升高　　　　C. 降低　　　　D. 无法确定
4. 喷油器工作间隙漏泄的极少量柴油经（　　）流回柴油箱。
   A. 回油管　　　　B. 高压油管　　　　C. 低压油管　　　　D. 进油管和回油管

任务五　传统柴油机燃油供给系统常见故障的诊断与排除

知识目标：
1. 掌握传统柴油机燃油供给系统常见故障的现象；
2. 掌握传统柴油机燃油供给系统常见故障的原因；
3. 掌握传统柴油机燃油供给系统常见故障的排除方法。

能力目标：
会诊断与排除传统柴油机燃油供给系统的常见故障。

柴油机燃油供给系统的故障直接影响发动机的正常工作，导致发动机动力不足、启动困难甚至无法启动。通过本项目的学习使学生掌握传统柴油机燃油供给系统的结构和工作原理；会对传统柴油机启动困难、动力不足等故障进行诊断与排除。

一、传统柴油机启动困难燃油供给系统的故障诊断与排除

1. 常见故障现象

① 启动机工作正常，发动机无启动迹象，排气管无烟排出。

② 启动机工作正常，发动机有启动迹象，排气管冒白烟，但不能发动。

2. 常见故障原因

（1）属于低压油路方面的原因

① 油箱内无油或存油不足。

② 油箱开关未打开或油箱盖空气孔堵塞。

③ 油箱至输油泵间的管路堵塞。

④ 油箱至输油泵间管路中有漏气部位，使油路中进入空气。

⑤ 柴油滤清器或输油泵滤网堵塞。

⑥ 油路中渗进了水或使用的柴油牌号不对。

（2）属于高压油路方面的原因

① 喷油泵柱塞偶件磨损过甚，造成内泄漏大，使供油量达不到启动时的需要。

② 喷油泵油量调节机构卡滞，使柱塞不能转动或转动量过小。

③ 出油阀密封不良，造成不供油或供油不足。

④ 喷油器针阀积碳或烧结而不能开启。

⑤ 喷油器针阀开启压力调整过高。

⑥ 喷油器喷孔堵塞。

⑦ 高压油管中有空气或接头松动。

3. 故障诊断与排除方法

（1）发动机无启动迹象，排气管无烟排出

启动时无着火迹象，排气管无烟排出，说明柴油没有进入缸内，检查油路的堵塞、漏气和某些零部件的损坏。首先确定故障是由于低压油路还是高压油路造成的。将喷油泵放气螺钉松开，扳动手油泵，观察放气螺钉处是否流油，若不流油或流出泡沫状柴油，而且长时间扳动手油泵也排不尽，表明低压油路有故障。如果流油正常，则说明故障出在高压油路。

① 低压油路的故障诊断：

a. 松开喷油泵放气螺钉，扳动手油泵，放气螺钉处无油流出，说明油箱中无油或油路堵塞。首先检查油箱中存油是否足够、油箱开关是否打开、油箱盖空气孔是否堵塞。若良好，可扳动手油泵试验。若拉手油泵拉钮时，明显感到有吸力，松手后又自行回位，说明油箱至输油泵的油路堵塞；若拉出手油泵拉钮时感觉正常，但压下去比较费力，说明输油泵至喷油泵的油路堵塞，可检查柴油滤清器是否堵塞。如果上下拉动手油泵拉钮时，均无正常的泵油阻力，说明手油泵失效，应检查手油泵进出油阀是否关闭不严等。在寒冷地区严寒季节，柴油牌号选用不当或油中有水，容易造成柴油凝结或油中的水结冰而堵塞油管。

171

b. 若松开喷油泵放气螺钉,扳动手油泵,放气螺钉处流出泡沫状柴油,而且长时间扳动手油泵也是如此,说明油箱至输油泵之间的管路漏气,供油系统渗进空气发生了气阻。首先检查油管有无破裂、输油泵至油箱一段油管接头是否松动或油箱内上油管的上部是否开裂等。

② 高压油路故障诊断:高压油路故障诊断步骤如图5-26所示。

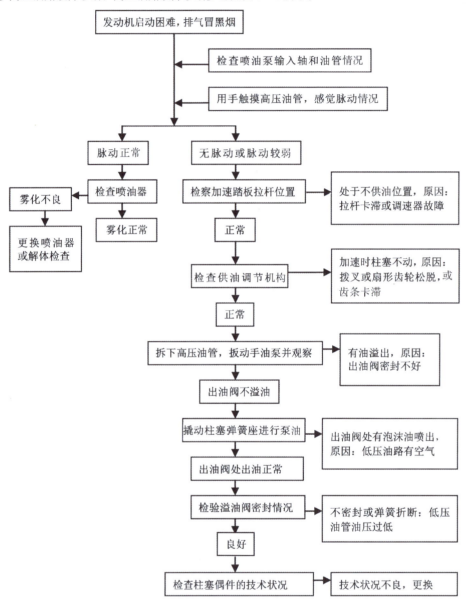

图5-26 高压油路故障诊断步骤

(2)发动机启动困难,排气管冒白烟

① 汽缸内进水。

如果发动机出现启动困难,排气管冒白烟时,可用手接近排气管消声器出口处,发现手上留有水珠,说明有水进入燃烧室。

② 燃油燃烧不良。

a. 检查启动预热装置是否损坏。

b. 检查进气通道或空气滤清器是否堵死。

c. 检查和调整喷油正时。

d. 检查喷油器喷油雾化质量。

e. 检查汽缸压力是否过低。

f. 检查喷油泵供油是否过多或过少。

二、传统柴油机动力不足故障的诊断与排除

1. 常见故障现象
① 运转不均匀，排气管冒白烟。
② 运转不均匀，排气管冒黑烟。
③ 运转均匀，加速迟缓、负载无力。

2. 常见故障原因
① 低压油路的故障：低压油路管路密封不严进入有空气；低压油路堵塞，导致供油不足；燃油滤清器堵塞；输油泵磨损导致泵油量不足等；燃油中混入水分，导致柴油难以燃烧。
② 高压油路的故障：喷油器堵塞、喷油器密封不严、喷油器开启压力过低、喷油器雾化不良；高压油管漏油、高压油管不合格；喷油泵柱塞磨损严重、燃油质量不合格；出油阀磨损严重、出油阀密封不严、出油阀弹簧变弱等。
③ 供油提前不正确：供油提前角过大或过小，都会造成传统柴油机动力不足。

3. 故障诊断与排除方法（图5-27）

（1）用断缸法查找高压油路的故障部位
① 启动发动机，检查高压油管有无泄漏。
② 手感各缸高压油管压力脉动状况，初步判断各缸供（喷）油情况。
③ 怠速状态下，逐缸松开高压油管喷油器端连接螺母，观察燃油喷射压力、发动机转速变化等，判断高压油路的故障部位。必要时对喷油泵进行校验，对喷油器进行性能测试。

（2）低压油路检查和排除
① 发动机熄火。

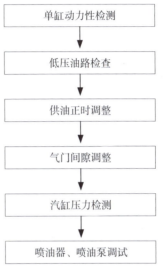

图5-27 传统柴油机动力不足故障诊断与排除方法

② 松开喷油泵上放油螺钉，手动泵油，看放油螺钉处有无气泡，继续泵油至无气泡流出为止，拧紧放油螺钉；若始终有气泡，则低压油路密封不好；若无气泡和油流出，则低压油路堵塞或输油泵损坏。
③ 启动发动机，松开喷油泵上放油螺钉，看放油螺钉有无气泡，有气泡，则说明低压油路密封不好或堵塞。

（3）供油正时检查
调节整个喷油泵供油提前角的方法是改变发动机曲轴与喷油泵凸轮轴之间的相对角位置。单缸柴油机供油提前角的调整是通过增减喷油泵与机体之间的安装垫片来实现。多缸柴油机供油提前角的调整主要有调节花盘法、转动泵体法等方法。

知识测评

1. 传统柴油机如何排除低压油路中的空气？
2. 如何查找传统柴油机低压油路中的堵塞部位？
3. 传统柴油机启动困难故障原因有哪些？
4. 如何排除传统柴油机启动困难，排气管冒白烟的故障？
5. 柴油机动力不足的主要原因有哪些？
6. 简述传统柴油机低压油路检查方法。
7. 如何检查传统柴油机供油正时？

项目二　柴油机电控燃油喷射系统的组成与检修

项目导入

柴油机具有热效率高、燃油消耗率低等突出优点，但由于其功重比大、振动和噪声大、启动性能差、制造成本高等缺点，限制了柴油机在轿车上的广泛应用。和汽油机电控技术一样，柴油机电控技术也是在解决能源危机、排放污染这两大世界难题的背景下，在电子控制技术的飞速发展的基础上发展起来的。汽油机电控技术的发展和日趋成熟也为柴油机电控技术的发展提供了宝贵经验，使柴油机在很多关键技术上都取得了突破性的进展，共轨电控燃油喷射系统显著降低了柴油机的振动和噪声、改善了低温启动性能、提高了发动机的动力性和经济性，使电控柴油机在轿车上也得到了逐步推广。

通过本项目的学习使学生了解柴油机电控燃油喷射系统的分类及工作原理；掌握柴油机电控燃油喷射系统的组成及工作过程；会对共轨燃油喷射系统的主要传感器进行检测。

任务一　柴油机电控燃油喷射系统的组成及主要传感器的检测

知识目标：
1. 了解电控柴油机与电控汽油机的区别；
2. 掌握柴油机电控燃油喷射系统的功能要求；
3. 掌握柴油机电控燃油喷射系统主要类型及工作原理；
4. 掌握柴油机压电式共轨电控燃油喷射系统主要部件的构造与工作原理；
5. 掌握柴油机压电式共轨电控燃油喷射系统主要部件的检测方法。

能力目标：
1. 能找到柴油机压电式共轨电控燃油喷射系统主要部件的位置；
2. 会对柴油机压电式共轨电控燃油喷射系统主要部件进行检测。

了解柴油机电控燃油喷射系统类型及工作原理，掌握柴油机共轨燃油喷射系统的组成及主要传感器的检测。

一、电控柴油机与电控汽油机的区别

由于柴油机与汽油机使用的燃料不同、点火方式也不相同，电控柴油机与电控汽油机的电控系统存在

较大的差异。

1. 对混合气浓度的控制要求不同

电控汽油机大部分工况的混合气浓度都要求过量空气系数等于1，普遍采用带氧传感器的闭环电控燃油喷射系统，由氧传感器检测废气中氧的含量，以实现混合气浓度的闭环控制。而电控柴油机对混合气浓度的控制并不严格。

2. 对喷油压力的要求不同

由于柴油与汽油的性质不同，混合气形成过程和点火方式等也不相同，为保证混合气的形成质量，两者对喷油压力的要求相差很大。汽油机多点喷射系统的喷油压力一般为0.25～0.35MPa，单点喷射系统的喷油压力一般为0.07～0.10MPa，而柴油机的喷油压力高达100～200MPa。

3. 对燃烧过程的控制方式方法不同

汽油机主要通过控制点火正时和点火能量来控制燃烧过程，而柴油机则是通过控制喷油正时、喷油持续时间和喷油速率来控制燃烧过程。

4. 柴油喷射的电控执行器复杂

柴油机燃油喷射具有高压（是汽油机喷射压力的百倍以上）、高频、脉动等特点，同时柴油机需要对喷油量、喷油正时、喷油压力等多参数进行综合控制，因此柴油机燃油喷射系统的电控执行器较汽油机要复杂得多。

5. 柴油机电控燃油喷射系统复杂繁多

传统的柴油机具有直列泵、分配泵、泵喷油器、单缸泵等结构完全不同的系统，导致电控柴油机的燃油喷射系统也繁杂多样。

二、柴油机电控燃油喷射系统的功能要求

柴油机电控燃油喷射系统的功能要求主要包括：供（喷）油量控制、供（喷）油正时控制、供（喷）油速率控制和供（喷）油规律控制、喷油压力控制等，但不是所有的燃油喷射系统都要求前面提到的全部功能。

1. 供（喷）油量控制

供（喷）油量控制是柴油机电控燃油喷射系统中最主要的控制功能之一。在启动、怠速、正常运行等各种工况下，ECU根据发动机转速信号、负荷信号（加速踏板位置信号）和内存控制模型来确定基本供（喷）油量，再根据冷却液温度信号、进气温度信号、启动开关信号、空调开关信号、反馈信号等对供（喷）油量进行修正。

2. 供（喷）油正时控制

供（喷）油正时控制也是柴油机电控燃油喷射系统最主要的控制功能之一。在柴油机电控燃油喷射系统中，ECU根据发动机转速信号、负荷信号和内存的控制模型来确定基本的供（喷）油提前角，再根据反馈信号进行修正。

3. 供（喷）油速率和供（喷）油规律控制

在柴油机电控燃油喷射系统中，ECU以柴油机转速信号和负荷信号作为主控制信号，按预设的程序确定最佳的供（喷）油速率和供（喷）油规律。

4. 喷油压力控制

在柴油机电控燃油喷射系统中，ECU以柴油机转速信号和负荷信号作为主控制信号，按预设的程序确定最佳的喷油压力，并对喷油压力进行闭环控制。

5. 柴油机机油压力过低保护

柴油机机油压力过低时，ECU根据机油压力传感器信号减少供（喷）油量，降低转速并报警；当机油压力降到一定值以下时，则切断燃油供给，强制使发动机熄火。

6. 增压器工作保护

装有增压装置的柴油机，增压压力过高会造成中冷器和汽缸内最高压力升高；增压压力过低则会导致进气量不足使排气温度升高。因此根据增压压力信号适当调节供(喷)油量，并在增压压力过高或过低时报警。

三、柴油机电控系统的类型及工作原理

电控技术在柴油机供给系统中的应用，按其对供(喷)油量、供(喷)油正时、供(喷)油速率和喷油压力等参数的控制划分，经历了"位置控制""时间控制""时间－压力控制"或"压力控制"三个阶段。

（一）第一代柴油机电控燃油喷射系统——位置控制系统

采用"位置控制"的柴油机电控燃油喷射系统，保留了传统柴油机燃油供给系统（直列柱塞泵、轴向柱塞式分配泵、径向柱塞式分配泵、P-T系统等）的基本组成和结构，取消了机械控制部件（调速器和喷油提前器等），在原有的喷油泵基础上，增加传感器、电控单元、电子调速器或电／液控制执行元件等组成的对喷油量进行电子控制的电子调速器和对喷油时刻进行电子控制的电子提前器（电子调速器和电子提前器是根据发动机机型选装其中某一个，或将两者都装上），使控制精度和响应速度得以提高。其优点是柴油机的结构几乎不需改动，生产继承性好，便于对现有柴油机进行升级换代。缺点是"位置控制"系统响应慢、控制频率低、控制自由度小、控制精度还不够高，喷油压力也无法独立控制。

1. 电控直列柱塞泵喷油量的位置控制系统

电控直列柱塞泵喷油量的位置控制系统如图5-28所示，喷油量的控制是通过ECU控制电子调速器来实现的。柴油机工作时，ECU根据加速踏板位置传感器信号（即负荷信号）和柴油机转速信号确定基本供油量，并参考冷却液温度、空气流量等传感器信号对供油量进行修正，然后通过ECU中的伺服电路控制电子调速器工作，以改变或保持直列柱塞泵油量调节拉杆（或齿条）的位置，使直列柱塞泵的供油量达到预期的控制目标。为提高对直列柱塞泵供油量的控制精度，在电子调速器内装有油量调节拉杆（或齿条）位置传感器，用来检测直列柱塞泵油量调节拉杆（或齿条）的实际位置，检测结果反馈给ECU中的伺服电路，再对输送给电子调速器的控制信号进行修正。在直列柱塞泵电控系统中，实现供油量"位置控制"常用的电子调速器有线性直流电动机型和螺线管型两种。

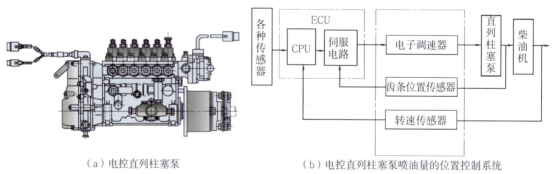

(a) 电控直列柱塞泵　　　　　(b) 电控直列柱塞泵喷油量的位置控制系统

图5-28　采用"位置控制"的电控直列柱塞泵

2. 电控直列柱塞泵供油正时的位置控制系统

电控直列柱塞泵供油正时的位置控制系统如图5-29所示，供油正时的控制系统主要由正时控制器、电磁阀、柴油机转速传感器、正时传感器和ECU等组成，两个电磁阀分别安装在正时控制器进、回油路中，控制正时控制器工作的液压油来自柴油机润滑系统。正时控制器安装在直列柱塞泵驱动轴与凸轮轴之间，受液压控制的正时控制器可使直列柱塞泵凸轮轴相对驱动轴在一定范围内转动。ECU根据柴油机转速和负荷信号确定基本供油提前角，再根据冷却液温度等传感器信号进行修正，并通过两个电磁阀来实现对直列柱塞泵供油正时的控制。直列柱塞泵常用的控制器均为电控液压式，按控制液压油的电控元件不同主要可分为电磁控制型和步进电机控制型两种。

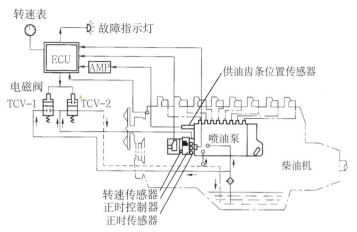

图 5-29　电控直列柱塞泵供油正时的位置控制系统

供油量"位置控制"的特点是用模拟量来控制执行元件工作，通过对喷油泵油量控制机构的定位来得到所需的供油量。用以闭环控制供油量的反馈信号也是由模拟信号传感器检测的，ECU 只有对模拟信号进行 A/D 转换后才能处理，这就影响供油量的控制精度和执行元件的响应速度。另外，不论采用何种类型的电子调速器，总是需要由部分机械装置来完成对喷油泵供油量的调节，也会降低控制精度和响应速度。

（二）第二代柴油机电控燃油喷射系统——时间控制系统

采用"时间控制"的柴油机电控燃油喷射系统，也是基本保留了传统燃油供给系统的组成和结构（轴向柱塞式分配泵、径向柱塞式分配泵等），通过设置传感器、电控单元、高速电磁阀和有关电／液控制执行元件等，组成数字式高频调节系统，由电磁阀的通、断电时刻和通、断电时间控制喷油泵的供油量和供油正时，其控制自由度和控制精度都是"位置控制"所无法比拟的，但供（喷）油压力还无法独立控制。

1. 电控轴向柱塞式分配泵喷油量的"时间控制"系统

电控轴向柱塞式分配泵供油量的"时间控制"系统如图 5-30 所示，控制 ECU 根据各种传感器信号计算出供油量后，向控制器发出指令和相关信息；控制器则根据 ECU 的指令和相关信息，并参考燃油温度传感器信号对分配给各缸的供油量进行平衡（均匀性控制），通过驱动器（放大电路）直接控制高速电磁阀工作，以实现供油量的"时间控制"。控制器是 ECU 与分配泵之间的"信息中转站"，它根据 ECU 的指令控制分配泵，同时将分配泵的信息（如电磁阀关闭时间信号、喷油始点信号等）传递给 ECU。驱动器的

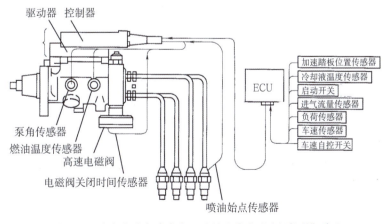

图 5-30　电控轴向柱塞式分配泵供油量的"时间控制"系统

功用是对控制器输出的控制信号进行放大以便能够驱动高速电磁阀工作。在后期开发的此类柴油机电控燃油喷射系统中,一般将控制器、驱动器和 ECU 组合为一体。采用"时间控制"方式的分配泵电控系统,根据高速电磁阀对分配泵供油的控制方式不同,可分为回油控制方式和进油控制方式两种类型。

(1)回油控制方式　传统分配泵是利用油量控制滑套的位置变化来控制分配泵回油过程开始时刻的变化,即在机械控制的供油压力和供油开始时刻一定时,通过滑套的位置变化来改变停止供油(即回油)的时刻,从而实现供油量控制。回油控制方式分配泵喷油量的时间控制系统中,分配泵回油(或称为溢油)通道中装有一个由 ECU 控制的高速电磁阀来取代滑套以控制回油时刻,实现供油量的"时间控制"。

(2)进油控制方式　传统分配泵的柱塞上取消了进油槽,分配泵柱塞只有吸油和泵油两个行程,分配泵的回油通道与进油通道合二为一。进油控制方式分配泵喷油量的"时间控制"系统中,进油通道中装有一个由 ECU 控制的高速电磁阀,控制分配泵工作时的供油开始和结束时刻,实现供油量的"时间控制"。

2. 电控轴向柱塞式分配泵供油正时的"时间控制"系统

早期采用"时间控制"方式的分配泵中,与采用"位置控制"方式的分配泵相同,保留了电控液压供油提前角自动调节器。两者的共同点是供油的开始时刻取决于分配泵驱动装置中滚轮架与端面凸轮的相对位置,不同的是供油结束时刻的控制方式不同,采用"位置控制"方式的分配泵供油结束时刻取决于油量控制滑套的位置,采用"时间控制"方式的分配泵供油结束时刻取决于高速电磁阀的开启时刻。

后期采用"时间控制"方式的分配泵中,取消了电控液压供油提前角自动调节器,完全用高速电磁阀的关闭和开启时刻来控制供油的开始和结束时刻,真正实现了供油正时的"时间控制"。

(三)第三代柴油机电控燃油喷射系统——共轨压力控制系统

在"位置控制"或"时间控制"的柴油机电控燃油喷射系统中,由于直列柱塞泵和分配泵的供油压力受多种因素(特别是转速)的影响,再加上柴油的可压缩性和较长的高压油管,都会导致喷油压力的不稳定,从而使实际的喷油量、喷油正时和喷油规律难以精确控制。高压油管内的压力波动甚至还会导致主喷射之后,将已经关闭的针阀又重新打开产生二次喷油,增加柴油机油耗及烟度和 HC 的排放量。

现代柴油机采用"共轨"电控燃油喷射系统,"共轨"即"公共油轨"或称公共供油管,是指利用一个"公共油轨"向各缸喷油器供油。共轨式柴油机电控燃油喷射系统是由高压油泵把高压燃油输送到"公共油轨",通过由高压油泵、压力传感器和 ECU 组成的闭环电控系统,对"公共油轨"内的油压实现独立且精确地控制。保持喷油压力一定,通过控制喷油时间来控制喷油量,即称为"时间-压力控制"方式;保持喷油时间一定,通过控制喷油压力来控制喷油量,即称为"压力控制"方式。

按照共轨中的压力高低,共轨系统可分为高压共轨和中压共轨两种基本类型。按控制喷油器喷油的电控执行元件不同,共轨系统又可分为电磁阀式和压电式两种类型。

1. 高压共轨系统

高压共轨系统是指由高压输油泵(压力在 120MPa 以上)直接产生高压燃油输送至共轨中,经消除压力的脉动后,再分送到各喷油器;ECU 根据柴油机的工作需要控制高速电磁阀迅速打开或关闭,进而控制喷油器按设定的要求开始喷油或停止喷油。高压共轨系统工作时,电控系统保持共轨管中的燃油压力恒定,ECU 通过控制喷油器的打开时刻和延续时间来控制喷油提前角和喷油量,称为"时间-压力控制"方式,又称为第一代共轨式电控燃油喷射系统。

2. 中压共轨系统

中压共轨系统是指由中压输油泵(压力为 10～13MPa)将中压燃油输送到共轨中,经消除压力的脉动后再分送至带有增压作用的喷油器;ECU 根据柴油机的工作需要通过高速电磁阀控制喷油器开始喷油或停止喷油,与高压共轨系统不同的是在喷油开始前,喷油器内的增压装置先对来自共轨的中压柴油进行增压,使之达到规定的喷油压力(120～150MPa)。

中压共轨系统工作时,ECU 通过控制共轨中的油压来控制喷油量,称为"压力控制"方式,又称为第二代共轨式电控燃油喷射系统。

3. 压电式共轨系统

第一代和第二代共轨系统均属电磁阀式共轨系统，即利用电磁阀作为执行元件，通过控制喷油器喷油的开始与结束来实现燃油喷射控制。而在压电式共轨系统中，则是利用压电晶体作为执行元件，通过控制喷油器针阀的升程（或喷油开始与结束）来实现燃油喷射控制。压电式共轨系统也被称为第三代共轨式电控燃油喷射系统。

为降低柴油机共轨式电控燃油喷射系统的排放污染和噪声，满足日益严格的排放法规要求，必须严格控制共轨式柴油机的喷油速率和喷油规律，而控制喷油速率和喷油规律的主要措施是实现预喷射、后喷射甚至多次喷射功能。

预喷射是指主喷射前百万分之一秒内向缸内喷射少量柴油，通过对预喷射量的控制来实现对着火延迟期内混合气形成数量的控制，达到防止柴油机工作粗暴、减小噪声的目的。另外，预喷射的柴油喷入汽缸后首先着火燃烧，对燃烧室进行预热后再进行主喷射，使主喷射阶段喷入汽缸的柴油着火更加容易，同时还可形成边喷射、边混合、边燃烧的平缓燃烧过程，降低了燃烧噪声。

后喷射是指在膨胀过程中进行的喷射。后喷射的柴油燃烧时放出的热量，可提高柴油机在缓燃期和补燃期的温度，从而降低 HC 和 CO 的排放量。

多次喷射是指在柴油机的一个工作循环内进行若干次（一般多于 3 次）喷射，实现对喷油速率和喷油规律的精确控制。

实现预喷射、后喷射、多次喷射的关键，就是要求电控系统的执行元件具有很高的反应速度，能在很短的时间内完成多次切换；同时还要求能控制的最小供油量要足够小。

第一代共轨系统要始终保持很高的压力（约 140MPa）导致系统密封难度大，燃油温度高，即使是三次喷射（预喷射、主喷射、后喷射）也难以实现。第二代共轨系统中共轨内的燃油压力较低且可调节，利用高速电磁阀可实现预喷射和后喷射，但受电磁阀工作特性的限制，难以实现更多次的喷射功能。第三代共轨系统–压电式共轨系统，控制喷油器的执行元件用压电元件代替了电磁阀，用压电元件作为控制执行元件的喷油器称为压电式喷油器，压电元件在施加电压后 0.1ms 时间内就能发生形变，响应速度很快。压电式喷油器可以实现高频率切换（切换频率为电磁阀的 5 倍）和高精度控制，压电式喷油器每个工作循环喷射次数可达 5 次（电磁阀式喷油器只能达到 3 次），最小喷射间隔时间可达 0.1ms，最小喷射量可控制在 $0.5mm^3$ 以下。此外，压电式共轨系统压力从 20～200MPa 弹性调节。

压电式喷油器具有喷射压力高、控制精度高、切换频率高、响应速度快、节能、寿命长等优点，可使喷油速率、喷射规律以及精确度达到最优。奥迪 A6 轿车装用的奥迪 3.0L V6 TDI 柴油机采用了 Bosch 公司生产的压电式共轨电控燃油喷射系统，使该柴油机废气排放降低 20%、功率提高 5%、油耗降低 3%、噪声降低 3dB(A)。

四、柴油机共轨电控燃油喷射系统的组成及主要部件的构造与检测

（一）柴油机共轨电控燃油喷射系统的组成及工作过程

柴油机共轨电控燃油喷射系统主要低压油路、高压油路、喷油器、电控单元、各类传感器和执行器等几个部分组成，如图 5-31 所示。柴油机工作时，输油泵把燃油从油箱输送到高压油泵，高压油泵将燃油增压后送入共轨腔内，再由电磁阀（或压电元件）控制各缸喷油器在相应时刻喷油。

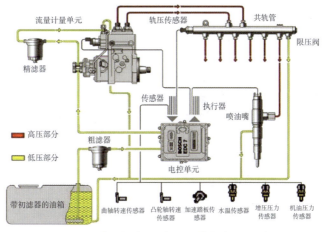

图 5-31 柴油机共轨电控燃油喷射系统的组成

（二）柴油机共轨电控燃油喷射系统主要部件的结构与工作原理

柴油机电控燃油喷射系统传感器大多与汽油机类似，有些甚至完全相同，在此仅介绍柴油机电控燃油喷射系统所特有的主要部件的结构与工作原理。

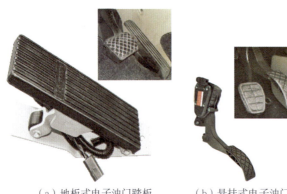

（a）地板式电子油门踏板　　（b）悬挂式电子油门踏板

图 5-32　电子油门踏板

1. 加速踏板位置传感器（APPS）

现代汽车多是采用电子油门，电子油门的踏板有地板式（地毯式）和悬挂式两种，如图5-32所示。地板式电子油门踏板［图5-32（a）］的转轴位于踏板底部，脚掌可以全部踩在踏板上，小腿和脚踝能很轻松地控制踏板，相应地提升了脚下控制踏板的精度，减少了疲劳感。悬挂式电子油门踏板［图5-32（b）］转轴位于支架顶端，下部结构简单，踩踏方式轻巧，但悬挂式踏板由于只能给前脚掌提供支点，长时间驾驶容易使人感到不舒服。商用车通常用地板式油门踏板，小轿车通常用悬挂式油门踏板，但两者的原理一样。

电子油门都装有加速踏板位置传感器，可以将检测到的加速踏板位置信号及位置变化信号输送给ECU，ECU通过控制循环供（喷）油量来控制发动机的动力输出。加速踏板位置传感器又称负荷传感器，负荷传感器根据工作原理的不同分为带怠速触点的单电位器式、双电位器式、霍尔式和差动电感式四种。

（1）单电位器式加速踏板位置传感器　一般由电位器和怠速开关组成，如图 5-33 所示。威特和南岳单体泵用的就是这种加速踏板位置传感器。怠速开关用来检测加速踏板是否处于怠速位置。电位器用于连续测量加速踏板的位置及其位置变化，电位器的滑动臂由加速踏板通过轴或拉线驱动。点火开关接通后，ECU通过V_C端子给传感器提供5V的标准电压，使通过电位器的电流保持不变。在不同的加速踏板位置时，V_A端子与E_2端子之间的电压与加速踏板的位置成正比，ECU根据这一电压信号确定加速踏板位置及其位置变化。怠速触点在发动机正常运行时为一个常开触点，当加速踏板完全松开（即怠速位置）时，怠速触点闭合，向ECU输送怠速信号。

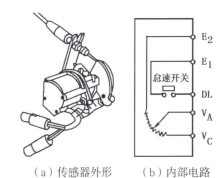

（a）传感器外形　　（b）内部电路

图 5-33　带怠速触点的单电位器式加速踏板位置传感器

（2）双电位器式加速踏板位置传感器　采用冗余控制，即传感器是由两个同步的电位器组成，如图 5-34 所示，长城 GW2.8TC 型柴油机用的就是这种加速踏板位置传感器。油门踏板通过转轴与传感器内部的滑动变阻器电刷连接。点火开关接通后，ECU给两个同步电位器的电源端子1、2分别提供5V电压，在

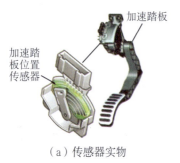
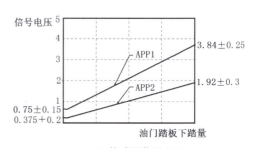

（a）传感器实物　　　　　（b）内部电路　　　　　（c）传感器信号电压

图 5-34　双电位器式加速踏板位置传感器

不同的加速踏板位置，两个电位器的阻值分别发生线性变化，产生两个反映加速踏板下踏量和变化速率的电压信号，两个传感器信号为2倍关系［图5-34（c）］，ECU根据这两个电压信号判断出加速踏板位置。传感器同时输出两组信号给ECU，是为了保证输出信号的可靠性。两个传感器信号中若一个传感器信号失真或中断，另一个传感器处于怠速位置，则发动机进入怠速工况；另一个传感器处于负荷工况，则发动机转速上升缓慢。若两个传感器同时出现故障，则发动机高怠速（1500 r/min）运转。

还有一种双电位器式加速踏板位置传感器是将两个电位器传感器反接，实现阻值的反向变化，即一路电位器的阻值呈线性增加，同时另一路呈线性下降，两个阻值变化之和为零，如图5-35所示。控制单元对两个传感器施加相同的电压，两者输出的电压信号也相应反向变化，且它们的和始终等于控制单元输入的信号电压（5V）。加速踏板位置传感器控制系统根据两个信号来确定加速踏板位置，两个信号值正好相反，形成对比。另外，这种加速踏板总成还设置了一个怠速开关以及一个节气门全开开关。这两个开关分别对应于最小油门和最大油门。

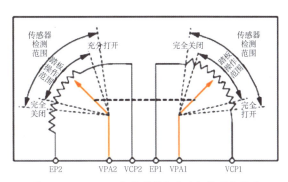

图5-35　Bosch双电位器式加速踏板位置传感器

（3）霍尔式加速踏板位置传感器　利用霍尔效应原理来检测加速踏板的位置及其位置变化，如图5-36所示，丰田卡罗汽车用的就是这种加速踏板位置传感器。该传感器将永久磁铁安装在与加速踏板联动的轴上，霍尔元件则是固定的。当加速踏板位置变化时，与加速踏板联动的轴就会带动永久磁铁转动，从而改变永久磁铁与霍尔元件之间的相对位置，使作用在霍尔元件上的磁场强度发生变化，霍尔元件输出的电压相应地发生变化，ECU根据霍尔元件输出的电压即可确定加速踏板的位置及其位置变化。

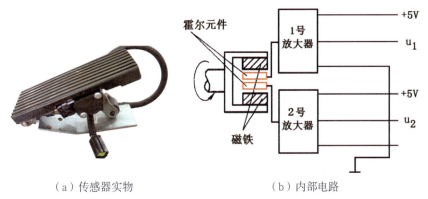

（a）传感器实物　　　　（b）内部电路

图5-36　霍尔式加速踏板位置传感器

霍尔式与双电位器式加速踏板位置传感器的外形式几乎一样，区别在内部，霍尔式加速踏板位置传感器内没有相互接触的运动零件，是非接触式，所以工作过程中没有磨损，寿命较长。但是霍尔元件产生的信号电压极低，因而需要放大，霍尔效应传感器内包含了霍尔元件和高增益集成电路放大器。霍尔元件的电压信号，通过放大器芯片处理后，输出两个电压信号跟电位计的相似，且两个信号都是2倍关系，ECU根据这两个电压信号判断出加速踏板位置。霍尔效应传感器不能用测电阻的方法来判断其好坏。而双电位器式的加速踏板位置传感器内部是接触的，也没有处理信号的芯片，可以用测电阻的方法来判断其好坏。

（4）差动电感式加速踏板位置传感器　主要由铁芯、感应线圈和线束插接器等组成，如图5-37所示。推杆与加速踏板联动，衔铁与推杆做成一体。加速踏板位置的变化带动衔铁在两个线圈中移动，使两个线圈内的自感电动势发生一增一减的变化，根据输出端线圈的电压信号即可确定加速踏板的位置。

2. 高压油泵

共轨式电控燃油喷射系统中，高压输油泵将低压输油泵输送来的燃油进一步加压，以达到共轨供油压力。高压输油泵为满足不同共轨系统的需要，除对燃油加压功能外，还可通过由ECU控制的电磁阀（调压阀）

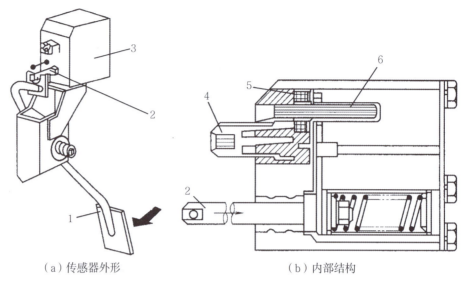

（a）传感器外形　　　　　　　　（b）内部结构

图 5-37　差动电感式加速踏板位置传感器

1- 加速踏板；2- 推杆；3- 加速踏板位置传感器；4- 线束插接器；5- 感应线圈；6- 衔铁

来控制向共轨输送的燃油量，实现共轨中燃油压力的控制。

高压输油泵常见的有直列柱塞式油泵和径向柱塞式油泵。由凸轮轴驱动的带有多个分泵的直列柱塞式油泵一般用于大型柴油机，径向柱塞式油泵一般用于小型柴油机。驱动高压输油泵凸轮轴上的凸轮有一个或多个，按每个凸轮上的凸起数可分为单作用型、双作用型、三作用型和四作用型等多种形式。采用多作用型凸轮，可实现凸轮每转一圈完成与凸轮凸起数相等的供油过程，在要求的输油泵供油量一定时，可以降低输油泵驱动装置的转速或输油泵的分泵数量，从而降低功耗，简化结构，但凸轮的凸起数一般不超过 4 个。为保证共轨中的压力稳定，要求高压油泵的供油频率与喷油频率相一致。无论是直列柱塞式高压油泵，还是径向柱塞式高压油泵，其分泵的数量、凸轮的凸起数量应与发动机的汽缸数量相匹配。如：四缸柴油机的喷油频率为每个工作循环喷油四次，若匹配每循环转一圈的柱塞式高压油泵，采用单作用型凸轮时应有 4 个分泵，若采用双作用型凸轮时应有 2 个分泵，采用四作用型凸轮时应有 1 个分泵；若高压油泵由曲轴驱动，每循环转两圈，则高压油泵的分泵数可减少一半。

（1）直列柱塞式高压油泵　以采用三作用型凸轮的直列柱塞泵为例，其结构如图 5-38 所示。直列柱塞式高压油泵与前面讲述的直列柱塞泵基本相同，主要由柱塞、柱塞套筒、柱塞回位弹簧、凸轮轴、滚轮体、出油阀（单向阀）、进油控制电磁阀等组成。发动机工作时，凸轮轴每转一圈，凸轮上的 3 个凸起轮流驱动柱塞压油，每个柱塞分泵可完成 3 个泵油过程。每个柱塞分泵的进油口处都安装一个进油控制电磁阀，用来控制分泵供油正时和供油量。高压油泵一般利用发动机润滑油进行强制润滑。

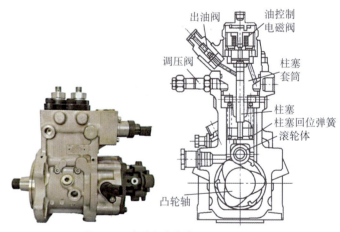

图 5-38　直列柱塞式高压油泵

直列柱塞式高压输油泵的泵油过程可分为吸油行程和压油行程，如图 5-39 所示。吸油行程：凸轮转过最大升程后，柱塞在回位弹簧作用下向下运行，泵油腔内容积增大，产生真空度；此时出油阀关闭，进油控制电磁阀处于断电开启状态，低压燃油经进油控制电磁阀被吸入泵油腔。压油行程：柱塞在凸轮驱动下向上运行,开始阶段进油控制电磁阀保持不通电的开启状态,这阶段为预行程,泵油腔内的部分燃油经进油控制电磁阀被压回低压腔,泵油腔内不能建立高压,出油阀保持关闭不向共轨供油;当ECU计算出满足必要供油量的供油正时、适时地给进油控制电磁阀通电时,进油控制电磁阀关闭回油通道,使泵油腔内燃油迅速增压,高压燃油顶开出油阀供往共轨,直到柱塞运行到上止点、进油控制电磁阀再次开启为止。进油控制电磁阀通电关闭的时刻即为高压输油泵供油开始时刻,进油控制电磁阀通电关闭的时间(即柱塞有效压油行程)决定供油量。

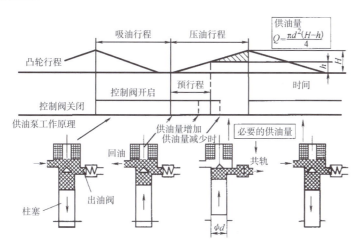

图 5-39 直列柱塞式高压输油泵工作原理

（2）径向柱塞式高压油泵　与直列柱塞式高压油泵相比,径向柱塞式高压油泵体积更小、结构更紧凑。以采用三作用型凸轮的径向柱塞式高压油泵为例,其结构如图 5-40 所示。三作用型凸轮的径向柱塞式高压油泵的凸轮有 3 个凸起,布置有 3 个径向柱塞式分泵,3 个分泵及凸轮的 3 个凸起均相互错开 120°,这样可使 3 个柱塞泵同时吸油、同时压油,且凸轮轴每转一圈,3 个分泵各完成 3 次泵油过程,即高压油泵完成 3 次供油。此高压油泵由发动机曲轴通过齿轮、链条或齿带驱动,且传动比为 1:1,则发动机每工作循环高压油泵供油 6 次,与六缸柴油机的喷油频率相同。径向柱塞式高压油泵的工件原理与直列柱塞式高压油泵基本相同。

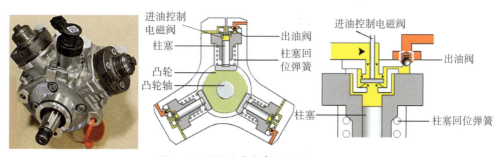

图 5-40 径向柱塞式高压油泵

3. 燃油计量阀（进油控制电磁阀）

燃油计量阀是一个比例电磁阀,一般安装在高压油泵的进油位置,由ECU输出的PWM(脉冲宽度调制)信号控制;ECU通过改变PWM信号的占空比来控制燃油计量阀的开度时间,控制进入柱塞的燃油量,从而控制共轨管压力,如图 5-41 所示。依据所应用的高压油泵型号以及具体控制策略的不同,其采用的燃油计量阀结构、特性、安装位置及电气接口形式略有不同,在维修更换时一定要注意区别,特别是根据缺省状态（断电情况下）特性的不同,燃油计量阀分为常开型和常闭型两种类型。在实际应用中可以根据共轨管上是否存在调压阀来进行判断。

4. 共轨

共轨的功用是储存高压燃油并根据需要分配给各喷油器,即起蓄能器的作用;同时共轨还能抑制高压油泵供油和喷油器喷油时引起的压力波动,以保持共轨中压力的稳定。共轨必须具有适当的容积,容积过小,不能保持共轨中压力的稳定,而容积过大,共轨中的压力响应速度变慢。

在共轨上一般都装有喷油器流量限制阀、共轨限压阀,如图 5-42 所示。在有的共轨上还安装有燃油压力传感器、调压阀。

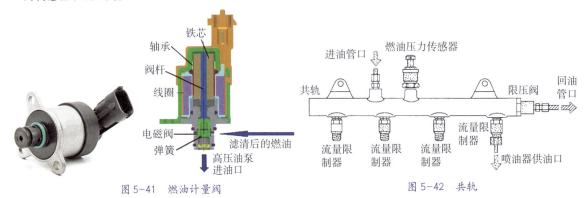

图 5-41 燃油计量阀　　　　　　图 5-42 共轨

(1) 共轨燃油压力传感器　如图 5-43 所示,通常安装在共轨上,用来测量共轨油压,ECU 根据此信号对共轨压力进行闭环控制。测定的压力范围一般为 0～200MPa。有的柴油机在低压燃油泵与滤清器之间也装有燃油压力传感器,它是用来监测柴油滤清器的堵塞情况的。

图 5-43 共轨燃油压力传感器

共轨燃油压力传感器的钢膜可保证燃油无法渗透,4 个可变电阻(应变元件)以惠斯通电桥方式集成在刚膜的外表面。当压力产生时,应变元件产生应变而使桥式电路的电阻发生改变,引起桥式电路的输出电压也发生改变,输出电压与钢膜所受的压力存在对应关系,输出电压信号再由计算电路放大并转换成输出信号。输出信号通过线束输送到控制单元,在控制单元内部通过特征曲线计算出共轨燃油压力。

(2) 调压阀　如图 5-44 所示,安装在高压输油泵出油口或共轨上,其功用是根据 ECU 的指令实现对共轨压力的闭环控制。在"时间-压力控制"方式的共轨系统中,ECU 主要根据燃油压力传感器的信号控制调压阀工作,通过调压阀保持共轨压力(即喷油压力)不变。在"压力控制"方式的共轨系统中,ECU 首先根据各种传感器的信号确定循环喷油量,并根据循环喷油量与共轨压力的函数关系,利用调压阀调节其共轨压力,使之达到预定喷油量所需要的目标值。

调压阀为占空比控制型电磁阀,其结构如图 5-44 所示。柴油机工作时,调压阀始终处于通电状态,电磁线圈产生的电磁力和弹簧力通过电枢共同作用在球阀上,共轨中的燃油压力则作用在球阀的底部;当共轨压力大于电磁力和弹簧力时,球阀开启共轨回油通道,使共轨压力下降;当共轨压力小于电磁力和弹簧力时，球阀关闭共轨回油通道，使共轨压力升高；当共轨压力与电磁力和弹簧力平衡时，球阀保持一定开度，使共轨压力保持稳定，此稳定的共轨压力取决于电磁力，电磁力越大，共轨压力越高。电磁线圈产生的电磁力与通电占空比成正比，共轨系统对共轨压力的控制就是由ECU通过调整电磁线圈的通电占空比来实现的。

（3）限压阀　一般安装在输油泵内或共轨上，其功用是限制共轨中的最高压力。限压阀的结构如图5-45所示，阀和弹簧被空心螺塞限制在阀体内部的空腔内，弹簧的预紧力根据规定的共轨最高压力调定。通常

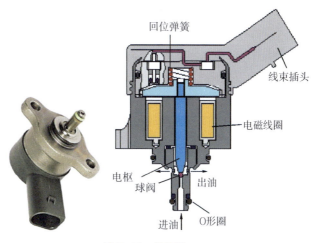

图5-44　调压阀

情况下，阀被弹簧压靠在阀体左侧的阀座上，限压阀处于关闭状态；当共轨压力超过规定值时，阀左侧承受的共轨压力超过右侧的弹簧力时，阀向右移动离开阀座，共轨中的燃油经限压阀流回油箱或输油泵进油侧，随着共轨中燃油的溢流，共轨压力下降，阀在弹簧力作用下重新回位，限压阀关闭。

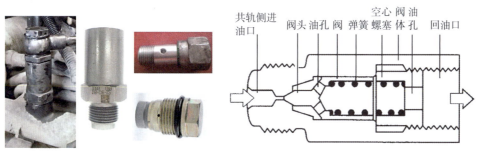

图5-45　限压阀

（4）流量限制阀（流量限制器）　共轨柴油机每个喷油器的供油通道中都安装有1个流量限制阀（又叫流量限制器），其功用是在异常情况下防止喷油器常开并持续喷油，即一旦某喷油器常开并持续喷油，导致共轨输出的油量超过一定限值，流量限制阀则会自动关闭该喷油器的供油通道。

流量限制阀的构造如图5-46所示，圆柱形金属外壳两端的外螺纹分别用来连接共轨和喷油器的供油管，壳体内部装有一个限制阀和限制阀回位弹簧，壳体两端的进、出油孔与其内部的限制阀腔贯通以便形成供油通道；限制阀上部直径较大的部分与限制器壳体精密配合，其中心油道通过径向节流孔与限制器内腔下部的弹簧室连通。

喷油器不喷油且无异常泄漏时，限制阀在弹簧作用下被顶在共轨一侧的堵头上，共轨中的高压油经进油孔、限制阀中心油道、节流孔、弹簧室、出油孔供给喷油器；当喷油器正常喷油时，由于喷油速率较高，由节流孔流出的油不足以补偿喷油器喷出的油量，所以限制阀下部（喷油器一侧）油压下降，共轨油压使限制阀压缩弹簧而向下移动，直到限制阀下部承受的油压和弹簧力与共轨油压平衡为止；当喷油器喷油结束后，共轨中的高压油继续经节流孔流出供给喷油器，使限制阀下部（喷油器一侧）的油压逐渐升高，限制阀也逐渐被弹簧推回到初始位置。

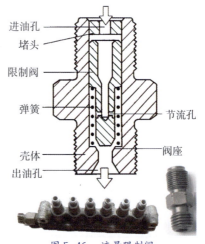

图5-46　流量限制阀

流量限制阀的弹簧和节流孔都是经过精确计算选定的，喷油器正常喷油时，限制阀向下移动的升程不足以使其落座而关闭；但喷油器若存在异常泄漏现象，限制阀的升程会随泄漏量的增多而增大，即使喷油结束后，限制阀也不能回到初始位置，直到泄漏量超过一定限值时，限制阀完全关闭停止给该喷油器供油。

5. 共轨喷油器

（1）高压共轨喷油器 高压共轨式柴油机的喷油器都是电/液控制式，主要由高速电磁阀和各种液压伺服机构组成。ECU通过控制高速电磁阀工作对喷油器喷油的开始时刻和喷油时间进行控制。液压伺服机构的工作油液就是共轨中的高压柴油。

高压共轨系统中所用的电/液控制式喷油器有两种类型：二位三通电磁阀式、二位二通电磁阀式。

① 二位三通电磁阀式喷油器。二位三通电磁阀式喷油器如图5-47所示，二位三通电磁阀安装在喷油器顶部，电磁阀主要由阀体、电磁线圈、内阀和外阀组成，内阀和电磁线圈均固定在阀体中，套装在内阀上的外阀与电磁阀的电枢做成一体，电磁阀通电和断电时，外阀则上下移动。内阀下部密封锥面与其阀座（位于外阀下部中心孔的内侧）控制喷油器控制室进油通道，外阀下部密封锥面与其阀座（位于阀体上）控制喷油器控

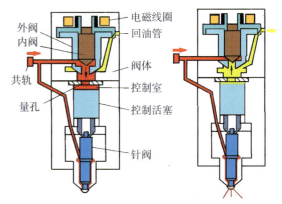

图5-47 二位三通电磁阀式喷油器

制室回油通道。电磁阀不通电时，外阀在其回位弹簧作用下保持在下端极限位置，此时外阀与其阀座压紧，内阀则离开其阀座，控制室的回油通道关闭、进油通道开启，共轨中的高压柴油进入控制室；尽管喷油器下部的油腔始终与共轨中保持相等的高压（油腔与油轨经油道连通），但喷油器针阀的承压锥面比控制活塞上部承压面小，加之针阀上的回位弹簧弹力，所以电磁阀断电使高压油进入控制室时，喷油器不喷油。当ECU接通电磁阀电路时，产生的电磁力将外阀向上吸起，外阀离开其阀座，内阀则与其阀座压紧，控制室的回油通道开启、进油通道关闭，从而使控制室油压迅速下降，喷油器油腔内的高压油将针阀顶起开始喷油，直到电磁阀再次断电使高压油进入控制室时，喷油器喷油结束。

② 二位二通电磁阀式喷油器。二位二通电磁阀式喷油器与上述二位三通电磁阀式喷油器的结构原理基本相同，主要区别是只用电磁阀控制喷油器控制室的回油通道，而不控制进油通道，但进油通道中装有节流孔，如图5-48所示。来自共轨中的高压柴油进入喷油器后分成两路，一路直接进入喷油器下部的油腔，另一路经过节流孔进入控制室；电磁阀不通电时，控制室回油通道关闭，控制室与喷油器下部油腔内的油压相等，在控

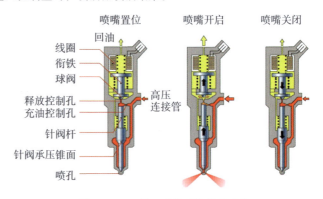

图5-48 二位二通电磁阀式喷油器

制活塞（相当于一个顶杆）上部油压和回位弹簧力作用下，使喷油器针阀关闭，喷油器不喷油；电磁阀通电时，控制室回油通道开启，作用在液压活塞上部的油压迅速下降，喷油器下部油腔内的高压燃油将针阀顶开，使喷油器开始喷油，直到电磁阀再次断电时，喷油结束。

（2）压电式喷油器 压电元件是具有正、反向压电效应的电子元件，即当压电元件受到外力导致变形时，会在压电元件两端产生电压，压电式进气歧管压力传感器、爆燃传感器等都利用这一原理来工作的；反之，在压电元件两端施加电压，压电元件也会发生形变（施加正向电压体积膨胀、施加反向电压体积收缩），压电式喷油器就是利用这一原理来使喷油器控制室油道通断或针阀升程改变，从

而实现对喷油量和喷油正时的控制。压电元件响应速度快,可实现高频率(为电磁阀的5倍)切换、高精度控制,实现多次喷射,满足最佳喷油规律的要求。

① 用压电元件控制油道的喷油器。此类喷油器的结构原理与前述高压共轨、中压共轨系统采用电磁阀控制的喷油器基本相同,只是用压电元件取代了电磁阀,所以高压共轨系统和中压共轨系统均可使用。Bosch公司生产的压电式共轨系统一般采用此类喷油器。

② 压电元件控制针阀升程的喷油器。用压电元件控制针阀升程的喷油器在直喷式汽油机和柴油机上都已得到应用,其结构如图5-49所示,传统的柴油机喷油器,都是利用燃油压力作用在针阀中部的承压锥面上,来使针阀开启实现喷油,而用压电元件控制针阀升程的喷油器,则是利用压电元件直接控制针阀升程来实现喷油。因此,用压电元件控制针阀升程的喷油器,针阀中部无承压锥面和相应的压力室,称之为无压力室喷油器(VCO喷油器)。VCO喷油器无增压功能,只适用高压柴油共轨系统。

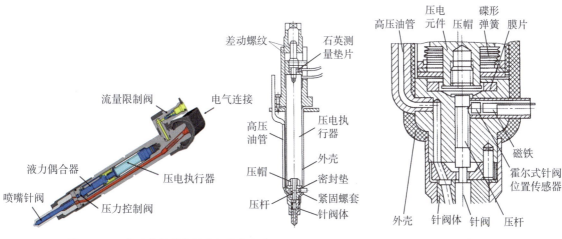

图 5-49　压电元件控制针阀升程的喷油器　　图 5-50　VCO 喷油器下部结构

VCO 喷油器下部结构如图 5-50 所示。根据 ECU 的控制信号,向压电元件施加正向电压时,压电元件膨胀而使喷油器针阀关闭,喷油器不喷油;给压电元件施加反向电压时,压电元件收缩而使喷油器针阀开启,喷油器开始喷油。为保证喷油器不喷油时,压电元件能将针阀压紧,依靠给压电元件施加正向电压显然会导致电能损耗,所以在喷油器顶部设有差动螺纹,可通过差动螺纹来调整压电元件的刚度(即预压力),而石英测量垫片则用来精确测量差动螺纹的调整量。

6. 其他传感器

(1) 燃油含水率传感器　如图 5-51 所示,是一个安装在油水分离器下部的开关,当燃油中的水分在油水分离器内达传感器两极的高度时,利用水的导电性将两极短路,水位报警灯亮,分离器中的水分达到一定程度时,故障灯不亮,提示驾驶员放水。可用万用表测量传感器各针脚之间的电阻来判断传感器是否存在故障,正常情况下,1、2 针脚间的电阻无穷大;2、3 针脚之间电阻为 4 MΩ;1、3 针脚之间电阻为 1.5~2.5 MΩ。

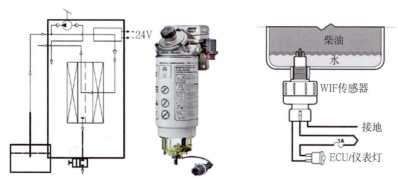

图 5-51　燃油含水率传感器

（2）压力传感器　柴油机电控系统中用到的压力传感器主要有进气管绝对压力传感器、增压压力传感器、大气压力传感器、排气压力传感器、压差传感器、燃油压力传感器。

进气管绝对压力传感器安装在进气管中，用来检测进气管内的绝对压力，ECU根据此信号确定进气量，以便根据进气量对供（喷）油量进行控制，保证最佳的混合气浓度，测定的压力范围一般为2～400kPa；增压压力传感器安装在增压器出口侧的进气管中，用来检测增压器的实际增压压力，ECU根据此信号进行增压控制，测定的压力范围一般为2～400kPa；大气压力传感器通常安装在ECU内或发动机室内，其功用是检测实际环境的大气绝对压力，ECU根据此信号校正与大气压力有关的、用于闭环控制回路的设定值，如废气再循环闭环控制、增压压力闭环控制，测定的压力范围一般为60～150kPa；排气压力传感器通常安装在颗粒过滤器前的排气管中，用来检测颗粒过滤器前的排气背压，ECU根据此信号确定颗粒过滤器是否需要再生，测定的压力范围一般为0～35kPa；燃油压力传感器通常安装在共轨上，用来检测共轨油压，ECU根据此信号对共轨压力进行闭环控制，测定的压力范围一般为0～200MPa。有些柴油机的低压燃油泵与滤清器之间也装有燃油压力传感器，利用它来监测柴油滤清器的堵塞情况。

柴油机电控系统中，应用比较广泛的压力传感器主要有压敏电阻式、压电式和电容式三种，三种传感器的工作原理在汽油机电控燃油供给系统中已作介绍，在此不再重述。

（3）压差传感器　柴油机电控系统中用到的压差传感器主要有空气滤清器压差传感器、EGR（废气再循环）压差传感器和DPF（颗粒过滤器）压差传感器等。空气滤清器压差传感器用来检测空气滤清器前后的压力差，确定空气滤清器的堵塞情况，以便提示更换或保养空气滤清器；EGR压差传感器用来检测EGR阀前后的压差，以便对EGR进行控制；DPF压差传感器用来检测DPF两端的压差，供ECU选择合适的"再生触发"时机及额外燃料注入量或控制压缩空气脉冲。

压差传感器的结构原理与压力传感器基本相同，只是压差传感器的测量元件的两侧均为压力气室，一侧为低压气室，另一侧为高压气室，如图5-52所示。压差传感器低压气室与空气滤清器、颗粒过滤器或EGR阀的低压侧连通，高压气室与空气滤清器、颗粒过滤器或增压EGR阀的高压侧连通，压力传感器检测的压力即为空气滤清器、颗粒过滤器或EGR阀前、后的压力差。压力传感器实际也可看作是压差传感器，只是检测的压力为相对于绝对压力为0的压差。

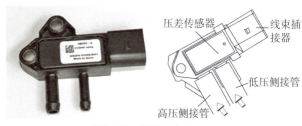

图5-52　压差传感器

一、任务准备

（1）设备　潍柴共轨柴油机1台，维修资料，工具车，工作台等。

（2）工具和量具　常用工具1套，万用表，T型线，抹布等。

二、实施步骤

步骤1　断开连接器	

1. 找到高压共轨压力传感器位置	2. 断开共轨压力传感器连接器

步骤 2　断开电脑连接器	
	关闭整车电源，断开电脑连接器
步骤 3　线路检测	
	1.打开维修手册找到共轨压力传感器与ECU对应端子的连接线路图 2.参考电路图，使用万用表的电阻挡分别测量对应端子的线路导通情况 3.如有断路情况需修复线路，如线路正常进行下一步电压测量
步骤 4　电压检测	
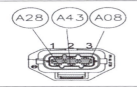	1.安装好ECU连接器，打开整车电源和点火开关 2.测量 3# 端子与搭铁电压是否为 5V 3.测量 2# 端子与搭铁电压是否为 0～5V
步骤 5　结束工作	
1.安装好传感器连接器 2.安装好电脑连接器 3.整理好工作台 4.分类收集废弃物 5.用拖把清洁地面	

共轨压力传感器的检修

一、填空题

1. 位置控制式电控直列柱塞泵喷油量的控制是通过ECU控制＿＿＿＿＿＿来实现的。

2. 位置控制式电控直列柱塞泵供油正时的控制系统主要由＿＿、＿＿、＿＿、＿＿和ECU等组成。

3. 柴油机共轨电控燃油喷射系统主要由＿＿、＿＿、＿＿、＿＿、各类传感器和执行器等几个部分组成。

4. 调压阀安装在＿＿＿＿或＿＿＿上，其功用是根据ECU的指令实现对共轨压力的闭环控制。

5. 限压阀（又称限压阀）一般安装在＿＿＿或＿＿＿上，其功用是限制共轨中的最高压力。

6. 柴油机电控系统中，应用比较广泛的压力传感器主要有＿＿＿、＿＿＿和＿＿＿三种。

7. 现代汽车多是采用电子油门，电子油门的踏板有＿＿＿和＿＿＿两种。

8. 单电位器式加速踏板位置传感器一般由＿＿＿和＿＿＿组成。

9. 双电位器式加速踏板位置传感器采用冗余控制，即传感器是由两个同步的电位器组成，两个传感器信号为＿＿＿关系。

10. 高压输油泵常见的有＿＿＿式油泵和＿＿＿式油泵两种。

二、判断题

1. 电控柴油机高压共轨系统中限压阀的作用是当压力过大时，限压阀打开回油道来控制共轨压力。（   ）
2. 电控柴油机启动时的喷油量一般由进气温度来决定。（   ）
3. 曲轴位置传感器通常可分为电磁式、霍尔式和光电式等三种类型。（   ）
4. 电控柴油机中的进气温度传感器失效会导致进入增扭控制模式，会造成功率不足、最小转速受限。（   ）
5. 柴油机正常工作时，输油泵的供油量总是大于喷油泵的需油量。（   ）
6. 电控柴油机高压共轨系统中的喷油器是根据喷油泵的工作次序来控制喷油时间和喷油质量的。（   ）
7. 电控柴油机高压共轨管的作用是积累和分配高压燃油，降低燃油压力波动。（   ）
8. 柴油机高压共轨电控燃油喷射系统的燃油喷射压力受发动机转速和喷油泵供油压力的影响。（   ）
9. 柴油机电控系统由控制器、继电器和电线组成。（   ）
10. 柴油机电控燃油喷射系统只有喷油量控制和喷油压力控制两种功能。（   ）
11. 高压共轨喷油器中喷油器下部的油腔始终与共轨中保持相等的高压。（   ）
12. 压电共轨系统受电磁阀工作特性的限制，可以实现多次喷射功能。（   ）

三、选择题

1. 柴油机电控燃油喷射系统的功能主要包括：（   ）、喷油正时控制、喷油速率控制、喷油压力控制、低油压保护、增压器工作状况保护等。

   A. 喷油量控制　　　B. 喷油角度控制　　　C. 喷油温度控制　　　D. 喷油位置控制

2. 柴油机电控燃油喷射系统的功能主要包括：喷油量控制、（   ）、喷油速率控制、喷油压力控制、低油压保护、增压器工作状况保护等。

   A. 喷油角度控制　　　B. 喷油正时控制　　　C. 喷油温度控制　　　D. 喷油位置控制

3. 柴油机的电控系统由（   ）、传感器、执行器及线束组成。

   A. 控制阀　　　B. 显示器　　　C. 继电器　　　D. 控制器

4. 柴油机高压共轨电控燃油喷射系统喷油量取决于（   ）。

   A. 发动机负荷　　　　　　　　　B. 喷油泵供油压力
   C. 喷油器电磁阀通断电时间长短　D. 发动机转速

5. 水温传感器、油门踏板位置传感器、进气温度传感器上面的参考电压是（   ）。

   A. 12V　　　B. 24V　　　C. 5V　　　D. 不一定

6. 冷却液温度、机油温度及进气温度传感器一般采用（   ）电阻制成。

   A. 正温度系数的热敏　　　B. 负温度系数的热敏
   C. 正温度系数的光敏　　　D. 负温度系数的光敏

7. 柴油机高压共轨电控燃油喷射系统喷油正时决定于（   ）。

   A. 发动机负荷　　　　　　B. 喷油器电磁阀通断电时刻
   C. 喷油泵供油压力　　　　D. 发动机转速

8.柴油机高压共轨电控燃油喷射系统喷油器的喷油压力决定于（　　）。

　　A.发动机负荷　　　　　　　　B.发动机转速

　　C.喷油泵供油压力　　　　　　D.共轨管内的油压

9.电控柴油机高压共轨管的作用之一是降低因柱塞的间歇性供油产生的波动及（　　）产生的波动，保持油压的稳定。

　　A.电动输油泵供油　　　　　　B.喷油器短暂喷射

　　C.发动机转速变化　　　　　　D.发动机负荷变化

10.电控柴油机高压共轨系统中的喷油器是根据（　　），通过控制电磁阀的开启和关闭来控制喷油时间和喷油质量的。

　　A.发动机的负荷信号　　　　　B.发动机的转速信号

　　C.ECU发出的控制信号　　　　D.喷油泵的喷油压力

11.电控柴油机高压共轨系统安装（　　）的作用是当燃油压力过大时，限压阀打开回油道来控制共轨压力。

　　A.限压阀　　　B.电磁阀　　　C.流量阀　　　D.方向阀

12.电控柴油机中的进气温度传感器的作用包括测量进气温度、修正喷油量、（　　）、最大功率保护等。

　　A.供气量　　　B.喷油正时　　C.点火正时　　D.共轨压力

13.曲轴位置传感器通常可分为（　　）、霍尔式和光电式等三种类型。

　　A.电磁式　　　B.电阻式　　　C.电压式　　　D.电流式

14.电控柴油机启动时的喷油量一般由（　　）温度来决定。

　　A.机油　　　　B.进气　　　　C.排气　　　　D.冷却液

15.（　　）电磁阀式喷油器与二位三通电磁阀式喷油器相比，前者的控制灵活性较好，制造成本低，但在循环供油量较大时，其效率较低。

　　A.二位四通　　B.三位二通　　C.二位二通　　D.三位四通

四、名词解释

1.预喷射

2.后喷射

3.多次喷射

五、简答题

1.简述电控柴油机与电控汽油机的区别。

2.简述柴油机电控燃油喷射系统的功能要求。

3.简述燃油计量阀的功用。

4.简述共轨的功用和技术要求。

5.简述流量限制阀的功用。

任务二　共轨柴油机常见故障的诊断与排除

知识目标：

1. 了解共轨柴油机无法启动、启动困难、怠速不稳、跛行回家状态等常见故障的故障现象和故障原因；
2. 掌握共轨柴油机无法启动、启动困难、怠速不稳、跛行回家状态等常见故障的排除方法；
3. 掌握共轨柴油机的高压油泵、喷油器、共轨管、ECU、传感器等主要部件故障现象、故障原因及检查排除方法。

能力目标：

1. 会分析共轨柴油机无法启动、启动困难、怠速不稳、跛行回家状态等常见故障的原因；
2. 会排除共轨柴油机无法启动、启动困难、怠速不稳、跛行回家状态等常见故障；
3. 会检测排除共轨柴油机高压油泵、喷油器、共轨管、ECU、传感器等主要部件的故障。

电控共轨柴油机无法启动、启动困难、怠速不稳、动力不足、跛行回家状态等故障现象的故障原因较为复杂，有机械系统、压缩系统、进排气系统、电气系统等传统柴油机方面的原因，也有电控系统、共轨系统方面的原因。柴油机出现故障时，一般应采用先易后难逐一排除方法排除故障；在未弄清产生故障的问题前，不要轻易更换任何配件；读取故障代码后要注意及时记录故障代码；在确认故障原因前不要轻易清除故障代码。

一、电控共轨柴油机启动电路故障的排除

1. 故障现象

打开点火开关，启动机没有反应。

2. 故障原因分析及故障排除方法

① 检查变速器换挡杆是否处于空挡，在换挡杆处于空挡状态下，检查空挡开关输出的是否为空挡信号；电控共轨柴油机的启动机一般由ECU控制，ECU必须接收到空挡开关处于空挡的信号（有的发动机还要求有离合器开关信号或刹车信号）后，才能给启动继电器提供信号控制启动机的启动。

② 检查蓄电池电压是否过低，过低要及时充电。

③ 检查电源总开关是否处于打开状态；电源总开关、钥匙开关是否存在短路、断路等现象；必要时进行修理或更换。

④ 用启动线缆接蓄电池和启动机检查，确认故障是否是启动机问题，若是启动机问题可以进行检测修理或更换。

⑤ 检查整车启动线路是否存在接触不良、破损短路等现象；逐项检查启动电路保险丝和继电器是否存在问题，必要时进行修理或更换。

⑥ 对于由电脑控制启动电路的汽车，还要检查 ECU 是否存在问题（在后面学习）。

二、电控共轨柴油机无法启动故障的排除

1. 故障现象

启动机运转正常，柴油机确无法启动。

2. 故障原因分析及故障排除方法

① 检查蓄电池电量是否充足。

② 检查启动机电路是否存在接触不良或短路现象。逐段检查启动电路的阻值或启动停机后立即检查启动线路各处的温度，查找启动线路接触不良的部位。

③ 跨温差较大区域运行车辆时，检查是否存在柴油的标号不对，导致低压油路结蜡引起燃油失去流动性，堵塞油路和滤芯的问题。

④ 检查空气滤清器是否脏污，进气管路有无变形、弯折、老化引起的进气不畅通；检查进气管路是否存在破损漏气的问题；检查排气管是否存在不畅通的问题。

⑤ 检查油路开关是否处于打开位置；检查油箱油量是否不足；滤芯沉淀杯内水面是否过高；油箱通气阀是否堵塞；低压油管是否有弯折现象；油管内径是否过小；检查低压油路（包括回油管路）部件是否存在堵塞部位；仔细逐段检查低压油路是否存在漏气并排除油路内空气。

⑥ 检查 ECU 工作情况（通过发动机启动时 ECU 自检情况判断）。若 ECU 没有工作，检查 ECU 供电线路是否存在接触不良、破损短路等现象；检查 ECU 供电线路的保险丝和继电器是否存在问题，必要时进行修理或更换；检查 ECU 端的供电电压是否满足要求，ECU 的接地线是否存在问题。

⑦ 若 ECU 电源检查无异常，供电线路电压符合规定，但连接诊断设备不能通信；用万用表测 ECU1.04 针脚无电压或输出电压不符合规定，可以判断 ECU 已损坏。

⑧ 用故障诊断仪读出故障码，确定故障范围。根据故障码指定的范围检查相应各传感器、执行器的线路、插头和元件本身是否存在问题，具体参考后面的"电控共轨柴油机主要部件的故障分析"。

⑨ 用故障诊断仪检查飞轮信号盘与油泵凸轮信号盘是否同步。

⑩ 用故障诊断仪进一步检查是否正常建立轨压，如轨压不正常，有可能是喷油器、共轨管、高压油泵、ECU 引起，具体参考后面的"电控共轨柴油机主要部件的故障分析"。

⑪ 最后检查柴油机转动是否灵活，配气相位是否准确，压缩比是否正常等。

三、电控共轨柴油机启动困难故障的排除

1. 故障现象

启动机运转正常，柴油机能启动，但启动时间较长。

2. 故障原因分析及故障排除方法

电控共轨柴油机启动困难的原因很多都会导致无法启动，如蓄电池电量不足，启动机电路接触不良，进排气不畅，高、低压油路不畅，高、低压油路内有空气，轨压不足，柴油机转动阻力大，配气相位不准确，压缩比不足，飞轮信号盘与油泵凸轮信号盘信号不同步等，检查与排除故障的方法与无法启动故障是一样的，可以参考前面的内容，这里不再重复讲述。曲轴或凸轮轴信号若同时缺失则会造成无法启动，但若只是其中的一个信号缺失，只会造成启动困难。

四、电控共轨柴油机怠速不稳故障的排除

1. 故障现象

柴油机怠速时，转速忽高忽低，转速不能保持稳定。

2. 故障原因分析及故障排除方法

① 检查低压油路滤芯沉淀杯内水面是否过高；油箱通气阀是否堵塞；低压油管是否有弯折现象；

油管内径是否过小；低压油路（包括回油管路）部件是否存在堵塞或漏气部位；进、排气管路是否存在堵塞；油品标号是否符合环境温度要求。

② 检查各类传感器插头、线束是否正常。

③ 用故障诊断仪检查轨压是否正常，若不正常，有可能是喷油器、共轨管、高压油泵、ECU 引起，请参考"电控共轨柴油机主要部件的故障分析"。

④ 检查电子油门踏板是否失效。若柴油机启动后转速始终运行在 1000r/min，油门踏板不起作用，则说明油门踏板信号异常。用诊断仪检测油门踏板电压，看两倍信号关系是否成立，若不成立，检查线路连接是否正常。

五、电控共轨柴油机进入跛行回家状态

1. 故障现象

柴油机运行过程中，转速只能达到 1500r/min，继续踩油门踏板转速不再提升，发动机出现动力不足等现象。

2. 故障原因分析及故障排除方法

① 检查低压油路滤芯沉淀杯内水面是否过高；油箱通气阀是否堵塞；低压油管是否有弯折现象；油管内径是否过小；低压油路（包括回油管路）部件是否存在堵塞或漏气部位；进、排气管路是否存在堵塞；油品标号是否符合环境温度要求。

② 检查曲轴转速传感器信号是否正常；若不正常，检查曲轴转速传感器安装间隙、表面脏污情况、线圈阻值及输出信号情况，必要时进行清洁、调整或更换。

③ 用故障诊断仪读出水温传感器信号与实测水温信号对比，判断水温传感器信号是否正常，若不正常，检查插头连接情况和导线阻值，测量传感器不同温度下的阻值是否正常，必要时进行更换。

④ 检查进气压力和进气温度传感器信号是否正常，若不正常，检查线束插头是否松动或进气压力传感器损坏。

⑤ 用故障诊断仪检查飞轮信号盘与油泵凸轮信号盘是否同步。

⑥ 使用故障诊断仪检查进一步检查是否正常建立轨压，如轨压不正常，有可能是喷油器、共轨管、高压油泵、ECU 引起，请参考"电控共轨柴油机主要部件的故障分析"。

六、电控共轨柴油机主要部件的故障分析

这部分主要学习共轨柴油机高压油泵、喷油器、共轨管、ECU、传感器等主要部件的故障现象、故障原因及排除方法。

1. 喷油器故障

喷油器故障主要表现为共轨柴油机动力不足、冒黑烟、启动困难、跛行回家等故障现象。

（1）喷油器雾化不良　原因是喷口处积炭严重。可以清除喷口处积炭，若如故障仍不能消除，则更换喷油器。

（2）喷油器不喷油　原因是喷油器卡死在关闭状态。更换喷油器。

（3）喷油器喷口处滴油　原因是针阀卡死在常开位置或喷油器针阀磨损造成密封不严。更换喷油器。

（4）单个喷油器回油量大或与其他喷油器差别较大　原因是回油柱塞锥面磨损密封不严。更换喷油器。

（5）喷油器接线铜套或垫片变形损坏　原因是安装时定位不准造成变形或拧紧时用力过大。更换铜套或垫片。

（6）接线柱螺帽松动造成喷油器线束松动或磨破与缸盖短路　原因是螺帽、线束固定不牢。固定好螺帽、线束。

（7）喷油器电磁阀损坏　原因是短路或其他原因导致电流过大而烧坏。更换喷油器。

2. 高压油泵故障

高压油泵故障主要表现为共轨柴油机不能启动、启动困难、跛行回家等故障现象。

检查高压油路时，断开高压油泵出油管，用启动机以 200～250r/min 的转速带动柴油机，高压油泵出油口油柱约 4～5cm 为正常。

（1）高压油泵出油管不出油　原因有柱塞腔内有空气、齿轮泵内部有空气或柱塞磨损。排除空气或更换高压油泵。

（2）燃油计量阀常开或常闭　原因是线束插头接触不好、燃油计量阀损坏。重新拔插插头或更换燃油计量阀。

（3）燃油计量阀插头接触不良　原因是插头松动或脏污。清洁桩头并重新拔插。

（4）高压油泵正时齿轮正时不正确　原因是油泵安装时齿轮正时出错。重新按照工艺要求调整。

3. 共轨管故障

高压共轨柴油机共轨管故障主要表现为启动困难、跛行回家等故障。

用诊断仪检查，轨压始终达不到启动要求最低压力或轨压始终在 200MPa 以上。

（1）轨压始终达不到启动要求最低压力　原因是限压阀密封不严或限压阀弹簧失效造成轨压不到规定值就有燃油从限压阀泻出，或者轨压传感器有故障。更换限压阀或共轨管。

（2）轨压始终大于最高理论轨压　原因有插头接触不良或轨压传感器损坏。重新拔插插头或更换轨压传感器。

4. ECU 故障

共轨柴油机 ECU 故障主要表现为柴油机不能启动、熄火等故障。

（1）诊断仪与 ECU 通讯失败、冷启动时 ECU 不自检　主要原因有 ECU 供电线路出现问题、ECU 损坏、ECU 针脚弯曲或折断、ECU 针脚短路等。检查 ECU 供电线路有关的保险丝、继电器、插头、顺直针脚或更换 ECU。

（2）ECU 被大电流击穿　原因有线路短路或焊接时未将 ECU 插头拔掉。更换 ECU。

5. 传感器故障

共轨柴油机各类传感器的功能不同，失效后导致的结果也不同。轨压传感器提供共轨管内压力，是共轨系统最关键的传感器之一，失效后会导致限压阀常开、回油温升、跛行回家；水温传感器提供冷却液温度信号，影响到进气加热状态与热保护功能，失效后跛行回家；机油压力温度传感器提供机油压力和温度信号，失效后机油压力报警和响应、跛行回家；进气压力温度传感器提供进气压力与温度参数，失效后柴油机冒黑烟、白烟，跛行回家；曲轴转速传感器提供曲轴位置信号、转速信号，失效后启动困难；凸轮轴转速传感器提供判缸信号、转速信号，失效后启动困难、跛行回家。

（1）传感器硬件损坏　原因是安装时造成插头损坏或传感器本体损坏。更换新传感器。

（2）传感器电气特性不正确　原因是传感器由于电路原因损坏。更换新传感器。

（3）线束插接件接触不良或损坏　原因有未插牢或操作时损坏插头。可以重新拔插或更换线束。

（4）线束断路、短路　原因主要有接线胶皮磨损或线束断开。恢复防护或更换线束。

1. 共轨柴油机无法启动的故障原因有哪些？
2. 写出共轨柴油机无法启动的排故流程。
3. 共轨柴油机怠速不稳的故障原因有哪些？

单元六　润滑系统

单元描述

发动机工作时，相对运动的零件表面之间必然会产生摩擦，摩擦将导致零件的磨损和温度升高，磨损下来的金属屑附着在工作表面上将加剧零件的磨损。润滑系统的主要功用是润滑、冷却、清洗、密封、减振、防锈、液压控制等。润滑系统主要由油底壳、机油泵、机油滤清器、限压阀、旁通阀、机油压力表、机油标尺和散热装置等组成。

本单元的主要任务包括：通过对润滑系统的组成和基本工作过程的学习，熟悉汽车发动机润滑系统的组成，各主要总成的结构、工作过程，能正确使用、维护、保养，熟练拆装润滑系统的主要部件，具备分析润滑系统常见故障的原因和检查润滑系统的能力。

项目一　润滑系统的构造与检修

项目导入

发动机工作时，各运动零部件均以一定的力作用在另一个零部件上，并且发生高速的相对运动，如活塞与汽缸壁、曲轴轴承、连杆轴承等。相对运动使得零部件表面必然产生摩擦，引起剧烈磨损。为了减小摩擦阻力，减轻磨损，延长发动机使用寿命，发动机必须设有润滑系统。本项目主要学习掌握润滑系统的作用和组成，会拆装和检测润滑系统的主要零部件，会检查更换机油。

任务　润滑系统主要部件的拆装与检测

知识目标：
1. 熟悉润滑系统的组成；
2. 识别整车上的润滑系统组件。

能力目标：
会正确更换机油和机油滤清器。

本任务主要是让学生了解润滑系统的功用及类型，认知润滑系统的组成及工作过程，掌握润滑系统主要组件的构造；并且会选择合适的工具对机油和机油滤清器进行更换。

单元六 润滑系统

一、润滑系统的功用与类型

为了确保发动机正常工作，必须对相对运动零件的表面加以润滑，润滑工作是由润滑系统来完成的。

1. 润滑系统的功用

（1）润滑作用　机油对运动零件表面润滑，减小摩擦阻力和磨损，减小发动机的功率消耗。

（2）冷却作用　机油在润滑系统内循环，带走摩擦副产生的部分热量，起到冷却作用。

（3）清洗作用　机油在润滑系统内不断循环，清洗摩擦表面，带走磨屑和其他杂质。

（4）密封作用　机油在运动零件之间形成油膜，提高它们的密封性，有利于防止漏气或漏油。

（5）防锈蚀作用　机油在零件表面形成油膜，阻隔零件与大气中的水、燃烧时产生的酸性气体等接触，对零件表面起保护作用。

（6）减振缓冲作用　机油在运动零件表面形成油膜，吸收冲击能量，起到缓冲、减振的作用。

（7）液压控制作用　机油可用作液压油，起液压控制作用，如液压挺柱和奥迪的可变配气相位控制等。

2. 润滑系统的类型

发动机按润滑油的供给方式不同分为压力润滑、飞溅润滑、综合润滑等。

润滑油在机油泵的作用下以一定的压力，通过专设的油道输送到摩擦表面叫压力润滑。这种方式润滑可靠，并有较强的冷却和清洗作用，适用于相对速度较高、负荷较重的摩擦表面，如曲轴主轴承、连杆轴轴承、凸轮轴轴承、摇臂轴承等。靠运动零件击溅起来的润滑油油滴或油雾，直接落在摩擦表面或经集油孔收集后流到摩擦表面进行润滑的叫飞溅润滑。这种方式适用于速度较低、负荷较小的零件以及不易实现压力润滑零件的润滑，如汽缸壁、连杆小头衬套、活塞销座、配气凸轮及挺柱、正时齿轮等部位。汽车发动机同时采用压力和飞溅分别对不同部位零件的摩擦表面润滑。这种润滑系统称为综合式润滑系统。

二、润滑系统的组成

润滑系统主要由油底壳、机油泵、机油滤清器、限压阀、旁通阀、机油压力表、机油标尺和散热装置等组成，如图 6-1 所示。

1. 油底壳

油底壳主要用来储存润滑油，并封闭上曲轴箱，一般用薄钢板冲压而成，其形状取决于发动机的总体布置和机油的容量。油底壳的容量除了要满足润滑系统工作时最大循环油量的要求，还应考虑机油自然散热的需求。容量大则机油在油底壳内停留时间长，散热多，但受到结构尺寸限制，不可能做得太大。油底壳底部装有放油螺塞，放油螺塞上通常装有永久性磁铁，以吸附润滑油中的金属屑，减少发动机的磨损。

2. 机油泵

机油泵的功用是提高机油压力并保证一定的流量，向各摩擦表面强制供油，使发动机需要润滑的部位得到可靠的润滑。机油泵一般有齿轮式和转子

图 6-1　润滑系统的组成

式两种，齿轮泵又分为外齿轮泵和内齿轮泵，内齿轮泵由于内外齿轮之间有月牙隔墙，内齿轮泵又称为月牙泵，如图 6-2 所示。

（a）外齿轮泵

（b）内齿轮泵

（c）转子泵

图 6-2　机油泵的分类

齿轮式机油泵工作原理

（1）齿轮式机油泵　具有工作可靠、泵油压力高、结构简单、使用寿命长等优点，被广泛用于各种发动机。外齿轮式机油泵的构造及工作原理如图 6-3 所示，在油泵壳体内装有主动齿轮和从动齿轮，齿轮与壳体内壁之间的间隙很小，壳体上有进、出油口。油泵工作时，齿轮按图中所示箭头方向旋转，吸油腔的容积由于齿轮脱离啮合而增大，腔内产生一定的真空度，机油便从进油口被吸入。随着主从动齿轮的旋转，机油被带到压油腔内。在压油腔一侧齿轮进入啮合，压油腔容积减小，油压升高，油经出油口被送到出油管中。机油泵通常由曲轴前端的正时齿轮或凸轮轴齿轮驱动，发动机工作时，机油泵不断工作，从而保证机油在润滑油路中不断循环。

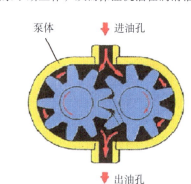
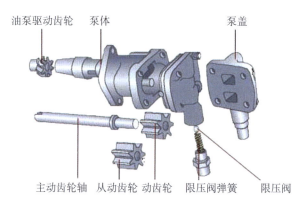

图 6-3　外齿轮式机油泵的构造及工作原理

齿轮式机油泵的工作性能，主要取决于油泵齿轮与壳体间的配合间隙（端面间隙和径向间隙）。当间隙过大时，机油泄漏严重，机油压力降低，油量减少，甚至使油泵不能供油；间隙过小时，使齿轮与泵体接触，产生严重磨损。因此，对上述端面间隙和径向间隙都有严格的要求。泵盖与泵体间装有很薄的密封垫，既可以防止漏油，又可用来调整泵盖与主、从动齿轮间的间隙。

转子式机油泵泄压原理

（2）转子式机油泵　采用内啮合方式，具有结构紧凑，吸油真空度高，泵油量大，供油均匀，噪声小等优点。当机油泵安装在曲轴箱外且位置较高时，用这种机油泵较为合适。转子式机油泵的构造和工作原理如图 6-4 所示。转子式机油泵主要由外转子、内转子、泵体和泵轴组成。泵体的端面处加工有两个相互隔开的配油槽，分别与进油道和出油道相通。内转子固定在泵轴上，外转子空套在泵体内。内转子有四个凸齿，外转子有五个凹齿，它们相互啮合，可以看作是一对只相差一个齿的偏心内啮合齿轮传动，其转速比为 5:4。油泵工作时，内外转子之间被分隔成四个容积不断变化的空腔。在进油道一侧的配油槽处，内外转子脱开啮合，容积逐渐增大，产生真空度，机油被吸入空腔内。转子继续旋转，机油被带到出油道一侧的配油槽处，内外转子进入啮合，油腔容积逐渐减小，机油压力逐渐升高并从配油槽处送出。转子式机油泵的工作性能，主要取决于内外转子与壳体间的端面间隙，为此，在盖板与壳体之间装有很薄的耐油纸调整垫片。

（3）机油泵的供油量　机油泵应具有一定的供油压力并保证润滑系统有足够的循环油量。其供油

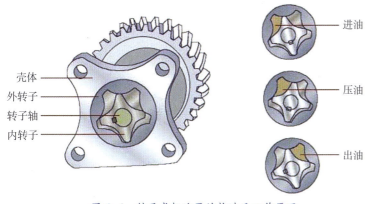

图 6-4 转子式机油泵的构造及工作原理

量应保证发动机在最困难的工作条件下（低速、大负荷、温度高）润滑可靠。发动机磨损后间隙增大，供油量必须增加，以保持正常的机油压力。而机油泵的供油压力和供油量又随着本身的磨损而不断降低。为解决上述矛盾，机油泵的实际供油量应比循环油量大，而多余的机油通过限压阀直接流回油底壳。随着发动机磨损量增加，回油量逐渐减少。

转子式机油泵的拆装与检测

3. 机油滤清器

发动机工作时，机油因受热氧化等会产生胶状沉淀物，同时金属磨屑和灰尘也不可避免会进入机油，机油中的这些杂质，会加速零件磨损，阻塞油道，使活塞环、气门等零件发生胶结，并使机油的使用期缩短。机油滤清器的功用是及时清除机油中的机械杂质和胶状沉淀物，延长机油的使用期。对机油滤清器的要求是滤清效果好，流动阻力小，使用寿命长，制造成本低，保养方便。机油滤清器根据功能分为集滤器、粗滤器和细滤器三类，根据过滤原理分为过滤式和离心式两种。

（1）润滑油的滤清方式 通常有三种形式：全流过滤式、分流过滤式、并联过滤式，如图6-5所示。全流过滤式滤清即滤清器与主油道串联，送往各摩擦表面的机油均通过它被滤清后才进入主油道，这种滤清方式油道中的机油得到较好清洁，但若滤清器被堵塞，就会出现润滑不良，必须并联一个旁通阀，当滤清器被堵塞的情况下，可越过滤清器向各摩擦部位供油；分流过滤式滤清即滤清器与主油道并联，从机油泵压送出的机油部分经过滤清后再流回油底壳，其余部分直接进入主油道的滤清方式；并联过滤式滤清将全流式与分流式合起来使用。

润滑油的滤清方式

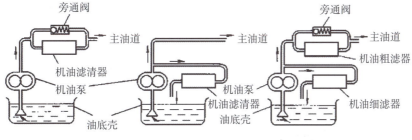

(a) 全流过滤式　(b) 分流过滤式　(c) 并联过滤式

图 6-5 润滑油的滤清方式

（2）集滤器 装在机油泵之前的吸油口端，用来防止较大的机械杂质进入机油泵，一般采用滤网式。汽车发动机的集滤器分为浮式集滤器和固定式集滤器两种，如图6-6所示。浮式集滤器飘浮于机

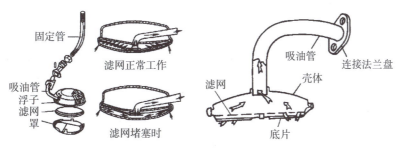

(a) 浮式集滤器　(b) 固定式集滤器

图 6-6 集滤器

油表面，保证油泵吸入最上层较清洁的机油，但油面上的泡沫易被吸入，使机油压力降低，润滑欠可靠。固定式集滤器淹没在油面之下，滤网相对油底壳位置不变，吸入中下层润滑油，机油清洁度稍逊于浮式，但可防止泡沫吸入，润滑可靠，结构简单，故基本取代了浮式集滤器。

（3）机油滤清器　分为粗滤器和细滤器。粗滤器用以滤去较大的杂质，对机油的流动阻力较小，常串联于机油泵与主油道之间，属于全流式滤清器；细滤器用来滤除细小杂质，对机油的流动阻力较大，常与主油道并联，只允许少量的机油通过细滤器，属于分流式滤清器。

① 金属片缝隙式滤清器。金属片缝隙式滤清器是一种粗滤器，如图6-7所示，滤清器壳体由上盖和外壳组成。滤芯由滤清片（0.1～0.2mm）和隔片（0.06～0.08mm）交错叠放地套装在矩形断面的滤芯轴上，并用上下盖板及螺母压紧，由于滤清片之间有隔片，形成了宽0.08mm的缝隙，机油从滤芯周围通过此缝隙流进滤芯中部的空腔内，并由此油道流出。滤清器设有旁通阀，当滤芯被堵塞，机油压力增大时，旁通阀打开，机油绕过滤芯直达中心油腔，可防止发动机缺油。金属片缝隙式滤清器由于质量大、结构复杂、制造成本高等缺点，已逐渐淘汰。

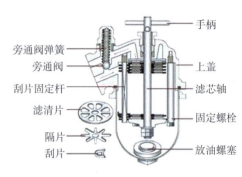

图6-7　金属片缝隙式滤清器

② 纸质滤芯式粗（细）滤清器。纸质滤芯式粗（细）滤清器如图6-8（a）所示，滤清器壳体由滤清器座和外壳组成，滤芯是用特殊滤纸制成，为了增大过滤面积，将滤纸折叠成扇形和波纹筒形。机油经滤清器的进油口进入滤清器滤芯外部，经滤芯过滤后进入芯筒内，然后经出油口进入机体主油道。为防止滤芯堵塞后发动机因润滑不良造成事故，滤座中设有旁通阀。纸质滤清器具有体积小、质量轻、结构简单、滤清效果好、过滤阻力小、成本低和保养方便等优点，因此在汽车上得到广泛应用。

③ 锯末滤芯粗滤器。锯末滤芯粗滤器如图6-8（b）所示，滤芯为酚醛树脂粘结的锯末滤芯，具有阻力小，滤清效果好，使用寿命长等优点。除锯末滤芯式和纸质滤芯式外，还有一种塑料滤芯粗滤器，塑料滤芯是用一种耐热耐腐蚀的工程塑料制成。

以上几种滤清器都是可换滤芯式滤清器。可换滤芯式滤清器保养更换滤芯时需拆装和更换一些零件，要求保养人员对滤清器的结构和其中零部件的作用要有一定程度的了解，不然一个密封圈或一个弹簧或一个小托盘的错装或漏装就会使滤清器失效。现在，越来越多的发动机采用旋装式滤清器。

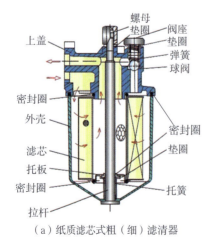 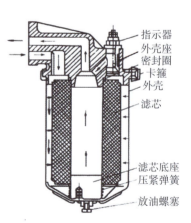

（a）纸质滤芯式粗（细）滤清器　　　（b）锯末滤芯粗滤器

图6-8　可换滤芯式滤清器

④ 旋装式滤清器。如图 6-9 所示。旋装式滤清器工作原理与可换滤芯式一样，但维护保养最为简便，用手或工具拧下一个旧的再用手拧上一个新的便完成滤清器的更换，没有其他需拆装的零件，即使是对机油滤清器结构很不熟悉的人也能更换滤清器。

⑤ 离心式滤清器。如图 6-10 所示，是利用离心力将比重较大的杂质从机油中分离出去。

图 6-9 旋装式滤清器

在滤清器和滤清器罩内装有转子总成，转子总成由转子体和转子盖组成，转子体安装在转子轴上。转子内设有上、下两个导流罩，上导流罩使转子轴出油孔与转子内腔相通，下导流罩使转子内腔与转子下端两个水平喷孔相通，两个喷孔纸质滤芯式方向相反。在滤清器底座进油口处装有进油限压阀。发动机工作时，当主油道机油压力高于 147～196kPa，进油限压阀开启，从机油泵来的部分机油进入转子轴中心油道又从出油孔流出后经上导流罩进入转子内腔。再经下导流罩从喷孔高速喷出。由于高速喷出的机油对转子的反作用力，使转子高速旋转。当转子内机油压力为

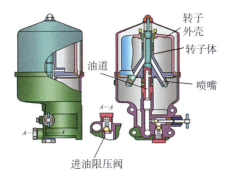

图 6-10 离心式滤清器

离心式机油滤清器工作原理

294～343kPa 时，转速可达 6000r/min 以上。转子内腔机油中的杂质在离心力的作用下被甩向四周，并沉积在转子内壁上。过滤后的机油通过底座中的回油通道流回油底壳。离心式机油滤清器的滤清能力强，通过能力好，转子中沉积的杂质不影响其通过能力和滤清效果，不需要更换滤芯，几乎可以同发动机等寿命，只要定期清洗即可，但其对胶状物质的滤清效果较差。

4. 机油冷却装置

热负荷较大的发动机，为了使机油保持最有利的工作温度，除了靠油底壳和其他零件的自然散热外，还设有专门的机油散热装置，这些装置分为风冷式（又叫机油散热器）和水冷式（又叫机油冷却器）两种形式。

（1）机油散热器　和冷却液散热器结构基本相同，布置在冷却液散热器前面，利用风扇风力使机油冷却，如图 6-11（a）所示。机油散热器油路与主油道并联，在气温低的季节或润滑油压力低时不使用机油散热器，故在机油散热器前面常串联有手动开关和限压阀。

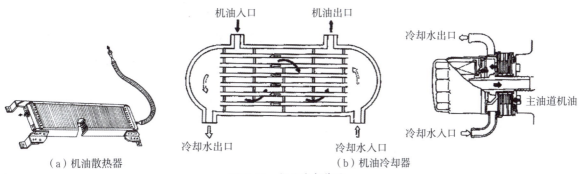

图 6-11 机油冷却装置

（2）机油冷却器　如图 6-11（b）所示，主要由芯子和壳体组成。机油冷却器装在发动机冷却液管路中，冷却器油路与主油道串联，当油温较高时靠冷却液降温，而启动期间油温较低时，则从冷却液吸热迅速提高机油温度。由于冷却液温能自动控制，所以润滑油温度也能得到一定的控制。

5. 其他辅助装置

（1）油尺和机油压力表　油尺如图 6-12 所示，是用来检查油底壳内油量和油面高低的。它是一

片金属杆，下端制成扁平，并有刻线。机油油面必须处于油尺上下刻线之间。

机油压力表是用来检测润滑系统主油道压力的一种专用量具。

（2）阀类 在润滑系统中都设有几种阀，以确保润滑系统正常工作，根据功用分为限压阀、旁通阀。

① 限压阀。限压阀用以限制润滑系统中机油的最高压力。

② 旁通阀。旁通阀用以保证润滑系统内油路畅通。当机油

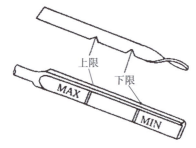

图 6-12 油尺

滤清器堵塞时，机油通过并联在其上的旁通阀直接进入润滑系统的主油道，防止主油道断油。旁通阀与限压阀的结构基本相同，只是其安装位置、控制压力、溢流方向不同，通常旁通阀弹簧刚度要比限压阀弹簧刚度小得多。

6. 润滑剂

汽车发动机常用的润滑剂有机油和润滑脂，机油又分为柴油机油和汽油机油；润滑脂又称黄油，分为钙基润滑脂、钠基润滑脂、锂基润滑脂、钙钠基润滑脂、复合钙基润滑脂等。

（1）机油牌号及选用 我国机油产品的牌号与国际通用标准一致，其等级分类沿用美国API质量分级和SAE黏度分级标准这两种标准。

① 机油质量等级标号。

API（美国石油学会的缩写）等级代表发动机机油质量的等级。API质量分级分为两类："S"系列代表汽油机用油，规格有SA、SB、SC、SD、SE、SF、SG、SH、SJ、SL等；"C"系列代表柴油机用油，规格有CA、CB、CC、CD、CE、CF、CF-2、CF-4、CG-4、CH-4、CI-4；当"S"和"C"两个字母同时存在，则表示机油为汽柴通用型。随着S或C后面的字母递增，机油的性能也相应提高，机油中会有更多用来保护发动机的添加剂。字母越靠后，质量等级越高，国际品牌中大都是E级别以上的，高级别一般为J级。

② 机油黏度等级标号。

SAE（美国汽车工程师学会的缩写）等级代表发动机机油黏度的等级。SAE黏度分级分为单级油和多级油，单级机油又分冬季用油和夏季用油。冬季用油有0W、5W、10W、15W、20W、25W六种；夏季用油有20、30、40、50四种；多级机油有5W-20、5W-30、5W-40、5W-50、10W-20、10W-30、10W-40、10W-50、15W-20、15W-30、15W-40、15W-50、20W-20、20W-30、20W-40、20W-50十六种。"W"之前的数字代表机油的低温特性，数字越小代表低温流动性越好，适合在更冷的地区使用，不同黏度等级标号的机油在0℃时的流动性如图6-13所示；"W"之后的数字代表机油在100℃的黏度等级，即机油的耐高温特性，数字越大说明机油在更高的温度下依然能保持足够的黏度。

图 6-13 不同黏度等级标号的机油在0℃时的流动性

③ 机油的选用：

a. 优先选用国产机油，同类产品的价格只有进口的50%～60%；

b. 优先选用黏度等级较低的机油；

c. 质量等级要适当；

d. 汽油机机油和柴油机机油一般不能互相代用，特别是柴油机不能使用汽油机机油；

e. 不同的机油不能混用；

f. 优先选用多级油。

（2）润滑脂牌号及选用

① 钙基润滑脂分为1、2、3、4四个稠度牌号。具有抗水性好，耐热性差（-10～60℃）特点。主要用于潮湿环境或与水接触的部位等。

② 钠基润滑脂分为2、3两个稠度牌号。具有承压抗磨性好，耐热性好（120℃），抗水性差的特点。主要用于温度较高而不遇水的部位如发电机轴承等。

③ 锂基润滑脂分为1、2、3三个稠度牌号。具有抗水性、防锈性和氧化安定性好、温度适应范围广（-20～120℃）的特点。适用于大多数润滑部位。

④ 钙钠基润滑脂分为1、2两个稠度牌号。耐热性和耐水性介于钙基和钠基之间，最高使用温度分别为80℃、100℃，但最低工作温度都是0℃。

⑤ 复合钙基润滑脂分为1、2、3三个稠度牌号。具有良好的抗水性、机械和胶体安定性好、温度适应范围广（-10～150℃）的特点。适用于轮毂和水泵轴承。

润滑脂的稠度要适宜，我国南方一般选用2号；量不宜太多，1/2～1/3为宜；严禁加热熔化注入。

7. 曲轴箱通风

发动机工作中，汽缸内的可燃混合气和燃烧以后的废气有一部分会经活塞、活塞环与缸壁之间的间隙窜到曲轴箱内。这些气体中含有的未燃烧燃油会将机油稀释；废气中的水蒸气凝结后，会使机油中的含水量和泡沫增加，影响润滑；废气中的酸性物质，使机油的酸质增加，导致发动机零件腐蚀；同时，进入曲轴箱的气体还会使曲轴箱内压力和温度升高，高温导致机油老化，高压造成接合面、油封等处漏油。曲轴箱通风装置就是将外界空气经过滤后送入曲轴箱内，再将曲轴箱内的气体排出，以保证润滑系统工作正常，延长机油使用寿命，保证发动机机件不腐蚀和防止泄漏发生。曲轴箱通风方式有两种：自然通风和强制通风。

（1）自然通风　将曲轴箱内的气体直接导入到大气中，称为自然通风。自然通风如图6-14（a）所示。在与曲轴箱连通的气门室盖或润滑油加注口接出一根下垂的出气管，管口处切成斜口，切口的方向与汽车行驶的方向相反。利用汽车行驶和冷却风扇的气流，在出气口处形成一定真空，将气体从曲轴箱抽出。这种通风方式对大气有污染，低速时通风效果差，已很少采用。

（2）强制通风　将曲轴箱内的气体抽出导入进气管内，这种方式称为强制通风。这样可将窜入曲轴箱内的混合气回收使用，有利于提高经济性和减轻污染，现代汽车发动机普遍采用。

如图6-14（b）为MINI车N18发动机曲轴箱强制通风系统，为适应增压进气方式，设计了特制的气门室盖，利用气门室盖内的调压阀和2个单向阀向汽缸输送曲轴箱内的泄漏气体。

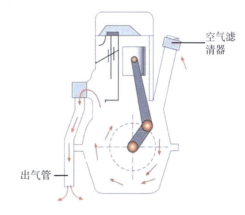

（a）曲轴箱自然通风

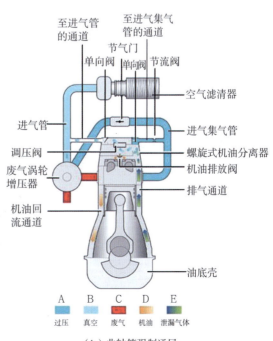

（b）曲轴箱强制通风

图6-14　曲轴箱通风

笔记

8. 润滑油路

现代汽车发动机润滑系统油路布置方案大致相似，只是由于润滑系统的工作条件和某些具体结构的不同而稍有差别。

（1）轿车用汽油机的润滑油路　采用复合式的润滑油路，如图6-15所示。发动机工作时，机油经集滤器初步过滤后进入机油泵，机油泵输出的机油全部流经机油滤清器，然后进入纵向主油道。主油道中的机油分别由各分油道进入曲轴主轴承和连杆轴承，再通过连杆杆身的油道润滑活塞销，并对活塞进行喷油冷却。中间轴的润滑由发动机前边第一条横向斜油道和从机油滤清器出来的油道供给。汽缸盖上的纵向油道与主油道相通，并通过横向油道润滑凸轮轴轴颈及向液力挺柱供油。在缸盖和缸体的一侧布置了回油孔，使缸盖上的机油流回曲轴箱。

润滑系统
工作过程

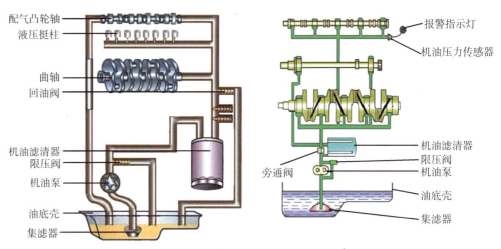

图6-15　轿车用汽油机的润滑油路

轿车用汽油发动机装有两个报警开关：低压油压开关和高压油压开关，均装在滤清器支架上，发动机在机油温度为353K，转速为800r/min时，机油压力应大于或等于0.03MPa；在2000r/min时，机油压力应大于或等于0.20MPa。

打开点火开关，仪表板上的机油压力警告灯开始闪烁。发动机启动后，当机油压力大于0.03MPa时，限压阀打开，警报灯熄灭；发动机低速运转时，机油压力低于0.03MPa，则低油压开关触电闭合，机油压力警告灯闪烁。当发动机转速超过2150r/min时，机油压力未达到0.18MPa，高压油压开关的触电断开，机油压力警告灯闪烁，报警蜂鸣器也同时报警。

（2）中型汽油机的润滑油路　采用复合式的润滑油路，如图6-16所示。发动机工作时，机油经固定式集滤器初步过滤后进入机油泵，由机油泵输出的油分为两路：大部分（90%）的机油经粗滤器后进入纵向主油道，并由此流向各运动零件的工作表面；另一小部分机油经进油限压阀流入细滤器，滤去细小杂质后流回油底壳。进入主油道的润滑油由曲轴上横向

润滑油路

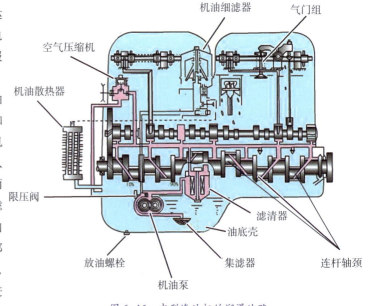

图6-16　中型汽油机的润滑油路

油道流到曲轴主轴承中，然后经曲轴上的油道流入连杆轴颈处。横向油道里的部分润滑油通过油道流向凸轮轴轴承。用油管从主油道前端引出部分润滑油到空气压缩机曲轴中心油道，润滑空气压缩机的曲轴和连杆轴承处，然后经空气压缩机下方的回油管流回到发动机的油底壳中。在曲轴箱前端拧入一喷油嘴通过油道与主油道连通，以润滑正时齿轮。凸轮轴的第二、四轴颈上有两个不通的半圆形节流槽，润滑油经该槽间歇地通过摇臂轴的第一和第四支座上的油道输送到两根中空带孔的摇臂轴内，润滑摇臂孔。凸轮轴轴颈上的节流槽对润滑油的节流作用能防止摇臂轴过量润滑，避免多余的油顺气门流入汽缸。

当油压超过正常工作范围时，机油限压阀打开，部分机油在泵内泄回进油端而不输出，保持润滑油路内油压正常；当润滑油路中油压低于100kPa时，进油限压阀不开启，机油细滤器停止工作，保证主油道内的油压足够；当气温高于293K（20℃）时，驾驶员打开机油散热器的开关，使部分机油流经机油散热器冷却，以保持机油的散热性能，另外为防止机油散热器损坏，当油压高于400kPa时，机油散热器的安全阀会自动开启，使部分机油经此阀泄入油底壳；当主油道内的油压低于100kPa时，主油道上的机油压力表传感器的触点接通使警告灯发亮。

（3）中型柴油机的润滑油路　如图6-17所示。油底壳中的机油经集滤器、机油泵、滤清器、散热器进入主油道。主油道中的机油通过各支油道分别流向增压器（若柴油机为自然吸气式则无增压器）、压气机、喷油泵，经推杆到摇臂轴、凸轮轴轴颈、曲轴主轴颈和连杆轴颈等处进行压力润滑。为了保证活塞的冷却，对应各缸处有机油喷嘴，来自主油道的机油直接喷到活塞内腔。

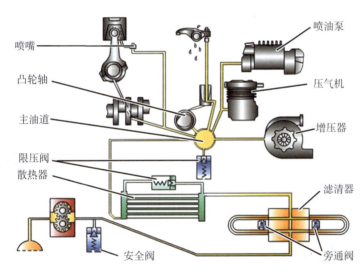

图6-17　中型柴油机的润滑油路

当油压超过正常工作范围（1550kPa±150kPa）时，机油限压阀打开保持润滑油路内油压正常；当油压过高时，机油散热器限压阀开启，机油直接由此阀进入主油道，避免机油散热器损坏；润滑系统主油道中装有机油压力过低传感器，能自动报警。

一、任务准备

（1）设备　雪佛兰科鲁兹轿车1辆，工作台，举升机，机油回收罐，废气抽排装置。

（2）工具　车轮挡块，地板垫，座椅套，转向盘套，翼子板布，前格栅布，机油滤清器专用扳手，成套世达工具，扭矩扳手，手电筒，橡胶手套，抹布若干。

二、实施步骤

步骤1　工具准备	
	1. 准备实操所需工具 2. 工具要齐全，摆放要整齐

步骤2　车辆防护	
	1. 装车轮挡块，接排气烟道 2. 安装车内防护 3. 拉起驻车制动杆，降下驾驶员侧车窗玻璃，拉发动机舱盖释放杆 4. 打开发动机舱盖，安装翼子板布和前格栅布

步骤3　检查机油液位	
	1. 取出机油刻度尺，用抹布擦拭干净 2. 将机油刻度尺插入原位 3. 再拔出刻度尺，查看机油的液位 注意：机油刻度尺应装复到位

步骤4　拆下机油加注口盖	
	拆下机油加注口盖，并用干净的布遮住

步骤5　准备机油回收罐	
	1. 将车辆举升至适当高度 2. 机油回收罐放在油底壳下方 注意：确认机油回收罐阀在机油排放状态

步骤6　排放机油	
	1. 用套筒松开机油排放塞 2. 用手小心旋下，排放机油 注意：最好带橡胶手套，避免被高温机油烫伤

步骤7　拆卸并更换机油滤清器	
	1. 用专用工具拆卸机油滤清器 2. 在新机油滤清器的密封圈上涂一层新机油 3. 用手将新机油滤清器拧紧到位 4. 用专用工具将机油滤清器按规定扭矩拧紧，或拧紧3/4圈

更换发动机机油及机油滤清器滤芯

续表

	步骤8　安装机油排放塞
	1. 等旧机油放尽后，更换放油螺栓垫片 2. 用手将排放塞拧紧到位 3. 再将其按规定扭矩拧紧
	步骤9　加注机油
	1. 降下车辆 2. 加注适量的新机油 3. 通过机油尺检查机油液位，加注至规定刻度范围内 4. 拧紧机油加注口盖
	步骤10　复查机油位
	1. 接排气烟道 2. 启动发动机，运行几分钟 3. 熄火后复检机油液位 4. 检查机油滤清器及排放塞是否有渗漏
	步骤11　车辆、工具复位
	1. 发动机熄火，取下排气烟道 2. 取下车内、外防护用品 3. 车辆复位，清洁车身 4. 清洁并整理工具 注意：在操作过程中要体现"5S"

一、填空题

1. 发动机润滑系统主要有_____、_____、_____、_____、_____、_____等作用。

2. 现代汽车发动机多采用_____和_____相结合的综合润滑方式，以满足不同零件和部位对润滑强度的要求。

3. 润滑系统主要由_____、_____、_____、_____、_____、机油标尺和_____装置等组成。

4. 根据与主油道的连接方式的不同，机油滤清器可以分为_____、_____和_____三种。

5. 曲轴箱的通风方式有_____和_____两种方式。

二、判断题

1. 机油可以使发动机零件表面润滑，但没法阻止润滑表面生锈。（   ）
2. 润滑油的冬季用油 W 级，有 0W、5W、10W 等，级号越低，适应的环境温度越高。（   ）
3. 润滑系统中，限压阀的弹簧刚度比旁通阀弹簧刚度小得多。（   ）
4. 润滑系统的润滑油在全流过滤式方式中，润滑油经过滤清器后直接进入主油道。（   ）
5. 内啮合齿轮式机油泵又称为月牙泵。（   ）
6. 发动机工作时，机油泵的泵油量和泵油压力与发动机转速无关。（   ）
7. 润滑系统由油底壳、机油泵、集滤器等组成。（   ）
8. 油底壳的主要作用是封闭曲轴箱。（   ）
9. 粗滤器是滤去机油中粒度较小的杂质。（   ）
10. 汽车发动机用润滑油可分为汽油机油、柴油机油和汽油柴油发动机通用油。（   ）

三、单项选择题

1. 下列柴油机 C 系列的润滑油中，性能最好的是（   ）。

   A. CC　　　　　B. CD　　　　　C. CE　　　　　D. CF

2. 通过提高机油的压力并保证一定的流量，使发动机润滑部位得到可靠润滑的部件是（   ）。

   A. 旁通阀　　　B. 机油泵　　　C. 主油道　　　D. 集滤器

3. 润滑系统中设置限压阀的作用是（   ）。

   A. 限制润滑系中机油的最高压力

   B. 使进入机油滤清器的机油保证较高的压力

   C. 使进入机油滤清器的机油保证较低的压力

   D. 保证主油道中的最小机油压力

4. 旋装式机油滤清器在更换时（   ）。

   A. 要在滤清器中加入一定量的机油

   B. 要在螺纹上涂抹润滑脂

   C. 要在密封垫圈和结合面上涂抹一层机油

   D. 要在密封垫圈和结合面上涂抹润滑脂

5. 下列汽油机 S 系列的润滑油中，性能最好的是（   ）。

   A. SE　　　　　B. SF　　　　　C. SG　　　　　D. SH

6. 在下列冬季用油牌号中，适应环境温度最低的是（   ）。

   A. 0W　　　　　B. 5W　　　　　C. 10W　　　　D. 15W

7. 发动机正常工作时，机油泵的限压阀应该是（   ）。

   A. 经常处于关闭状态　　　　　B. 热机时开，冷机时关

   C. 经常处于溢流状态　　　　　D. 热机时关，冷机时开

8. 润滑系统中，全流过滤式是指润滑油全部通过滤清器直接进入（   ）。

   A. 回油道　　　B. 主轴承　　　C. 主油道　　　D. 连杆轴承

9. 吸油真空度高、泵油量大，安装在曲轴箱外且位置较高的机油泵是（   ）。

   A. 外啮合齿轮泵　B. 内啮合齿轮泵　C. 转子泵　　　D. 柱塞泵

10. 下列零件中，采用压力润滑方式的是（   ）。

    A. 曲轴主轴承　B. 挺柱　　　　C. 汽缸壁　　　D. 活塞销

四、多项选择题

1. 飞溅润滑方式主要是利用飞溅起来的（　　）来润滑零件表面。
   A. 油块　　　　B. 油滴　　　　C. 油膜　　　　D. 油雾
2. 润滑系统的滤清装置组成有（　　）。
   A. 集滤器　　　B. 旁通阀　　　C. 粗滤器　　　D. 细滤器
3. 润滑系统中的机油滤清器的过滤方式有（　　）。
   A. 全流式　　　B. 分流式　　　C. 并联式　　　D. 旁通式
4. 汽车用润滑油按照黏度分类，可分为（　　）。
   A. 冬季用油　　B. 齿轮油　　　C. 多级机油　　D. 非冬季用油
5. 润滑油按照使用性能分类，可分为（　　）。
   A. 汽油机系列　B. 柴油机系列　C. 矿物油　　　D. 合成油

五、问答题

1. 润滑系统有哪些作用？润滑方式有几种？
2. 简述润滑系统的组成。

项目二　润滑系统故障诊断与排除

项目导入

润滑系统是汽车发动机的重要组成部分，其性能的好坏直接影响着发动机能否正常工作。熟悉润滑系统的基本组成原理，掌握润滑系统的故障检修方法，是从事汽车维修工作的必要技能。

任务　润滑系统常见故障的诊断与排除

知识目标：
1. 熟悉润滑系统维护检查项目；
2. 掌握润滑系统常见故障原因。

能力目标：
会正确更换机油压力开关。

本任务主要是让学生通过学习认知润滑系统维护检查项目，会分析润滑系统常见故障的原因，并掌握更换机油压力开关的操作工艺。

一、机油油量的检查

1. 机油油量的检查

检查机油油量时，将车停在平坦位置。启动发动机暖机至正常工作温度（水温不低于60℃），熄火后10min左右，让发动机润滑油路中的机油全部流回到油底壳，拔出机油尺并将其擦净（拔出时在其端部放一块布，防止将机油滴到车辆的部件上）；重新将擦净的油尺插回油尺管（要注意的是要插到位），再次拔出机油尺，左手在油尺下端放一块干净的布，右手垂直提起油尺至视线水平位置察看油迹在油尺上的位置，正确的油面高度应在油尺的两条刻度线之间，上刻度线处标有 H、F 或 MAX，下刻度线处标有 L 或 MIN，若油位低于或稍微高于低油位线时应及时添加同型号同品牌的机油。同时要注意机油不可添加过多，加入机油量过多，会造成发动机烧机油，机油消耗量明显增大，尾气排放时冒蓝烟，发动机内部积炭增多，严重损害发动机；机油量过少，会造成机油散热困难，温度升高，油质变差，同时发动机的一些部件得不到足够的润滑，造成部件磨损。当油位达到正确范围后，要注意安装加油盖，并用手拧紧。

2. 机油消耗过多的原因及故障排除

如果机油消耗量超过规定值称为机油消耗过多，机油消耗过多主要是由泄漏和烧机油造成的。原因主要有活塞环方向装反，活塞环抱死，或其开口转到一起，活塞环磨损，活塞环端隙、边隙或背隙过大，其弹力不足，气门杆油封损坏（尤其是进气门杆油封），进气门导管磨损，活塞与缸壁间隙过大等造成烧机油过甚；曲轴箱通风不良导致由油底壳或气门室盖漏油。

机油消耗过多应首先检查有无机油漏油部位，如无漏油部位，可进行发动机急加速试验，如急加速试验时排出大量蓝烟，说明发动机烧机油严重，拆检发动机，检查气门油封、活塞、活塞环与汽缸密封情况，查找分析烧机油原因。

发动机窜烧机油的故障诊断

二、机油质量的检查

1. 机油质量的检查

变质的机油起不到润滑作用，反而致使运动件磨损加剧造成机件早期损坏，机油质量的鉴别是更换机油的依据。机油质量检查应在发动机停机后机油还未沉淀时进行，因为机油沉淀后，浮在上面的往往是好的机油，而变质机油或杂质存留在油底壳的底部，从而可能造成误检。常用的鉴别方法如下：

（1）外观及气味检查　国产正牌机油多为浅蓝色，具有明亮的光泽，流动均匀。进口机油的颜色为金黄略带蓝色，晶莹透明，如图 6-18 所示。

机油检查

假油样，颜色偏淡，无明显气味　　真油样，颜色偏深，有淡淡的清香味

图 6-18　外观及气味检查

若机油呈褐色或呈乳白色，并伴有泡沫说明机油中混入了水；合格的机油无特别的气味，只略带芳香，若机油对嗅觉刺激大且有异味，说明机油变质或质量低劣。

（2）搓捻鉴别　取出油底壳中的少许机油，放在手指上搓捻。搓捻时，如有黏稠感觉，并有拉丝现象，且没有细颗粒搓手的感觉，说明机油未变质且干净，仍可继续使用，否则应更换，如图 6-19 所示。

（3）油尺鉴别　抽出机油标尺对着光亮处观察刻度线是否清晰，当

图 6-19　搓捻鉴别

透过油尺上的机油看不清刻线时，则说明机油过脏，需立即更换，如图6-20所示。

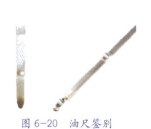

图6-20 油尺鉴别

图6-21 倾倒鉴别

（4）倾倒鉴别 取油底壳中的少量机油注入一容器内，然后从容器中慢慢倒出，观察油流的光泽和黏度。若油流能保持细长且均匀，说明机油内没有胶质及杂质，还可使用一段时间，否则应更换，如图6-21所示。

（5）油滴斑点的检查 取7～12cm的硬纸板一式两片，中间挖成直径5cm的圆孔，取直径7cm或9cm的定性快速滤纸放在硬纸板中压平。将油滴入滤纸中心，等待1～3h后，即出现一个油斑痕迹，观察斑点扩散形态，与标准图谱对比分析作出判断，如图6-22所示。若核心区与扩散区光亮无色或很浅无沉淀圈，说明是新油或使用时间很短的油；若核心区与扩散区界限分明，扩散带很宽，氧化环明亮，说明机油使用时间不长，污染程度较轻，分散性较好，机油性能良好，可继续使用；核心区黯黑，分散带较宽，氧化环明亮，说明油品使用时间较长，污染较重，但分散性尚好，机油性能一般，可短期内继续使用；核心区色深黑，分散带开始缩小，氧化环浅黄，说明机油使用时间长，污染严重，沉积物增多，分散性能下降，机油性能较差，仍可短期内使用；核心区深黑，甚至呈现油泥状，不易干，分散带狭窄，氧化环扩大呈黄色或分散带完全消失，只剩黑色的沉淀圈与棕黄色的氧化环，说明油品污染严重，沉积物凝聚，分散性很差或消失，添加剂消耗殆尽，如沉淀圈出现一个不规则的黑色花环，则表示油已被水污染，应立即更换机油。

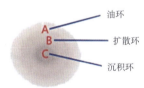

图6-22 油滴斑点的检查

2. 机油质量恶化的原因

机油在使用过程中，质量不断变化，性能逐渐变坏。其原因有机油受热氧化，产生胶质和炭渣；发动机工作时，一部分机油燃烧生成的产物与汽缸内冷凝水结合而生成酸性物质混入润滑油内；空气中的灰沙，机件磨损下来的金属屑和燃烧后的炭渣等机械杂质混入润滑油内；由于燃油供给系统工作不良，燃油雾化性不好，混合气燃烧不完全，会使燃油或大量的过浓燃油混合气窜入曲轴箱与机油混合，将机油稀释。一些采用强制润滑的喷油泵或输油泵漏油也会使机油被燃油稀释；汽缸垫密封不良，冷却水流入曲轴箱内与润滑油混合，致使机油的使用性能下降，在一定条件下会使机油中的部分添加剂使用性能降低甚至失效，破坏机油的黏度，使机油无法在运动配合摩擦副上形成良好的润滑油膜。

三、机油压力的检查

机油压力常见的异常现象主要有机油压力过低或过高。机油压力过低会造成发动机润滑不足，加剧发动机零部件的磨损，影响发动机的寿命；机油压力过高会造成油封油管损坏，消耗过多的发动机动力，机油压力过高或过低往往是润滑系的综合性故障。

1. 机油压力过低

发动机在正常工作温度和转速下，机油压力表读数低于规定值或油压报警器报警可判定为发生机油压力过低。产生此故障的原因有机油集滤器滤网或机油滤清器堵塞；细滤器限压阀开启压力过小；油底壳内机油油面过低；机油黏度降低，牌号不对；机油限压阀弹簧过软、折断、杂质卡住，维修时漏装弹簧或钢球等使其开启压力变低或长开；润滑油油管接头漏油或进入空气；润滑油道堵塞；机油泵性能不良；曲轴主轴承、连杆轴承或凸轮轴轴承间隙过大；机油压力表或其传感器工作不良。

2. 机油压力过高

发动机在正常工作温度和转速下，机油压力表读数高于规定值可判定为发生机油压力过高。产生此故障的原因有机油黏度过大；机油限压阀弹簧过硬，弹簧压力调整过大，脏物使阀门不能打开；曲轴主轴承、连杆轴承或凸轮轴轴承间隙过小；机油压力表或其传感器工作不良。

一、任务准备

（1）设备　雪佛兰科鲁兹轿车1辆，工作台，举升机。
（2）工具　世达工具1套，翼子板布，前格栅布，地板垫，座椅套，转向盘套。

二、实施步骤

步骤1　工具准备
 1.准备实操所需工具 2.工具要齐全，摆放要整齐
步骤2　安装三件套
 安放地板垫、转向盘套和座椅套
步骤3　安装翼子板护垫
 打开发动机盖，将支承杆可靠地支承在支承孔内。安装翼子板护垫，翼子板布和前格栅布应居中放置，与车身接触的一侧必须清洁无油污

续表

步骤4	拆卸空调压缩机
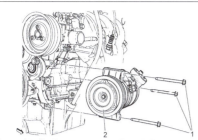 1- 空调压缩机螺栓；2- 空调压缩机总成	1. 断开蓄电池负极 2. 回收制冷剂 3. 拆下传动皮带 4. 将空调压缩机和冷凝器软管从空调压缩机上松开
步骤5	拆下并更换机油压力开关
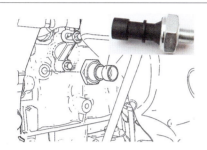	断开机油压力开关线束插头，拆下开关并更换
步骤6	装复空调压缩机，车辆、工具复位
	进行设备和场地的5S现场整理工作，不要用潮湿的抹布清洁电器开关、按钮等

知识测评

一、填空题

1. 机油泵的作用是将一定_____和_____的润滑油供到润滑表面，汽车发动机常用的机油泵有_____和_____两种。

2. 机油压力_____会造成发动机润滑不足，加剧发动机零部件的磨损，影响发动机的寿命；机油压力_____会造成油封油管损坏，消耗过多的发动机动力。

二、判断题

1. 润滑油路中的机油压力不能过高，所以润滑油路中用旁通阀来限制油压。（　）

2. 发动机机油压力过低时，必须更换机油泵。（　）

3. 抽出机油标尺对着光亮处观察刻度线，当透过油尺上的机油看不清刻度线时，则说明机油过脏，需立即更换。（　）

4. 机油量的检查一般应在启动发动机之前，这是因为此时机油全部都在油底壳内。（　）

5. 搓捻法判断机油质量时，如有黏稠感觉，并有拉丝现象，说明机油应更换。（　）

6. 在检查机油量时，若发现油量不足应立即补加机油至刻度线内。（　）

三、单项选择题

1. 下面关于机油压力过低说法错误的是（　　）。
   A. 机油滤清器堵塞　　　　　　　　B. 机油限压阀弹簧过硬
   C. 机油限压阀弹簧过软　　　　　　D. 润滑油管接头漏油

2. 曲轴箱强制通风装置中的单向流量控制阀的作用是（　　）。
   A. 防止怠速时混合气被吸入曲轴箱内　　B. 防止高速时混合气被吸入曲轴箱内
   C. 防止怠速时机油被吸入汽缸　　　　　D. 防止怠速时曲轴箱内气体吸入汽缸冲淡混合气

3. 检查发动机机油液位时，机油液面必须要处于（　　）。
   A. 上刻度线之上　　　　　　　　B. 上下刻度线之间
   C. 下刻度线之下　　　　　　　　D. 低于油尺的最下端

4. 不可能导致机油压力低的故障是（　　）。
   A. 油底壳中机油不足　　　　　　B. 曲轴和连杆轴承配合间隙过大
   C. 液压挺柱泄漏　　　　　　　　D. 机油泵损坏

5. 发动机机油压力过高的原因是（　　）。
   A. 机油集滤器滤网堵塞　　　　　B. 油底壳机油油面过低
   C. 机油黏度过大　　　　　　　　D. 曲轴或连杆轴承间隙过大

四、多项选择题

1. 机油压力过低会造成（　　）。
   A. 发动机润滑不足　　　　　　　B. 加剧发动机零部件的磨损
   C. 影响发动机的使用寿命　　　　D. 油封油管破裂

2. 可能导致机油压力低的故障有（　　）。
   A. 机油量不足　　　　　　　　　B. 轴瓦间隙过大
   C. 液压挺柱油道堵塞　　　　　　D. 润滑油路限压阀无法打开

3. 造成润滑系统机油压力过高的原因有（　　）。
   A. 润滑油黏度过大　　　　　　　B. 主油道堵塞
   C. 机油泵限压阀调整不当或卡死　D. 机油滤清器严重脏污

五、问答题

1. 如何从外观和气味判断机油的质量？
2. 造成机油压力过高的原因有哪些？
3. 润滑油压力过高或过低对发动机工作有哪些危害？

单元七 冷却系统

单元描述

发动机工作时,燃料的燃烧、运动零件之间的摩擦会产生大量的热,若不及时加以冷却,则发动机上的零件或因热胀导致它们之间正常间隙被破坏,或因温度过高导致机械强度降低致使动力不足甚至损坏,或因温度过高导致润滑液失效而卡死。因此,对发动机及时冷却尤为重要。

发动机冷却系统的功用,就是通过介质将这些受热零件上的部分热量及时散发出去,保证发动机各零件在适宜的温度下正常工作。按照冷却介质的不同,发动机冷却系统分为风冷和水冷系统。

本单元的主要任务包括:通过对冷却系统的组成及原理的学习,熟悉汽车发动机冷却系统的组成、各主要总成的结构、工作过程,能熟练拆装及检测冷却系统的主要部件,具备诊断与排除冷却系统常见故障的能力。

项目一 冷却系统的构造与检修

项目导入

发动机工作时,燃料的燃烧、运动零件之间的摩擦会产生大量的热。冷却系统的主要功用:一是发动机刚启动时,冷却系统使发动机各部件能迅速升温,短时间内达到正常的工作温度;二是发动机正常工作时,将发动机内部受热零件吸收的部分热量及时散发出去,保证发动机在各种工况下都能在适宜的温度状态下(80～90℃)正常工作。本项目主要掌握冷却系统的作用和组成,并学会正确拆装和检测冷却系统的主要零部件。

任务 冷却系统主要部件的拆装与检测

知识目标:
1. 掌握冷却系统的功用和结构组成;
2. 掌握冷却系统主要部件的拆装和检测。

能力目标:
1. 拆装冷却系统的主要部件;
2. 检测冷却系统的主要部件。

本任务主要学习冷却系统的功用及组成，认知冷却系统组件及工作过程，并且会正确使用工具对主要部件进行拆装和检测。

一、冷却系统的功用

冷却系统的功用是把受热零件吸收的部分热量及时散发出去，保证发动机在最适宜的温度状态下工作。冷却系统按照冷却介质不同可以分为风冷和水冷。把发动机中高温零件的热量直接散入大气而进行冷却的装置称为风冷式；而把这些热量先传给冷却液，然后再散入大气而进行冷却的装置称为水冷式。由于水冷式冷却均匀，效果好，而且发动机运转噪声小，目前汽车发动机上广泛采用的是水冷式。

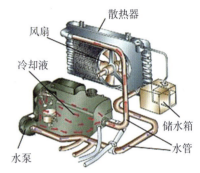

图 7-1 水冷系统

图 7-1 是以冷却液为介质的水冷系统，采用的是强制循环水冷，其结构部件较多，冷却效果好，广泛用于大功率发动机和车用发动机。在水冷系统中，热量由机体传给冷却液，靠冷却液的流动把热量带走，再散发到大气中去，使发动机的温度降低，散热后的冷却液再重新流回到受热机体处。适当地调节水路和冷却强度，就能保证发动机的正常工作温度。目前冷却系统的工作过程主要有小循环（水泵→汽缸体→汽缸盖→出水总管→节温器→水泵）和大循环（水泵→汽缸体→汽缸盖→出水总管→节温器→散热器→水泵）。

图 7-2 是以空气为冷却介质的风冷系统，其结构简单，工作可靠，使用和维修方便，但存在冷却强度不可靠，消耗功率大和噪声大等缺点，一般用于小型发动机和军用车辆。它利用高速流动的空气直接吹过汽缸盖和汽缸体表面，把热量散发到大气中去，保证发动机在适宜的温度范围内工作。

图 7-2 风冷系统

二、水冷系统的组成

如图 7-3 所示的水冷系统主要由水泵、水套、分水管、散热器、冷却液补偿装置、冷却强度调节装置、冷却液监控装置及冷却液等组成。

1. 水泵

水泵的功用是对冷却液加压，使其在冷却系统中加速循环流动，保证冷却可靠。车用发动机上多采用离心式水泵，离心式水泵具有结构简单、尺寸小、排水量大、维修方便等优点。

如图 7-4 所示，离心式水泵主要由泵体、叶轮和水泵轴组成，叶轮一般是径向或向后弯曲的，其数目一般为 6～9 片，固定在水泵轴上，叶轮由铸铁或塑料制造，叶轮上通常有 6～8 个径向直叶片或后弯叶片。水泵壳

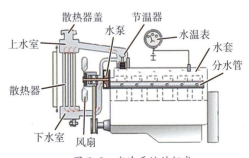

图 7-3 水冷系统的组成

由铸铁或铝铸制，装在发动机缸体上。进、出水管与水泵壳体铸成一体。

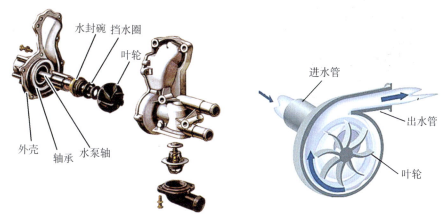

图 7-4 水泵的典型构造　　　　图 7-5 离心式水泵工作原理

离心式水泵的工作原理，如图 7-5 所示。当水泵叶轮旋转时，水泵中的冷却液被叶轮带动一起旋转，并在离心力的作用下被甩向水泵壳体的边缘，同时产生一定的压力，然后从出水管流出。在叶轮的中心处由于冷却液被甩出而压力下降，散热器中的冷却液在水泵进口与叶轮中心的压差作用下经进水管流入叶轮中心。

水泵一般由曲轴通过 V 带驱动。传动带环绕在曲轴带轮和水泵带轮之间，因此水泵转速与发动机转速成正比例。有些发动机的水泵由凸轮轴直接驱动。

2. 水套和分水管

水套是汽缸体和汽缸盖双层壁之间所形成的空间，内有分水管和喷水管，如图 7-6 所示。分水管可以使冷却液均匀流到各缸；喷水管可以强烈地冷却排气门。

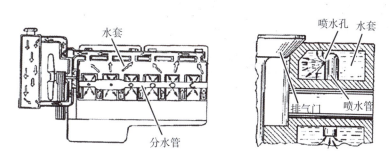

图 7-6 水套内的分水管结构及喷水管结构

3. 散热器

散热器又称水箱，它把从发动机流出来的热水分成许多小股并将其热量散给周围的空气，它增大了散热面积，加速了冷却液的冷却。冷却液在散热器芯内流动，空气在散热器芯外通过，热的冷却液由于向空气散热而变冷，冷空气则因为吸收冷却液散出的热量而升温，所以散热器是一个热交换器。

图 7-7 所示为纵流式散热器，它由上水室、散热器芯和下水室等组成。纵流式散热器芯为竖直布置，冷却液由上水室自上而下流过散热器芯，进入下水室。

图 7-8 所示为横流式散热器，它由进水室、散热器芯和出水室等组成。横流式散热器芯为横向布置，冷却液由进水室横向流过散热器，进入出水室。大多数新型轿车采用横流式散热器，其优点是这可以使发动机罩的外廓较低，有利于改善车身前端的空气动力性。

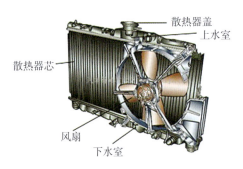
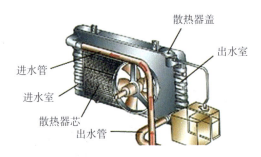

图 7-7 纵流式散热器　　　　图 7-8 横流式散热器

散热器进水管、出水管分别用橡胶软管与汽缸盖的出水管、水泵的进水管相连，这样利于安装，而且当发动机和散热器之间产生少量位移时也不会漏水。在散热器下面一般装有减振垫，防止散热器受振动损坏。在散热器出水管上装有放水开关。

散热器芯由冷却管和散热片组成，采用散热片是为了增加散热器芯的散热面积。散热器芯有多种结构形式，常用的有管片式、管带式和板式（如图 7-9 所示）。

管片式散热器芯由散热管和散热片组成，散热管是焊在进、出水室之间的直管，作为冷却液的通道，散热管的断面大多为扁圆形，管片式散热器芯优点是散热面积大、气流阻力小，结构刚度好及承压能力强等，但制造工艺较复杂，成本高。管带式散热器芯由散热管及波形散热带组成，散热管为扁管并与波形散热带相间地焊在一起，散热器芯采用冷却管和散热带沿纵向间隔排列的方式，散热带上的小孔是为了破坏空气流在散热带上形成的附面层，使散热能力提高，管带式的散热能力强，制造简单，质量轻，成本低，但结构刚度差，一般多为轿车发动机采用。板式散热器芯的冷却液通道由成对的金属薄板焊合而成，这种散热器芯散热效果好，制造简单，但焊缝多不坚固，容易沉积水垢且不易维修。

散热器要求所用材料导热性能要好，一般用黄铜或铝制成。

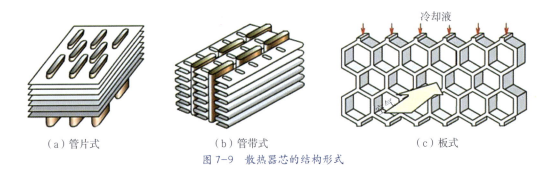

（a）管片式　　　　（b）管带式　　　　（c）板式

图 7-9　散热器芯的结构形式

有的散热器还有散热器盖（俗称水箱盖），其具有较高的密封性。其作用是密封水冷系统，调节系统的工作压力，提高冷却液的沸点。散热器盖分为开式水冷系统用和闭式水冷系统用两种。开式水冷系统的蒸汽排出管与大气相通，容易造成冷却液溢失和蒸汽逸出。现代的汽车发动机强制循环水冷系统都用散热器盖严密地盖在散热器加冷却液口上，使水冷系统成为封闭系统，这种水冷系统通常称为闭式水冷系统。如图 7-10 所示，其散热器盖有蒸汽阀和空气阀两个自动阀门，这是两个在弹簧作用下

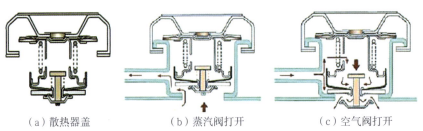

（a）散热器盖　　　（b）蒸汽阀打开　　　（c）空气阀打开

图 7-10　散热器盖结构及其工作原理

保持常闭状态的单向阀，平时水箱内部与水箱口上跟大气相通的蒸汽排出管是隔开的，可以防止蒸汽逸出。当发动机工作时，冷却液的温度逐渐升高。由于冷却液容积膨胀使冷却系统内的压力增高。当压力超过预定值时，蒸汽阀打开一部分冷却液经溢流管流入补偿水箱，以防止冷却液胀裂散热器。当发动机停机后，冷却液的温度下降，冷却系统内的压力也随之降低。当压力降到大气压力以下出现真空时，空气阀打开，补偿水箱内的冷却液部分地流回散热器，可以避免散热器被大气压力压坏。

4. 冷却液补偿装置

冷却液补偿装置包含补偿水箱和膨胀水箱。

（1）补偿水箱 由塑料制造，用软管与散热器加冷却液口上的溢流管相连，如图 7-11 所示。当冷却液受热膨胀时，部分冷却液流入补偿水箱；而当冷却液降温时，部分冷却液又被吸回散热器，冷却液不会溢失，所以补偿水箱内的液面会升高，也会降低，但散热器则总是充满冷却液。在补偿水箱的外表面上刻有两条标记线："低"线和"高"线，补偿水箱内的液面应位于两条标记线之间。若液面低于"低"线时，应向桶内补充冷却液。在向桶内添加冷却液时，液面不应超过"高"线。这种装置只能解决气水分离及冷却液消耗问题，而对穴蚀没有明显的改善。

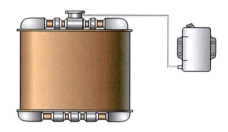

图 7-11 补偿水箱

（2）膨胀水箱 如图 7-12 所示，膨胀水箱多用半透明材料制成。透过箱体可直接方便地观察到液面高度，无需打开散热器盖。膨胀水箱上部用水套出气管和散热器出气管分别与汽缸盖水套及水箱上储水室相通；下部用补充水管与水泵的旁通管相通，位置略高于散热器。

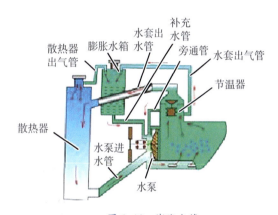

图 7-12 膨胀水箱

膨胀水箱的功用是为了防止冷却液损失，在水箱受热膨胀时，将多余冷却液进行回收，并当降温时重新将冷却液补偿回水箱，同时还能及时将冷却系统内的水、气分离，避免产生"穴蚀"现象。

当发动机工作时，发动机温度上升，散热器和水套内的蒸汽可通过出气管进入膨胀水箱，冷凝成液体；当发动机温度下降时，冷凝后的液体可以通过补充水管进入水泵，这使冷却系统变成永久性封闭系统，减少了冷却液的损失，避免了空气不断进入，防止零件氧化腐蚀。

膨胀水箱应无渗漏、箱盖密封良好、通气孔畅通，否则就会破坏冷却液的回流，必须立刻更换。

5. 冷却强度调节装置

冷却强度调节装置的作用是依据发动机不同的工况和使用条件，调节冷却系统的散热能力，以保证发动机在适当的温度范围内工作。冷却强度调节装置改变冷却强度，通常有两种调节方式，一是改变通过散热器的空气流量；二是改变冷却液的循环流量和循环范围，它包含百叶窗、风扇和节温器等。

（1）百叶窗 百叶窗的功用是通过改变吹过散热器的空气流量来调节发动机的冷却强度。如有些货车和大客车在散热器前面装有百叶窗，在发动机冷启动或暖车期间，冷却液的温度较低，这时将百叶窗部分或完全关闭，以减少吹过散热器的空气流量，使冷却液的温度迅速升高。百叶窗可由驾驶人通过驾驶室内的手柄来操纵其开闭，也可用感温器自动控制。

（2）风扇 如图 7-13 所示，冷却

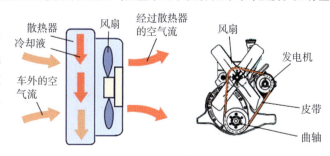

图 7-13 冷却风扇

风扇置于散热器后面。水冷系统发动机上常用螺旋桨式风扇,它的功用是当风扇旋转时吸进空气使其通过散热器,以增强散热器的散热能力,加快冷却液的冷却速度。汽车发动机冷却系统多采用低压头、大风量、高效率的轴流式风扇,即风扇旋转时,空气沿着风扇旋转轴的轴线方向流动。

风扇的扇风量主要与风扇直径、转速、叶片形状、叶片安装角及叶片数有关。如图7-14所示,叶片的断面形状有圆弧形和翼形两种,前者由薄钢板冲压而成,后者用塑料或铝合金铸制,叶片数为4、5、6或7片。翼形风扇效率高、消耗功率少,在轿车和轻型汽车上得到了广泛的应用。为了减轻振动噪声,叶片与叶轮旋转平面之间有一偏扭角。叶片之间的间隔角或相等或不相等。间隔角不等的叶片可以减小叶片旋转时的振动和噪声。风扇皮带必须松紧合适,若皮带过松,则会造成皮带打滑,风扇的转速下降,扇风量和泵水量减小,使发动机过热;若皮带过紧,将增加轴承和皮带的磨损,功率损耗增加。所以一般将发电机的支架做成可移动式的,以便于调节皮带的松紧度。

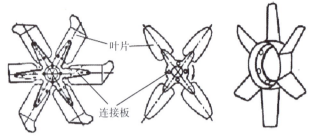

（a）叶尖前弯的风扇　（b）尖窄根宽的风扇　（c）尼龙压铸整体风扇

图7-14　风扇类型

风扇根据驱动形式,分为发动机驱动风扇(含直接驱动式和硅油离合器式)和电动机驱动风扇。

① 直接驱动风扇。如图7-15所示,风扇直接固定在水泵上,动力由曲轴经皮带直接传动。发动机转速越快,风扇的转速也越快,不能根据发动机的需要改变转速,存在耗油、噪声大等缺点,为早期发动机冷却系统所采用。

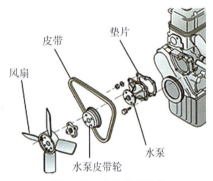

图7-15　直接驱动风扇

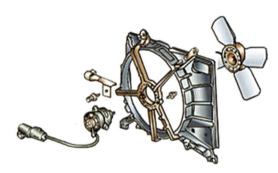

图7-16　电动机驱动风扇

② 电动机驱动风扇。如图7-16所示,电动风扇由一个独立电动机进行驱动,并由发动机管理系统进行控制。风扇转速与发动机转速无关,通过发动机管理系统控制电动风扇可使发动机的热量管理系统得到优化,风扇挡位还会受到车辆暖风和空调系统的影响,根据车辆、功率输出、地区(热带或寒带)以及配置情况,使用功率值不同的相应电风扇。

在有些电控系统中,电动风扇由电脑控制,冷却液温度传感器将与冷却液温度相关的信号传输给电脑。当冷却液温度达到规定值时,电脑使风扇继电器搭铁,继电器触点闭合并向风扇电动机供电,风扇开始工作。电动风扇的优点是结构简单,布置方便。此外,采用电动风扇不需要检查、调整或更换风扇传动带,因而减少了维修的工作量。

现代轿车多采用温控电动风扇,风扇用电动机驱动,电动机开关由散热器的水温开关控制。温控开关有高低速两个挡位,在沸点内(95℃)使用低速挡,风扇电动机以低速转动;在沸点外(105℃)使用高速挡,风扇电动机以高速转动。

③ 硅油离合器风扇。汽车在行驶过程中,周围环境条件和自身运行工况的变化,发动机的热状况也随之在改变,因此,必须随时调节发动机的冷却强度。如在炎热的夏季,发动机在低速大负荷下工作,

冷却液的温度很高，风扇应该高速旋转以增加冷却风量，增强散热器的散热能力。又如在寒冷的冬天，冷却液的温度较低时，或在汽车高速行驶有强劲的迎面风吹过散热器时，风扇继续工作就变得毫无意义了，这不但白白消耗发动机功率，还会产生很大的噪声。因此，根据发动机的热状况随时对其冷却强度加以调节就显得必要了，在风扇带轮与冷却风扇之间装置硅油风扇离合器是实现这种调节的方法之一。

如图7-17（a）所示为感温型硅油风扇离合器结构，它的主动轴固定在风扇带轮上，由曲轴驱动，主动板随主动轴一起旋转。从动板、前盖、壳体、风扇连成一体，前盖与从动板间空腔为储油腔，储有高黏度硅油，壳体与从动板间空腔为工作腔，从动板上有进油孔、回油孔、泄油孔，进油孔由感温器根据水温高低控制封闭或打开。

如图7-17（b）所示，当发动机冷启动或小负荷下工作时，工作腔内无硅油，离合器处于分离状态。主动轴转动时，仅仅由于密封毛毡圈和轴承的摩擦，使风扇随同壳体在主动轴上空转打滑，转速极低。当发动机负荷增加时，如图7-17（c）所示，进油孔被打开，硅油从储油腔进入工作腔。主动板即利用硅油的黏性带动壳体和风扇转动。风扇离合器处于接合状态，风扇转速迅速提高。当发动机负荷减小，工作腔中的硅油从回油孔流回储油腔，直至甩空为止，风扇离合器又回到分离状态。所以风扇离合器可以根据发动机的热状况随时对其冷却强度加以调节。

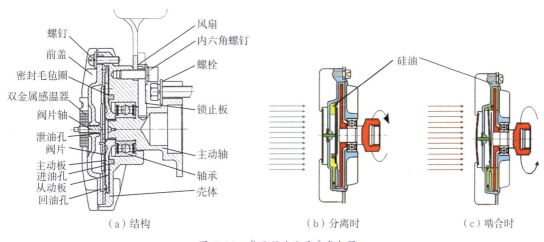

图7-17 感温型硅油风扇离合器

（3）节温器　节温器是控制冷却液流动路径的阀门。蜡式节温器因其对冷却系统中的工作压力不敏感，而且结构简单，坚固耐用，制造方便，容易大量生产，成本不高，故蜡式节温目前被广泛应用。

如图7-18所示，当发动机冷启动时，冷却液的温度较低，这时节温器将冷却液流向散热器的通道关闭，使冷却液经水泵入口直接流入机体或汽缸盖水套，以便使冷却液能够迅速升温，这就是小循环。当发动机正常运行时，冷却液温度较高，节温器将冷却液流向散热器的通道打开，冷却液经散热器散热后流向机体或汽缸盖水套，使冷却液保持在发动机适宜工作的温度，这就是大循环。

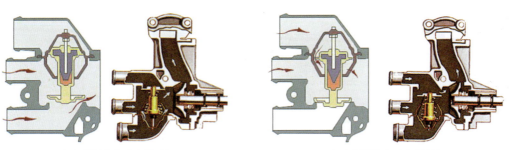

图7-18 不同状态下的节温器和冷却液流向

如果不装节温器，让温度较低的冷却液一直全部经过散热器冷却后返回发动机，则冷却液的温度将长时间不能升高，发动机也将长时间在低温下运转。同时，车厢内的暖风系统以及用冷却液加热的进气管都在长时间内不能发挥作用。

蜡式节温器的结构如图7-19所示。当冷却液温度低于规定值时，节温器感应体内的石蜡呈固态，主阀门在弹簧的作用下关闭发动机与散热器间的通道，冷却液经水泵返回发动机，进行小循环。当冷却液温度达到规定值后，石蜡开始熔化逐渐变成液体，体积随之增大并压迫胶管使其收缩，在胶管收缩的同时对推杆作用以向上的推力。由于推杆上端固定，因此，推杆对胶管和感温体产生向下的反推力使阀门开启。这时冷却液经由散热器和节温器阀，再经水泵流回发动机，进行大循环。

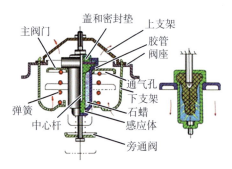 

图7-19 蜡式节温器的结构

一般水冷系统的冷却液都是由发动机的机体流进，从汽缸盖流出。因此大多数节温器布置在汽缸盖出水管路中。这种布置方式的优点是结构简单，容易排除冷却系统中的气泡。其缺点是节温器在工作时会产生振荡现象，在冬季启动冷发动机时，由于冷却液温度低，节温器阀关闭。冷却液在进行小循环时，温度很快升高，节温器开启。与此同时，散热器内的低温冷却液流入机体，使冷却液又冷了下来，节温器阀重新关闭。等到冷却液温度再度升高，节温器阀又再次打开。直到全部冷却液的温度稳定之后，节温器阀才趋于稳定不再反复开闭。节温器在短时间内反复开闭的现象称为节温器振荡。当出现这种现象时，将增加汽车的燃油消耗量。节温器也可以布置在散热器的出水管路中。这种布置方式可以减轻或消除节温器振荡现象，并能精确地控制冷却液温度，但其结构复杂，成本较高。多用于高性能的汽车及在冬季经常高速行驶的汽车上。

传统发动机使用蜡式节温器，它是通过热敏石蜡，感受冷却液温度的高低，从而使石蜡体积膨胀的不同，来推动石蜡的中心杆，进而控制阀门的开启大小，实现冷却液大小循环的切换。但这种机械式节温器上面的感温石蜡，由于表面受水垢的沉积影响，往往不能灵敏地感应温度，影响及时开启。如节温器主阀门开启过晚，就会造成发动机过热；如主阀门开启过早，就会使发动机温度过低，延长预热时间，使油耗增大。

如图7-20所示，电子节温器是在感温的石蜡中，加装一个加热电阻，阻值约为12Ω。感温石蜡除了能感受冷却液温度外，也能感受因电阻通电产生的热。

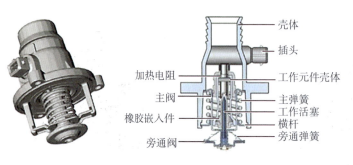 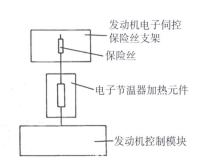

图7-20 电子节温器的结构　　　　图7-21 电子节温器加热元件与发动机控制模块之间的线路连接图

电子节温器的控制原理，一是机械开启功能，当电子节温器周围的冷却液温度达到103℃时，电子节温器内部的石蜡膨胀，石蜡将电子节温器的阀门顶开；二是电控开启功能，发动机控制模块对发动机负荷、发动机转速、车速、进气温度、冷却液温度等信号进行分析处理，然后向电子节温器加热元件提供一定的工作电压，电子节温器周围的冷却液温度升高，使电子节温器的开启时间发生变化。即使在冷车工况下，电子节温器也能够打开，冷却液温度的控制范围为80～103℃。如果发动机控制模块判断冷却液温度超过113℃，那么将不再考虑其他参数，一直向电子节温器加热元件提供一定的工作电压。电子节温器加热元件与发动机控制模块之间的线路连接图如图7-21所示。

电子节温器和蜡式节温器的结构和工作原理的区别在于：蜡式节温器是通过石蜡在高低温的状态变形推动中心杆进而控制阀门的开闭实现大小循环的切换，电子节温器是控制单元根据传感器信号得出的计算值对温度调节单元加载电压，接通大循环电阻根据特性图加热石蜡，使石蜡膨胀发生位移，温度调节单元通过此位移进行机械调节。

6. 冷却液监控装置

冷却液监控装置，由冷却液温度传感器、液位传感器和指示报警装置等组成。发动机冷却液的温度和液位这些信息，通过传感器转变为电信号，经过处理后，由指示报警装置显示在仪表盘上。

（1）冷却液温度传感器　安装在发动机缸体或缸盖的水套上，直接与冷却液接触，用来检测发动机的冷却液温度。如图7-22所示，图（a）为冷却液温度传感器和剖面图，图（b）为传感器的电阻与温度的关系图。冷却液温度传感器的内部是一个具有负温度系数的半导体热敏电阻，冷却液温度传感器的两根导线中的一根为地线，另一根的对地电压随温度的变化而变化。当发动机冷却液温度逐渐升高时，热敏电阻的阻值将逐渐下降，相反则增大，即发动机冷却液温度发生变化时传感器的输出电压也相应变化。ECU接收冷却液温度传感器传来的信号后，对发动机的喷油时间和点火时间进行修正。

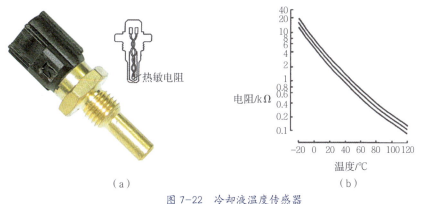

图7-22　冷却液温度传感器

（2）冷却液温度报警灯　当汽车因负载过大、缺水、点火时间不对、风扇不转等故障，造成冷却液温度过高，驾驶员可以通过冷却液温度表和冷却液温度报警灯及时直观地看到发动机冷却液的情况，并根据情况及时做出相应处理。

7. 冷却液

冷却液是发动机冷却系统中重要的工作介质，汽车常用的有水冷却液和加有防冻剂的防冻冷却液。

（1）水冷却液　水冷却液是指直接用水作发动机的冷却液，但要求添加纯净水、离子交换水等软水，不宜添加容易结垢的自来水、河水、井水等含矿物质的水。它的特点是简单、方便，但易结冰、沸点低。如果发动机水冷却系统中的冷却液结冰，将会使冷却液的循环受影响而使发动机不能正常工作，严重的会使曲轴箱、汽缸盖、散热器等因为水结冰时的体积膨胀而胀裂，因此，为安全起见，建议使用防冻冷却液。

（2）防冻冷却液　为了适应冬季行车的需要，在水里需要添加防冻剂制成冷却液以防止循环冷却水的冻结，在水中加入防冻剂同时提高了冷却液的沸点。最常用的防冻剂是乙二醇。冷却液中水与乙二醇的比例不同，其冰点也不同。50%的水与50%的乙二醇混合而成的冷却液，其冰点约为 -35.5℃，大气压力下的沸点是130℃。不同的冷却液有不同的冰点和沸点，应根据发动机的使用条件进行选用。

防冻剂中通常含有防锈剂和泡沫抑制剂。防锈剂的作用是延缓或阻止发动机水套壁及散热器的锈蚀或腐蚀。泡沫抑制剂的作用是能有效地抑制泡沫的产生，因为冷却液中的空气在水泵叶轮的搅动下会产生很多泡沫，而这些泡沫将妨碍水套壁的散热，所以要抑制泡沫的产生。随着时间的推移，防锈剂和泡沫剂会逐渐消耗殆尽，因此，需要定期更换冷却液。

图 7-23 专用冷却液

1- 含硅酸盐的冷却液；2- 含氨基酸的冷却液

如图 7-23 所示，专用冷却液一般添加着色剂，呈深绿色或深红色，以便识别，有一定的毒性，使用时应注意。

许多发动机都使用颜色为蓝色或绿色含硅酸盐的冷却液，还有一些发动机使用颜色为粉红色含氨基酸的冷却液。冷却液在部件表面形成一层保护层，从而对部件起到保护的作用。

如将含硅酸盐的冷却液和含氨基酸的冷却液混合使用，混合液就会失去防腐特性并变为棕色。如果车上的冷却液变为棕色，那么需要对冷却循环回路进行多次彻底冲洗以冲出剩余污物，随后添加规定冷却液。在更换冷却液泵、节温器、汽缸盖密封垫等部件时通常也需要更新冷却液。

一、任务准备

（1）设备　雪佛兰科鲁兹整车，工作台，工具车，零件车，维修手册等。

（2）工具和量具　常用拆装工具组件，测温计，检漏仪，接水盆，抹布若干等。

二、实施步骤

步骤1　实训设备和工具的准备
1. 工具准备齐全，摆放整齐，场地清洁 2. 知晓车间实训的规章制度和要求 3. 掌握冷却系统的相关知识和车辆维护的相关知识 4. 查阅本次实训所使用车辆的维修手册上关于冷却系统的知识
步骤2　人员的防护
1. 戴工作帽，穿结实合身清洁的工作服，尽量不要裸露自己的皮肤 2. 系不带扣的腰带，不要将皮带、纽扣、手表等坚硬物体暴露在外，清除口袋里的碎布和杂物 3. 穿安全鞋 4. 根据作业内容，自己决定戴不戴手套和护目镜
步骤3　车辆的防护
1. 车辆停放安全，拉起手刹，变速器置于空挡，安放车轮挡块和排气烟道 2. 安装座椅垫、转向盘套、换挡杆套、铺地板垫 3. 降下驾驶员侧车窗玻璃；打开发动机盖 4. 安装前格栅布、翼子板布
步骤4　观察冷却系统
 　　1. 观察冷却系统主要零部件的安装位置、外形构造和连接 　　2. 掌握冷却系统的大、小循环路线及控制 　　3. 掌握冷却液温度调节方式

续表

笔记

冷却系统的检查

步骤5　散热器盖的检查

1. 发动机必须处于熄火状态，观察冷却液的温度 2. 用一湿抹布盖住散热器盖，先旋松45°，进行泄压后，再缓慢旋下散热器盖 3. 拆下散热器盖后，检查其橡胶密封垫是否有裂纹及损坏 4. 用手指轻轻拉动空气阀的阀芯，检查其工作是否良好 5. 旋上散热器盖 注意：防止冷却液喷出而造成烫伤
步骤6　发动机舱内冷却管路检查
　　1. 启动发动机，暖机 2. 检查橡胶软管是否有裂纹、凸起以及老化等现象 3. 检查各冷却管路是否松动，有无泄漏等现象 4. 检查卡箍安装是否松动
步骤7　车辆底部冷却管路检查
　　1. 将发动机熄火，取下排气烟道 2. 用举升机将车辆举升至适当高度，确认安全可靠，并确认车下作业安全 3. 检查冷却管路连接是否松动，是否泄漏 4. 车辆复位到准备工作，清洁车身 5. 清洁并整理工具
步骤8　冷却系统泄漏测试

1. 打开冷却液膨胀水箱盖，检查膨胀水箱的液位是否在规定的范围内［注意：若液位偏低，则需要添加冷却液至"COLD（冷态）"标志处］ 2. 朝蓄电池方向，将冷却液膨胀箱从托架上拉出 3. 将冷却液系统测试仪连接至冷却液膨胀箱 4. 向冷却液系统施加适当的压力，根据压力下降情况判断冷却系统是否泄漏 5. 卸下压力，拆下冷却液系统测试仪 6. 关闭冷却液膨胀水箱盖 7. 将冷却液膨胀箱安放在托架上
步骤9　冷却液冰点检查
　　1. 清洁冰点检测仪，用蒸馏水进行校零 2. 打开膨胀水箱盖，用清洁的塑料吸管取出少量冷却液 3. 用冰点检测仪测量冷却液冰点，读出数值并记录下来 4. 清洗吸管和冰点检测仪

225

续表

步骤10	冷却液更换	
 1. 驻车规范，挡位处于空挡位置 2. 启动发动机并保持怠速运转3min左右，检查冷却系统有无泄漏 3. 打开膨胀水箱盖，旋松出水管		 4. 将废液回收盆放置在散热器下方，正对于出水接口处 5. 拆出出水管，进行冷却液排放 注意： ①冷却液对环境有一定的污染，必须回收并统一处理 ②排放冷却液时要防止烫伤
 6. 清洁出水接口均匀涂上密封胶 7. 安装出水管		 8. 用真空式冷却液更换加注器抽空冷却系统里的空气 9. 抽成真空后，停止抽气，保压1min，观察密封效果
		10. 加注冷却液，当感到冷却系统内的冷却液量不足，而膨胀箱中的液面下降缓慢或停止下降时，用手反复捏压散热器的上下水管，液面下降后，继续加注，反复进行，直到膨胀箱内的液面位于上下刻度线的中间位置不再变化为止 11. 启动发动机，然后立即添加冷却液至所要求的位置，然后关闭发动机
步骤11	散热器的清理	
		1. 清洁空调冷凝器散热片 2. 清洁空调冷凝器和散热器之间的部分 3. 清洁散热器散热片 注意：最好使用温水和中性清洗剂进行清洁
步骤12	散热风扇的更换	
 1. 车辆处于熄火状态，观察风扇和风扇离合器 2. 断开蓄电池负极电缆；打开膨胀水箱盖 3. 将车辆举升至头顶高度，确保安全可靠，并确认车下作业安全 4. 排空冷却系统中的冷却液 5. 拆下散热器进出口软管		 6. 拆下变速器油冷却器进出口管 7. 断开发动机冷却风扇电阻线束连接器并拆下搭铁电缆螺母 8. 拆下风扇防护罩 9. 拆下风扇 10. 安装产品质量合格的电风扇 11. 安装风扇防护罩 12. 按拆卸相反的顺序把有关部件装复

续表

步骤13　节温器的更换	
 1. 排空冷却液 2. 拆下增压空气冷却器出气软管 3. 松开散热器进口软管卡箍，将散热器进口软管从冷却液节温器上取出 4. 注意观察节温器盖的安装方向，为防止装错，也可以在节温器盖上做上记号	 5. 拆下发动机冷却液节温器螺栓 6. 拆下发动机冷却液节温器总成 7. 拆下发动机冷却液密封件 8. 清洁节温器座上的腐蚀物、胶质和节温器盖上的胶质等，保持节温器及盖的接触面清洁、平整
 9. 更换新的节温器 10. 安装发动机冷却液密封件 11. 安装发动机冷却液节温器总成 12. 安装发动机冷却液节温器螺栓，并用力矩扳手紧固至产品所需要的力矩	 13. 用散热器进口软管卡箍将散热器进口软管安装至发动机冷却液节温器上 14. 安装增压空气冷却器出气软管 15. 加注冷却液

一、填空题

1. 水冷系统主要由散热器、_____、水泵、_____、分水管、冷却强度调节装置、监控装置及冷却介质等组成。

2. 对水冷发动机冷却系统的要求，就是当发动机低温启动后，保证发动机_____，而在发动机正常工作时，_____、_____，使发动机的工作温度始终保持在_____的正常范围内。

3. 散热器盖，俗称水箱盖，具有较高的密封性。其作用是_____，调节系统的工作压力，提高_____。

4. 百叶窗的功用是通过改变_____来调节发动机的冷却强度。

5. 一般水冷系统的冷却液都是由发动机的_____流进，从_____流出。

6. 冷却液监控装置，由_____、_____和指示报警装置等组成。

7. 防冻剂中通常含有_____和_____。

二、判断题

1. 常用防冻液的冰点为-36℃左右，沸点为108℃左右。　　　　　　　　　　（　　）

2. 膨胀水箱中的冷却液面过低时，可直接补充自来水。　　　　　　　　　　（　　）

3. 采用具有空气—蒸气阀的散热器盖后，冷却液的工作温度可以提高至100℃以上而不"开锅"。（   ）

4. 散热器的设计原则是迎风面积尽可能大，散热器芯不宜太厚。（   ）

5. 风扇工作时，风是向散热器方向吹的，这样有利于散热。（   ）

6. 发动机在正常使用中，冷却液的温度不能高于80℃。（   ）

7. 蜡式节温器失效后，发动机易出现过热现象。（   ）

8. 膨胀水箱的安装布置应高于发动机及散热器。（   ）

9. 现代轿车为了降低噪声都采用硅油风扇离合器。（   ）

10. 离心式水泵的叶片与叶轮旋转平面之间应有一偏扭角。（   ）

11. 为了冷却汽缸，在其外围制有容纳冷却液的水套或散热片。（   ）

12. 发动机的冷却方式都采用风冷。（   ）

13. 冷却系统若温度过低，会出现发动机乏力、排气管时有放炮声的故障现象。（   ）

14. 发动机的风扇与水泵同轴，是由曲轴通过凸轮轴来驱动的。（   ）

15. 当节温器失效后，冷却系统一直处于小循环状态。（   ）

16. 电动风扇的温控开关一般位于发动机缸体出水管口。（   ）

17. 冷却液保持发动机的最佳工作温度一般是80～90℃。（   ）

18. 离心式水泵叶轮损坏后，会阻碍水在冷却系统中的循环，需要立即更换。（   ）

19. 任何水都可以作为冷却液直接加注。（   ）

三、选择题

1. 下列不属于冷却液组成成分的物质是（   ）。

   A.防锈液　　　　B.防冻液　　　　C.添加剂　　　　D.甲醇

2. 硅油式风扇离合器的感温元件是（   ）。

   A.硅油　　　　B.电子开关　　　　C.离合器从动板　　　　D.双金属感温器

3. 节温器属于发动机的（   ）。

   A.润滑系统　　　　B.点火系统　　　　C.启动系统　　　　D.冷却系统

4. 关于电动风扇的说法正确的是（   ）。

   A.电动风扇向发动机方向吹风，带走散热器的热量

   B.发动机启动时电动风扇立即开始工作

   C.发动机熄火时电动风扇立即停止工作

   D.电动风扇的转速保持不变

5. 节温器通过改变流经散热器的（   ）来调节发动机的冷却强度。

   A.冷却液流量　　　　B.冷却液流速　　　　C.冷却液流向　　　　D.冷却液温度

6. 风扇要消耗功率小且得到大风量的有效方法是（   ）。

   A.采用金属叶片　　B.采用电动双风扇　　C.增大叶片到散热器的距离　　D.加大叶片厚度

7. 拆卸风扇皮带时，如果工作人员手上有油、水等黏附物，将会引起皮带（   ）。

   A.打滑　　　　B.断裂　　　　C.磨损　　　　D.变形

8. 关于电动风扇说法正确的是（   ）。

   A.大多数货车和发动机横置或后置的汽车均采用电动风扇

B. 风扇转速与发动机转速有关

C. 低速挡在沸点内使用,高速挡在沸点外使用

D. 风扇的运转受硅油风扇离合器控制

9. 在给水箱添加冷却水时,应加注清洁的( )。

A. 自来水　　　B. 河水　　　C. 蒸馏水　　　D. 矿物质水

10. 通常利用( )来控制通过散热器冷却液的流量。

A. 散热器　　　B. 节温器　　　C. 水泵　　　D. 风扇

11. 不属于冷却系统副水箱作用的是( )。

A. 为冷却系统补充冷却液　　　B. 提供冷却液受热膨胀空间

C. 排除冷却系统内空气　　　D. 提供冷却液循环动力

12. 下列关于节温器说法正确的是( )。

A. 能实现小循环与大循环之间的转换　　　B. 冬天节温器一直处于关闭状态

C. 夏天节温器一直处于开启状态　　　D. 节温器损坏可以自行修复

13. 一般来说,散热面积大、抗裂性能高的散热器冷却管形状为( )。

A. 圆管　　　B. 扁圆管　　　C. 矩形管　　　D. 三角形管

14. 下列零件中,具有冷却功能的是( )。

A. 集滤器　　　B. 粗滤器　　　C. 油底壳　　　D. 细滤器

15. 汽车低速行驶时,保证供给散热器和发动机适量空气流并保持发动机正常工作温度的是( )。

A. 水泵　　　B. 风扇　　　C. 散热器　　　D. 节温器

16. 冷却系统中改变冷却液的流量和循环路线的装置是( )。

A. 百叶窗　　　B. 节温器　　　C. 风扇离合器　　　D. 水泵

四、多项选择题

1. 冷却系统散热器常见的故障有( )。

A. 芯管发生堵塞　　B. 冷却液外漏　　C. 散热片变形　　D. 散热器生锈

2. 冷却系统中不属于提高冷却液沸点的装置有( )。

A. 水箱盖　　　B. 散热器　　　C. 节温器　　　D. 风扇

3. 不属于发动机冷却水的最佳工作温度范围的有( )。

A. 20～30℃　　　B. 40～50℃　　　C. 60～70℃　　　D. 80～90℃

4. 离心式水泵的主要组成元件有( )。

A. 泵体　　　B. 叶轮　　　C. 水泵轴　　　D. 节温器

5. 发动机采用水冷却系统具有的优点有( )。

A. 保持发动机在适当的工作温度　　　B. 使发动机得到均匀冷却

C. 使燃烧噪声得到有效衰减　　　D. 能提供车内取暖所需热量

6. 发动机冷却系统中的冷却强度调节装置主要有( )。

A. 百叶窗　　　B. 节温器　　　C. 散热器　　　D. 风扇

7. 当发动机冷却液温度超过90℃时,下列说法正确的有( )。

A. 节温器完全打开　　B. 全部进行大循环　　C. 大、小循环同时进行　　D. 全部进行小循环

8.散热器芯的结构形式有（　　）。
A.管片式　　　　B.管带式　　　　C.整体式　　　　D.分隔式
9.散热系统铝质散热器相对于铜质散热器具有的优点有（　　）。
A.成本低　　　　B.散热效率高　　C.易维修　　　　D.可靠性高

五、问答题

1.简述冷却系统的大小循环。
2.简述拆除节温器的危害。
3.简述电子节温器和蜡式节温器的结构以及工作原理上的区别。

项目二　冷却系统故障诊断与排除

项目导入

冷却系统是汽车发动机的重要组成部分，其性能的好坏直接影响着发动机能否正常工作。熟悉冷却系统的基本结构组成原理，掌握冷却系统故障检修方法，是从事汽车维修工作的必要技能。

任务　冷却系统常见故障的诊断与排除

知识目标：
掌握发动机冷却系故障的现象。
能力目标：
掌握发动机冷却系故障的诊断与排除方法。

本任务主要是让学生通过认知发动机冷却系统的故障现象，会对发动机冷却系统的故障进行诊断与排除。

发动机冷却系统的技术参数状况，对发动机动力性、经济性和可靠性的影响很大。实验资料表明：当冷却液温度低于或高于80～90℃时，耗油量增加，功率降低，所以发动机工作时，应该使发动机冷却液温度保持在80～90℃最为适宜。

冷却系统常见故障有冷却系统温度过低、冷却液充足但冷却系统温度过高、冷却液消耗异常引起冷却系统温度过高、发动机突然过热等。

一、冷却系统温度过低

1. 故障现象

水温表指示值低于正常工作温度；发动机运转过程中温升低于正常温升速度。

2. 故障原因

造成冷却系统温度过低的主要原因：

① 百叶窗不能关闭。

② 有水温表及线路故障，水温传感器损坏。

③ 节温器阀门常开。

④ 冷却风扇一直在运转。

3. 故障诊断及排除方法

① 若周围气温低，则启动发动机，检查百叶窗是否处于关闭状态，若处于打开状态，说明感温器等控制百叶窗开关的线路有故障，同时检查电风扇是否处于不转动状态，若此时电动风扇运转，说明温控开关失灵，应予以更换。

② 冷车启动，使发动机加速，用手触试散热器入水口，水温很快提升时，说明节温器常开或未装节温器，应更换或加装节温器。

③ 若水温表指示温度偏低，而用温度计测量水温却正常，说明水温传感器或水温表有故障，应更换。

④ 冷车启动发动机，硅油离合器风扇应低速运转，若高速旋转，说明硅油离合器有故障，应予以更换。

二、冷却液充足但冷却系统温度过高

1. 故障现象

发动机冷却液充足，但在运行中冷却系统温度过高，水温警示标志报警。

2. 故障原因

造成这个故障现象的原因主要有两个：一是冷却系统的散热能力下降，二是发动机产生的热量增加。

冷却系统本身的原因有：

① 百叶窗关闭或开度不足。

② 风扇皮带太松或因油污打滑，风扇电机不转，风扇离合器损坏使风扇转速过低。

③ 水温表或报警标志损坏。

④ 散热器出水管老化、损坏或堵塞，冷却系统水道中有水垢或其他杂物堵塞。

⑤ 节温器失灵，使冷却液大循环受阻。

⑥ 水泵损坏。

其他系统的原因：

① 汽缸垫冲坏或缸体、缸盖出现裂纹，使高温气体进入冷却系统。

② 点火时间过迟。

③ 发动机燃烧室积炭过多。

④ 混合气太浓或过稀等。

⑤ 机油油量不足或黏度太大。

⑥ 汽车使用环境的影响。

3. 故障诊断及排除方法

对冷却系统温度过高的故障应按照由外至内，由简单到复杂逐步查找。

① 先检查百叶窗是否关闭或开度不足。再检查风扇的转动情况，即皮带轮是否过松、打滑或断裂，如有故障，应及时维修或更换。

② 检查硅油风扇离合器，使用硅油离合器的风扇，热机后将发动机熄火，用手转动风扇叶片，若

笔记

无阻力或阻力很小，说明硅油离合器有故障，应进行检修或更换。冷却液温度高于规定数值时风扇不转，应检查熔断丝是否良好，若熔断丝正常，拔下热敏开关插头，将两插片直接接通，若风扇仍不转，表明风扇电动机损坏或者风扇到温控开关的电路有故障。若电扇转动，表明温控开关有故障。

③ 从外观检查水温传感器的连接导线是否松脱（用手摸发动机和水箱温度也可初步确定故障的部位）。将水温传感器线拆除后，用此导线搭铁（接通点火开关），此时如水温表指针由100℃缓缓向40℃移动，说明水温表良好，故障可能在水温传感器；若搭铁时水温表指针仍不动，证明水温表有故障，可能是从点火开关至水温表的火线松脱或接触不良，应分别给予修复。

④ 用手轻触散热器和发动机的温度，如果散热器温度低而发动机温度高，说明冷却液循环不良，应检查散热器出水管是否老化、损坏或堵塞，以及冷却系统水道中是否有水垢或其他杂物堵塞。散热器各部如果冷热不均，说明散热器有堵塞。

⑤ 如散热器出水良好，则检查散热器进水是否良好，如果不是，则说明节温器或水泵有问题。拆下节温器，若此时，散热器的进水管排水良好，故障就是节温器损坏，如仍不排水，则说明水泵有故障。

⑥ 如果冷却液温度过高，发动机动力明显不足，并从散热器的注水口涌出高温气体或从排气管处排出水蒸气，则可能因为汽缸垫冲坏或缸体、缸盖出现了裂纹，使高温气体进入冷却系统。

⑦ 此外，还应检查是否由其他系统的原因引起的过热现象。

三、冷却液消耗异常引起冷却系统温度过高

1. 故障现象

发动机冷却系统容纳不了发动机规定的冷却液量，或冷却液消耗异常，使发动机过热。

2. 故障原因

① 水管破裂或接头密封不良而泄漏，水泵水封磨损过甚或损坏而泄漏，散热器损坏泄漏，散热器盖进、排气阀失灵使冷却液泄漏，膨胀水箱盖泄漏。

② 汽缸垫渗漏，汽缸体或汽缸盖有裂纹。

3. 故障诊断及排除方法

① 启动发动机，直观检查机体、水泵、散热器及各水管连接处等部位有无冷却液渗出。

② 若发动机外部不漏水，则检查发动机内部是否漏水。启动发动机，若排气管排出的水蒸气、机油尺发现机油中有冷却液，则为水套破裂或汽缸垫水道孔破损。

四、发动机突然过热

1. 故障现象

发动机冷车启动时冷却液温度迅速升高，或汽车在行驶时发动机突然过热。

2. 故障原因

① 冷却系统严重漏水。
② 百叶窗冷却风扇不工作。
③ 节温器损坏，不能进行大循环。
④ 高温气体进入冷却系统。

3. 故障诊断及排除方法

① 首先检查百叶窗和冷却风扇是否工作。若不工作，则先检查风扇皮带是否断裂，再检查风扇离合器、温度开关、风扇电动机、电路是否损坏。

② 再检查冷却液量是否充足，若不足则发动机不立即熄火，怠速散热几分钟，再补加冷却液。

③ 如果以上正常，则用手轻触散热器和发动机温度，如果发动机温度高而散热器温度低，则说明水泵或节温器损坏。

④ 如果发动机启动后，水箱口向外溢水并排出大量气泡，则说明高温气体进入冷却系统。

知识测评

一、填空题

1. 冷却系统的常见故障有_____、_____、_____和_____。
2. 发动机冷却系统的技术参数状况，对_____、_____和可靠性的影响很大。

二、判断题

1. 发动机冷却系统的小循环为常闭的。（　　）
2. 散热器风扇的出风方向一般是朝向散热器，以确保散热器的散热效果。（　　）
3. 当发动机温度较高时，应立即开启散热器盖。（　　）
4. 在排除发动机温度过高故障时，可采用拆除节温器，加大冷却液流量的措施。（　　）
5. 不同类型的防冻液不宜混合使用。（　　）
6. 如更换了散热器，则不可再用旧冷却液。（　　）
7. 发动机有冷却系统给其降温，所以发动机温度越低越好。（　　）

三、选择题

1. 节温器主阀门在（　　）才打开。
   A. 低温时　　B. 高温时　　C. 冷却液沸腾时　　D. 以上都不是
2. 若散热器盖的压力阀完好，则散热器内的最高压力可（　　）。
   A. 低于大气压　　B. 高于大气压　　C. 保持与大气压一致　　D. 保持与水泵压力一致
3. 冷却系统中提高冷却沸点的装置是（　　）。
   A. 水箱盖　　B. 水套　　C. 散热器　　D. 水泵
4. 发动机混合气过稀对冷却系统造成的影响是（　　）。
   A. 冷却液温度降低　　B. 冷却液温度升高
   C. 冷却液消耗增大　　D. 冷却液压力增大
5. 当冷却液消耗过快时，下列可能的故障原因有（　　）。
   A. 水管破裂或接头密封不良　　B. 水泵水封磨损过甚或损坏漏水
   C. 汽缸垫渗漏　　D. 散热器损坏泄漏
6. 造成冷却液温度过高的原因之一可能是（　　）。
   A. 水泵轴松旷　　B. 百叶窗全开无法关闭
   C. 节温器故障　　D. 混合气过浓
7. 当冷却系统温度过低时，可能的故障原因有（　　）。
   A. 水温表及线路故障　　B. 水温传感器损坏
   C. 节温器阀门常开　　D. 风扇电机线路故障
8. 散热器维修后，其容量一般不得小于原容量的（　　）。
   A. 95%　　B. 90%　　C. 85%　　D. 80%

四、问答题

1. 冷却系统的常见故障有哪些？
2. 简述温度过高的现象有哪些，如何诊断和排除。

单元八　点火系统

单元描述

汽油机汽缸内的可燃混合气是靠高压电火花点燃,而电火花的产生是由点火系统实现的。点火系统应在发动机各种工况和使用条件下保证可靠而准确的点火。目前汽油机点火系统常用的是无分电器微机控制点火系统。

通过学习,要求学生掌握点火系统的作用、组成、构造及工作原理;掌握无分电器微机控制点火系统的使用维护及故障的诊断与排除。

项目一　点火系统的组成与检修

项目导入

在汽油机上能使火花塞电极间产生电火花的全部设备称为点火系统,点火系统通常由蓄电池、点火开关、点火线圈、高压线、火花塞、ECU及相关传感器(如曲轴位置传感器、凸轮轴位置传感器、爆震传感器等)等组成。点火系统是汽油发动机工作的必备系统。

本项目主要学习点火系统的作用、组成、工作原理、主要部件的构造与检测方法。由点火系统的组成与工作原理认知、点火系统主要部件的构造及检测两个任务组成。通过本项目的学习,应掌握点火系统主要部件的拆装与检测方法。

任务一　点火系统的组成与工作原理认知

知识目标:

1. 掌握点火系统的作用;
2. 了解点火系统的发展历程;
3. 了解点火系统的基本要求;
4. 掌握点火系统的组成;
5. 掌握点火系统的工作原理。

能力目标:

1. 认识点火系统的组成;
2. 会使用维修手册查询电子点火系统控制电路图。

本任务主要是让学生掌握点火系统的组成,了解点火系统的工作原理,学会使用维修手册查询电子点火系统控制电路图。

一、点火系统概述

点火系统的作用是将汽车电源供给的低压电转变为高压电,并按照发动机的工作顺序与点火时间的要求,适时地配送给各缸火花塞,在其间隙处产生电火花,点燃汽缸内的可燃混合气。

汽油机上最早使用点火系统的能源为磁电机,故称磁电机点火系统。汽车电源在采用蓄电池以后,点火系统的能源由磁电机改成蓄电池,因而称为蓄电池点火系统。汽油机点火系统发展大致可分成五个阶段:传统(触点式)点火系统、有触点电子点火系统、无触点电子点火系统、有分电器微机控制点火系统、无分电器微机控制点火系统。当前大部分汽车采用无分电器微机控制点火系统。

点火系统应在发动机各种工况和使用条件下保证可靠而准确的点火。因此要求有能产生足以击穿火花塞电极间隙的电压,传统点火系统可提供10~20kV的高电压,电子点火系统可提供15~25kV的高电压,甚至更高;为了保证点火可靠,电火花应具有足够的能量;点火时刻应适应发动机的工况,即点火顺序应与发动机的工作顺序一致,同时点火时刻要准确。

二、点火系统的组成

传统的点火系统由电源、点火开关、点火线圈及附加电阻、分电器(包括断电触点、配电器和点火提前机构)、火花塞和高低压导线等组成。传统点火系统由于工作可靠性差,节能和环保不达标,现已经彻底淘汰,在此不作叙述。

电子点火系统按照储能方式的不同可以分为电感式点火系统和电容式点火系统两大类。前者的储能元件是点火线圈,后者的储能元件是电容器。

电子点火系统由电源、点火开关、点火线圈、分电器(包括信号发生器、配电器和点火提前机构)、点火控制器及火花塞等组成,如图8-1所示。其中点火开关、点火线圈、火花塞、配电器及点火提前机构的结构原理与传统点火系统基本相同。电子点火系统与传统点火系统的不同点在于采用了各种形式的点火信号发生器来代替驱动凸轮,由信号发生器产生触发信号,从而控制点火线圈初级电路的接通与切断。

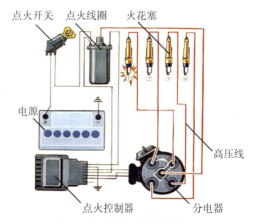

图8-1 电子点火系统的组成

电子点火系统按点火信号发生器的不同又可分为磁感应式、霍尔式、光电式、电磁振荡式电子点火系统等类型。

微机控制的点火系统分为有分电器微机控制点火系统和无分电器微机控制点火系统两类。

有分电器微机控制点火系统由电源、点火开关、微机控制单元(ECU)、点火控制器、点火线圈、分电器、火花塞、高压线和各种传感器等组成。如图8-2所示为有分电器微机控制点火系统的组成示意图。

当前大部分汽车采用的无分电器微机控制点火系统，无分电器微机控制点火系统由电源、点火开关、微机控制单元（ECU）、点火控制器、点火线圈、火花塞、高压线和各种传感器（如曲轴位置传感器、凸轮轴位置传感器、爆震传感器等）等组成，如图8-3所示。有的无分电器点火系统还将点火线圈直接安装在火花塞上方，取消或隐藏了高压线。

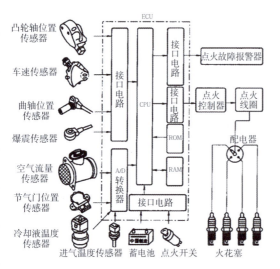

图8-2 有分电器微机控制点火系统的组成

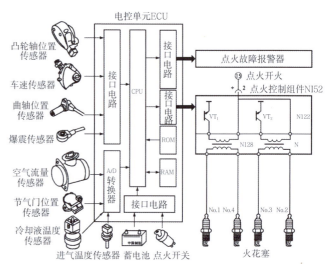

图8-3 无分电器微机控制点火系统的组成

三、点火系统的基本工作原理

点火系统是利用点火线圈的自感和互感原理工作的，点火系统基本工作原理如图8-4所示。传统点火系统采用（a）（b）接线方式；有触点电子点火系统、无触点电子点火系统、有分电器微机控制点火系统、无分电器微机控制点火系统、独立点火方式采用（b）接线方式，无分电器微机控制点火系统同时点火方式采用（c）接线方式。

接通点火开关ON挡，当发动机转动时，点火信号使点火模块末级三极管交替地导通和截止（或断电器凸轮旋转使断电器触点交替地闭合和断开）。当三极管导通（断电器触点闭合）时，点火线圈初级绕组N_1通过低压电流并逐渐增长，铁芯储存了磁场能。当三极管截止（断电器触点断开）时，初级电流和磁场的骤然下降，使得初级绕组感应出300～400V自感电动势（e_1），次级绕组N_2由于绕组匝数较多，约为初级绕组的80～100倍，感应出了电压可高达15000～25000V互感电动势（e_2）。次级电压由配电器或直接按照点火顺序传送至各汽缸火花塞，击穿火花塞放电间隙，产生电火花点燃汽缸内的可燃混合气。发动机工作时，这个过程周而复始地进行。若要发动机停止工作，只要点火开关由ON挡转到OFF挡，切断初级电路即可。

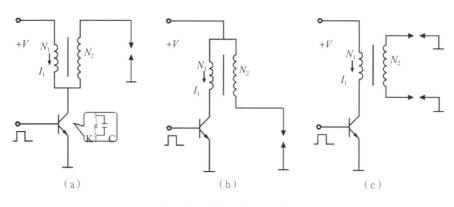

a.初级电流接通并逐渐增长

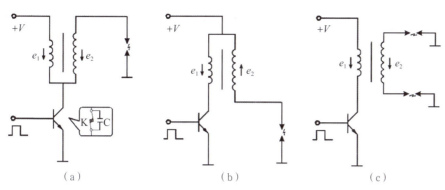

b. 初级电流切断，次级产生高压，火花塞点火

图 8-4　点火系统基本工作原理示意图

四、无分电器微机控制点火系统的工作原理

无分电器点火系统又称为直接点火系统，它除了具有有分电器微机控制点火系统的优点外，无分电器微机控制点火系统（DIS）由于点火线圈（或初级绕组）数量增加，对每一个点火线圈来说，初级绕组允许通电时间可增加 2～6 倍。因此，无分电器点火系统具有足够大的点火能量和足够高的次级电压来保证发动机在任何工况都能可靠点火，有利于采用稀混合气燃烧，降低排污含量和耗油量；同时也避免了与分火头有关的一些机械故障，提高了工作的可靠性；对无线电的干扰几乎降为零；无需进行点火正时方面的调整，使用维护更加方便。因此，无分电器点火系统已经成为现代轿车点火系统的主流。

无分电器点火系统次级电压的产生过程和点火提前角的控制与有分电器微机控制点火系统基本相同，不同之处在于高压配电和工作过程，前者的配电采用电子控制配电，后者采用的是机械式的分电器配电。

电子配电方式是指在点火控制器控制下，点火线圈的高压电按照一定的点火顺序，直接加到火花塞上的直接点火方式。采用电子配电方式分配高压电的点火系统称为无分电器点火系统 DIS。常用电子配电方式分为双缸同时点火和独立点火两种配电方式，如图 8-5 所示。

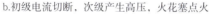

图 8-5　高压电子配电方式的类型

1. 双缸同时点火的控制

双缸同时点火是指点火线圈每产生一次高压电，使两个汽缸的火花塞同时跳火。次级绕组产生的高压电将直接加在两个汽缸（四缸发动机的 1、4 缸或 2、3 缸；六缸发动机的 1、6 缸、2、5 缸或 3、4 缸）的火花塞电极上跳火。

双缸同时点火时，一个汽缸处于压缩行程末期，是有效点火，另一个汽缸处于排气行程末期，缸内温度较高而压力很低，火花塞电极间隙的击穿电压很低，对有效点火汽缸火花塞的击穿电压和火花放电能量影响很小，是无效点火。曲轴旋转一转后，两缸所处行程恰好相反。双缸同时点火时，高压电的分配方式又分为二极管分配和点火线圈分配两种形式。

2. 独立点火的控制

独立点火系统每一个汽缸都配有一个点火线圈，并安装在火花塞上方。在点火控制器中，设置有与点火线圈相同数目的大功率三极管，分别控制每个线圈次级绕组电流的接通与切断，其工作原理与同时点火方式相同。单独点火的优点是省去了高压线，点火能量损耗进一步减少；此外，所有高压部件都可以安装在发动机汽缸盖上的金属屏蔽罩内，点火系统对无线电的干扰可大幅度降低。

五、点火波形

点火系统的工作过程基本可分为三极管导通，初级电流按指数规律增长；三极管截止，次级线圈产生高压电动势及火花放电等三个过程。

1. 三极管导通，初级电流按指数规律增长

三极管导通时，火花塞间隙不会被击穿，所以把次级电路看作开路状态，可不计其对初级回路的影响。初级电流 i_1 是按指数规律变化的。初级电流增长时，由于电磁感应，会在初级和次级线圈中分别产生感应电压，其大小都是按指数规律逐渐减小的。如图 8-6（a）导通段。

2. 三极管截止，次级线圈产生高压电动势

当三极管截止时，瞬间的初级电流为 I_k（即断开电流），初级电流急剧下降，并且在初级回路中形成衰减的振荡，见图 8-6（a）截止段。初级线圈中感应出 300~400V 的自感电动势，同时在次级线圈中感应出 15~30kV 的高压（互感）电动势，如图 8-6（b）、（c）所示。

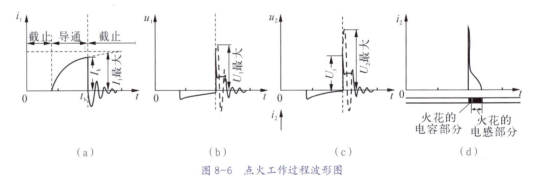

图 8-6　点火工作过程波形图

$U_{1\max}$ 的数值一般为 300~400V。$U_{2\max}$ 约为 15~30kV，足以击穿火花塞间隙，产生火花放电。

3. 火花放电过程

次级高压 U_2 上升过程中，首先以电场能的形式储存在高压电路的分布电容中，当 U_2 上升到火花塞间隙击穿电压 U_j [图 8-6(c)]时，就可以击穿火花塞间隙，产生数十安培的次级电流 i_2，实现电容放电（约 1μs），也称火花头。由于电容放电，首先使火花塞间隙处的气体电离为等离子体。接着在迅速下降的 U_2 作用下继续放电，这就是电感放电阶段，也称火花尾，如图 8-6（d）所示。电感放电阶段的电压 U_2，是靠初级电路中衰减的振荡（通过互感）来维持的。电感放电的时间一般为几毫秒，电压为 600V 左右，放电电流为几十毫安。混合气的燃烧主要是靠火花尾来完成的。电感放电时间越长，点火越可靠，燃烧越充分。电容放电时，伴随有高频振荡，频率约 10^7~10^8Hz，这是无线电干扰的主要来源。

一、任务准备

（1）工具　常用工具 1 套，维修手册 1 本。

（2）设备　科鲁兹汽车 1 辆。

单元八 点火系统

二、实施步骤

步骤1 车辆、工具准备	
	1. 车辆摆放整齐，场地清洁 2. 常用拆装工具、工具柜、工作台、维修手册、抹布等

步骤2 认识点火系统	
 1.安装车内座椅三件套	 2.打开发动机舱盖，取下DIS点火模块盖，盖板下即是点火线圈总成
 3.取下线路护板，注意护板下方线路不要缠绕，拔出插头，记录端子数量、端子编号和线束颜色等，对照维修手册	 4.使用工具拆除点火线圈两根固定螺栓
 5.握住点火线圈两头，小心用力拔出点火线圈总成	 6.使用火花塞专用套筒，拆下火花塞
 7.取下火花塞，目视检查表面是否有积炭	 8.打开X50A保险丝盒，查找点火系统相关保险丝
 9.找到凸轮轴位置传感器，观察连接线束的数量以及颜色代码并记录	 10.在缸体上找到爆震传感器，观察连接线束的数量以及颜色代码并记录

笔记

续表

11.在飞轮与启动机连接处找到曲轴位置传感器，观察连接线束的数量以及颜色代码并记录	12.清洁场地，做好"5S"工作管理规定。

知识测评

一、填空题

1. 微机控制点火系统可根据发动机的工况，计算出最佳_____角。

2. 点火系统通过控制三极管的通、断时刻来控制_____的电流。

3. 微机控制点火系统通过_____传感器对爆震进行反馈控制。

4. 爆震传感器可使汽油机在大部分运行工况都处于刚好不致产生_____的临界状态，使汽油机的动力性潜力得到了充分发挥。

二．选择题

1. 电子点火系统的点火电子组件也称电子点火器（简称点火器），其主要作用是（　　）。

A. 根据点火信号发生器产生的点火脉冲信号

B. 产生点火脉冲信号

C. 起着 ECU 的作用

D. 产生电火花作用

2. 无分电器双缸同时点火系统中，点火线圈的次级绕组中串联一个高压二极管，起作用是（　　）。

A. 防止当晶体管导通瞬间，导致火花塞跳火

B. 确保处于压缩上止点的汽缸可靠点火

C. 保护火花塞不被击穿

D. 出现回火现象

3. 点火电压一般为（　　）。

A. 5V　　　　　　B. 12V　　　　　　C. 220V　　　　　　D. 15kV

4. 点火线圈按磁路的结构形式不同，可分为（　　）路点火线圈和闭磁路点火线圈两种。

A. 开磁路　　　　B. 断磁路　　　　C. 自励磁路　　　　D. 他励磁路

三．简答题

1. 微机控制点火系统由哪些零部件组成的？

2. 单缸独立点火与双缸同时点火的优缺点有哪些？

任务二　点火系统主要部件的构造与检测

知识目标：
1. 掌握点火系统主要部件作用、类型、结构和工作原理；
2. 掌握点火系统主要部件的检测与更换方法。

能力目标：
1. 能辨别点火系统的主要部件型号；
2. 会拆装和检测点火系统主要部件。

本任务主要是学习点火系统主要部件的结构组成、使用规格，选择合适的工具对点火系统的主要部件进行拆装和检测。

一、点火线圈

点火线圈按其磁路结构形式的不同，一般可分为开磁路式和闭磁路式两种。

1. 开磁路点火线圈

开磁路点火线圈的基本结构如图8-7所示，主要由铁芯、胶木盖、瓷座、接线柱和外壳等组成。一般传统点火线圈都带有附加电阻，用于电子点火系统的点火线圈不带附加电阻。

铁芯由若干层涂有绝缘漆的硅钢片叠成，外面套有绝缘套管。套管外面先分层绕制一定匝数的次级绕组，每层绕组之间都用绝缘纸隔开，最外层的绝缘纸层较多。再用同样方法将初级绕组绕在次级绕组外面，以利于散热。绕好后的绕组在真空中填入绝缘物，以增强绝缘。

点火线圈外壳与绕组之间装的导磁用的钢片，由四片呈圆弧形的硅钢片组成。当低压电流过初级绕组时，铁芯被磁化。由于磁路上、下部分都是在空气中通过的，铁芯并未构成闭合磁路，所以称之为开磁路点火线圈，如图8-8所示。点火线圈上部装有胶木盖，底部装瓷座，用来防止高压电击穿次级绕组的绝缘层，向铁芯或外壳放电。为加强绝缘，防止潮气浸入，利于散热，外壳内填满沥青或变压器油、

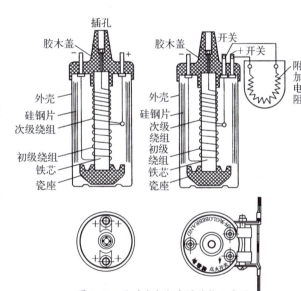

图8-7　开磁路点火线圈结构示意图

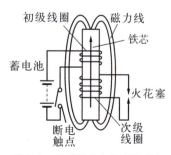

图8-8　开磁路点火线圈的磁路

六氟化硫等绝缘材料。

2. 闭磁路点火线圈

闭磁路点火线圈和传统的开磁路点火线圈相比,其铁芯不是条形而是"日"字形或"口"字形。铁芯磁化后,其磁力线经铁芯构成闭合磁路,如图8-9所示。由于闭磁路点火线圈漏磁场小,磁阻小,能量损失小,所以能量转换率高可达75%,而开磁路点火线圈的能量转换率只有60%。另外由于闭磁路铁芯导磁能力强,可在较小的磁动势(安匝数)下产生较强的磁场,因而可有效地减小线圈匝数,使点火线圈小型化。

图8-9 闭磁路点火线圈的磁路　　图8-10 各种闭磁路点火线圈

图8-11 独立点火系统的电子点火线圈构造

闭磁路点火线圈,一般采用环氧树脂或耐高压塑料封装,带有支架,如图8-10所示,有的带附加电阻(1.2～2.6Ω),有的内部接有高压二极管。点火线圈与电路连接采用插接件,次级电压输出端用高压线接分电器盖中央插孔。

独立点火系统是每一个汽缸分配一个点火线圈,点火线圈直接安装在火花塞的顶上,取消了高压线。这种点火系统通过凸轮轴传感器或通过监测汽缸压缩来实现精确点火,适用于任何缸数的发动机。如图8-11所示。

3. 点火线圈的型号

根据QC/F73—93《汽车电气设备产品型号编制方法》的规定,国产点火线圈的型号组成如下:

① 产品代号:D 表示点火,Q 表示线圈。如果DQ后面还有字母,G 表示干式点火线圈,D 表示电子点火系统用。

② 电压等级代号:用数字表示点火线圈的额定电压,即 1—12V;2—24V;6—6V。

③ 用途代号:用数字表示点火线圈的用途,含义如下:1—单、双缸发动机;2—四、六缸发动机;3—四、六缸发动机(带附加电阻);4—六、八缸发动机(带附加电阻);5—四、六缸发动机;6—八缸以上的发动机;7—无触点分电器;8—高能;9—其他(包括三、五、七缸发动机)。

④ 设计序号：以数字表示。

⑤ 变型代号：以 A、B、C、D……字母顺序表示。

例如：DQ1244 表示电压为 12V，用于 4～6 缸发动机，设计序号为 4 的点火线圈，点火次序为 1-3-4-2。

二、点火控制器

点火控制器也称为点火模块，是发动机点火控制系统的执行器，其基本电路包括整形电路、开关信号放大电路、功率输出电路等。点火控制器的作用是根据微机发出的指令信号，通过内部大功率三极管的导通与截止来控制点火线圈初级绕组电路的通断，使点火线圈产生高压电。

三、高压线

高压线用来传送高电压，其工作电压一般在 15kV 以上，但通过电流强度较小，因此高压导线的绝缘包层很厚，耐压性能好，但线芯截面积很小。高压线有铜芯线和阻尼线两种，为了衰减火花塞产生的电磁波干扰，目前广泛使用高压阻尼点火线。

高压阻尼点火线常用的有金属阻丝式和塑料芯导线式。金属阻丝式又分为金属阻丝线芯式和金属阻丝线绕电阻式两种。不同车型采用的阻尼高压线的阻值不相同，在检修或更换高压线时要注意测量。

四、火花塞

1. 火花塞的结构

火花塞的结构如图 8-12 所示，在钢质壳体内部固定着高氧化铝陶瓷绝缘体，绝缘体中心孔内装有中心电极，中心电极上端有接线螺母，用来连接高压导线。壳体的下端面固定有弯曲的侧电极。壳体的上端有便于拆装的六角柱面，它与绝缘体之间装有紫铜垫片，主要起导热和密封作用。

火花塞的电极间隙一般为 0.7～0.9mm，近年来为适应发动机排气净化的要求，采用稀混合气燃烧，火花塞电极间隙有增大的趋势，有的已增大至 1.0～1.2mm。

2. 火花塞的热特性

为保证火花塞的正常工作，其下部绝缘体——裙部工作时的温度维持在 500～700℃，这样才能使落在绝缘体上的油滴立即烧掉，不致形成积炭，通常称这个温度为火花塞的"自净温度"。如果温度过低，火花塞会形成积炭；温度过高，又易导致炽热点火，使发动机遭到损坏。

火花塞裙部绝缘体的工作温度，取决于其受热情况和散热条件。影响火花塞裙部温度的主要因素是裙部的长度，裙部较长的火花塞，在燃烧室内吸热面积大，传热距离长，散热困难，因而裙部温度高，称为"热型"

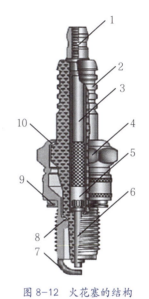

图 8-12 火花塞的结构

1- 接线帽；2- 陶瓷体；
3- 中心螺杆；4- 壳体；
5- 导电玻璃；6- 中心电极；
7- 侧电极；8、10- 密封垫圈；
9- 软金属垫圈

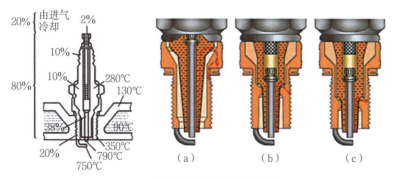

图 8-13 火花塞的热特性

火花塞，如图8-13（a）所示；而裙部较短的火花塞，吸热面积小，传热距离短，散热容易，因而裙部温度较低，称为"冷型"火花塞，如图8-13（c）；各项条件居中的称为"中型"火花塞，如图8-13（b）所示。

发动机技术性能不同，汽缸内工作温度也不同。大功率，高转速，高压缩比的发动机汽缸温度高。为使火花塞不致产生炽热点火，应选用"冷型"火花塞；相反，对功率小，转速和压缩比低的发动机来说，为了不致形成积炭，应采用"热型"火花塞。

目前各国对火花塞热特性的表示方法不完全相同，一般常用"热值"表示。所谓"热值"，是指火花塞散掉所吸热量的程度。它是一个相对概念，国产火花塞分别用1、2、3、4、5、6、7、8、9、10……阿拉伯数字表示。热值数越高，表示散热性能越好，因而小数字为热型火花塞，大数字为冷型火花塞。热值数字越大，越趋向于冷型火花塞。

3. 常用火花塞的类型

常用火花塞的结构类型如图8-14所示。

（1）标准型火花塞 其绝缘体裙部略缩入壳体端面，侧电极在壳体端面以外。

（2）突出型火花塞 绝缘体裙部较长，突出于壳体端面之外。它吸热量大，抗污能力好，且能直接受到进气的冷却而降低温度，不易引起炽热点火，热适应范围宽，是使用最广泛的火花塞。

（3）细电极型火花塞 其电极很细，特点是火花强烈，点火能力好，在严寒季节也能保证发动机迅速可靠地启动，热范围较宽，能满足多种用途。

（a）标准型　　（b）突出型　　（c）细电极型

（d）沿面跳火型　　（e）多极型

图8-14　常用火花塞的结构类型

（4）沿面跳火型火花塞 沿面跳火型火花塞即沿面间隙型火花塞，其中心电极与壳体端面之间的间隙是同心的，是一种最冷型火花塞。

（5）多极型火花塞 侧电极一般为两个或两个以上。优点是点火可靠，间隙不需经常调整。故在电极容易烧蚀和火花间隙不能经常调节的一些汽油机上被采用。

4. 火花塞的型号规格

根据ZBT 37003—89标准规定，火花塞产品型号由以下三部分组成。

① 第一部分为汉语拼音字母，表示火花塞结构类型及主要形式尺寸，各字母含义可以查看有关标准。

② 第二部分为阿拉伯数字，表示火花塞热值。

③ 第三部分为汉语拼音字母，表示火花塞派生产品结构特征，发火端特征，材料特性及特殊技术要求，无字母者为普通型火花塞，该部分如需用两个以上汉语拼音字母时，则应按表中所示的先后顺序排列。

例：F5RTC型火花塞即为螺纹旋合长度为19mm，壳体六角对边为20.8mm，热值为5的M14×1.25带电阻及镍铜复合电极的绝缘体突出型平座火花塞。

五、爆震传感器

现代汽油机的电控点火系统与电控燃油喷射系统都是共用同一组传感器信号，即同一个传感器的信号既用于电控点火系统，又用于电控燃油喷射系统。电控燃油喷射系统的主要传感器构造与检测已在前面学习过，但爆震传感器是电控点火系统所特有，其信号仅用于电控点火系统。

汽油机从火花塞跳火到汽缸内的可燃混合气完全燃烧需要一定时间，由于发动机的转速很高，短时间内曲轴就可以转过很大的角度。若恰好在活塞到达上止点时点火，混合气开始燃烧时，活塞已经开始向下运动，导致发动机的功率下降。因此需要通过提前点火来保证可燃混合气燃烧产生的热能能够有效利用，提高发动机的输出功率。点燃燃烧室内的可燃混合气。从火花塞开始点火时刻起，到汽油机活塞到达压缩上止点止，这段时间内曲轴转过的角度称为点火提前角。能使发动机获得最佳动力性、经济性和最佳排放时的点火提前角称为最佳点火提前角。

点火过早，会造成爆震，爆震是指汽缸内的可燃混合气在火焰前锋尚未到达之前，自行燃烧导致缸内压力急剧上升而引起的缸体振动现象。"爆震"是一种不正常燃烧，不但会产尖锐的敲缸声，还会使发动机的活塞、连杆、曲轴等机件受到过度的冲击载荷，大大缩短发动机的工作寿命，但轻微的爆震对发动机没有太大影响。快速有效地抑制爆震的方法是延后点火提前角，但点火过迟又会导致气体做功困难，油耗大，效率低，排气声大。

爆震传感器安装在发动机机体的上半部，把缸体的振动转换成电信号输入ECU，ECU根据缸体振动信号判定有无爆震以及爆震的强弱。爆震过强则在原点火提前角的基础上减小点火提前角，直到爆震消失为止；爆震消失后，一段时间内维持当前的点火提前角；如果一直没有爆震发生，ECU会逐步增加点火提前角直到爆震再次发生，爆震出现后ECU又会减小点火提前角。如此反复，从而实现点火提前角的闭环控制。

爆震传感器按结构原理的不同可分为压电式和电感（磁致伸缩）式两种，按检测方式的不同可分为共振型、非共振型两种。

1. 电感（磁致伸缩）式爆震传感器

电感式爆震传感器如图8-15所示，主要是由绕组、铁芯、永久磁铁及外壳等几部分组成。电感式爆震传感器是利用电磁感应原理检测发动机爆震。当发动机发生爆震时，铁芯受到振动而使绕组内的磁通量发生变化，产生感应电动势，传感器输出电压信号，信号的大小与发动机的振动频率有关。当传感器的固有振动频率与发动机爆震时的振动频率相同时，传感器输出的信号电压最大。

电感式爆震传感器是一种共振型爆震传感器，共振型爆震传感器的特点是传感器的固有振动频率与发动机爆震时的振动频率相同。共振型爆震传感器输出信号电压高，不需要使用滤波器即可识别爆震，信号处理方便。但机械共振体的频率特性尖且频带窄，无法响应发动机结构变化引起的爆震频率变化，共振型

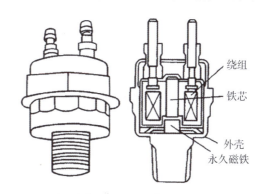

图8-15 磁致伸缩（电感）式爆震传感器

爆震传感器只适用于特定的发动机，不能与其他发动机互换使用，装车自由度很小。非共振型爆震传感器在爆震和无爆震时输出的信号电压没有明显增加，爆震是否发生是靠滤波器检测传感器输出信号中有无爆震频率来判断，爆震信号的检测比较复杂。但这种传感器用于不同的发动机时，只需调整滤波器的频率范围，通用性强。

2. 压电式共振型爆震传感器

压电式共振型爆震传感器如图8-16（a）所示，主要是由压电元件、振荡片（振子）、基座、外壳、线束插头等组成。当发动机发生爆燃时，振荡片（振子）与发动机共振，振荡片（振子）将共振时产生的压力作用于压电元件，压电元件则此压力转变成电信号输送给ECU。

3. 压电式非共振型爆震传感器

压电式非共振型爆震传感器如图8-16(b)所示，主要是由套筒底座、绝缘垫圈、压电元件、惯性配重块、

笔记

塑料壳体、固定螺栓、线束插头等组成。与压电式共振型爆震传感器相比，非共振式内部无震荡片（振子），但设一个配重块，以一定的预紧压力压紧在压电元件上。当发动机发生爆燃时，配重块以正比于振动加速度的交变力施加在压电元件上，压力元件则将此压力信号转变成电信号输送给ECU。

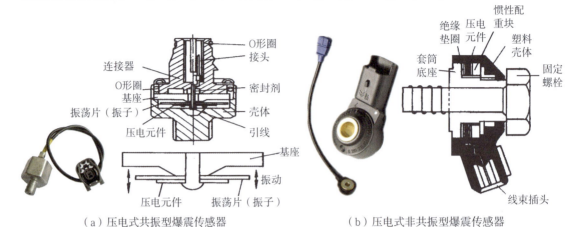

（a）压电式共振型爆震传感器　　（b）压电式非共振型爆震传感器

图 8-16　压电式爆震传感器

一、任务准备

（1）设备　科鲁兹汽车1辆。

（2）工具　火花塞专用拆装工具1套。

二、实施步骤

火花塞的
检查与更换

步骤1　车辆、工具准备	
	1. 车辆摆放整齐，场地清洁 2. 常用拆装工具、工具柜、工作台、维修手册、抹布若干

步骤2　拆装火花塞	
 1. 找到标识盖板，并取下	 EN-6009 83 96 335 2. 观察点火线圈固定螺丝的型号与规格，从工具箱中匹配好相应的工具
 3. 拔出点火线圈，注意水平方向用力均匀	 4. 使用火花塞专用套筒配上万向转接头、短接杆和棘轮扳手，取下火花塞

续表

 5.检查图示几点 （1）接线帽有无损坏；（2）绝缘体是否有裂缝；（3）端子间隙是否符合标准（标准值为 0.8～0.9 mm，0.031～0.035 in）；（4）表面是否脏污	 6.目视检查，检查火花塞头部的颜色及积炭情况，并讨论分析积炭原因
 7.更换一组新的火花塞。注意型号与规格，如不清楚，可与原装进行比对。使用火花塞专用套筒将新火花塞放入缸体，上紧至规定扭矩。火花塞扭矩标准值为：25N·m	 8.复原，做好"6S"工作管理规定

步骤3　曲轴位置传感器的拆装

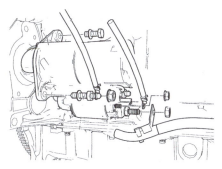 1.按图所示，拆下启动机固定螺丝，按照维修手册规定记录好启动机螺栓标准扭矩 （1）启动机正极电缆螺母 12.5 N·m； （2）启动机搭铁电缆螺母 20 N·m； （3）启动机双头螺栓 25 N·m	 2.找到曲轴位置传感器
 3.拆装曲轴位置传感器，标准扭矩为 4.5 N·m	 4.拆装示意图

步骤4　凸轮轴位置传感器的拆装

 1.查看维修手册，找到凸轮轴位置传感器	 2.在实车上找到传感器的位置

247

续表

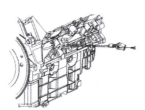 3.按维修手册图示,熟悉拆装方法	 4.断开线束,拆装凸轮轴位置传感器
步骤5 爆震传感器的拆装	
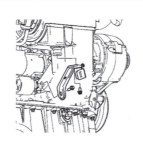	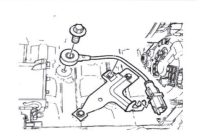
步骤6 爆震传感器电阻的检测	
	科鲁兹发动机的爆震传感器为压电式爆震传感器,检测时可用万用表检测接线端子1和2、1和外壳、2和外壳间的电阻,都应为无穷大(不导通)。 磁致伸缩式爆震传感器,可用万用表检测接线端子1和2间的电阻,其阻值应符合规定值(具体数据见具体车型维修手册)
步骤7 爆震传感器信号的检测	
	拔开爆震传感器的连接插头,在发动机怠速时用万用表电压挡检查爆震传感器两接线端子间的电压,应有脉冲电压输出
步骤8 拆装检测完毕,要做好6S清洁整理工作	

一、填空题

1. 火花塞的电极间隙一般为_____。

2. 火花塞的热特性主要取决于绝缘体_____的长度。

3. 散热困难而使裙部的温度高,此为_____火花塞,反之为_____火花塞。

4. 对于小功率、低压缩和低转速的发动机,应采用_____火花塞;相反,对于大功率、高压缩比、高转速的发动机,应采用_____火花塞。

5. 火花塞热特性一般用热值表示数值越高，散热性_____。

二、选择题

1. 热型火花塞绝缘体的裙部（　　）。

A. 较短　　　　B. 较长　　　　C. 较粗　　　　D. 较细

2. 冷型火花塞绝缘体的裙部（　　）。

A. 较短　　　　B. 较长　　　　C. 较粗　　　　D. 较细

3. 火花塞发火部位（指中心电极和瓷芯裸露于汽缸内的表面）的热量向发动机冷却系统散发的性能，称为火花塞的（　　）。

A. 温度特性　　　B. 热特性　　　C. 自净性能　　　D. 抗爆性

4. 某缸火花塞间隙过小，会造成（　　）。

A. 次级高压过高　　B. 燃烧电压过高　　C. 次级高压过低　　D. 燃烧电压过低

三、名词解释

1. 点火提前角

2. 最佳点火提前角

3. 爆震

4. 火花塞自净温度

四、简答题

1. 冷型火花塞与热型火花塞的区别有哪些？

2. 火花塞的检查项目有哪些？

3. 试说明压电式爆震传感器的检测方法。

4. 试说明电感式爆震传感器的检测方法。

5. 最佳点火提前角的因素有哪些？

项目二　点火系统典型故障的诊断与排除

汽车点火系统是汽油发动机的重要组成部分，其性能的好坏直接影响着发动机能否正常工作。熟悉点火系统的组成和工作原理，掌握其故障检修方法，是从事汽车维修工作的技术人员和工人所必需的。

任务　火花塞缺火的故障诊断与排除

知识目标：
1. 掌握火花塞缺火的故障现象及其原因；
2. 掌握火花塞缺火故障的排除方法。

能力目标：
1. 会使用故障诊断仪；
2. 能分析火花塞缺火的故障原因；
3. 会排除火花塞缺火的故障。

本任务主要学习火花塞缺火的故障现象，并能利用故障诊断仪、万用表等设备排除故障。

电控点火系统可靠性很高，一般不需进行维修。如果汽油机出现怠速抖动厉害、加速无力、尾气汽油味重、不能启动或启动困难等现象，怀疑是电控点火系统出现问题时，可对点火线圈、点火控制器、高压线、火花塞和传感器等逐一进行检查并排除故障，也可利用汽车专用解码器读取故障码，缩小故障范围再进行针对性地检查和排除故障。

一、点火线圈的检修

点火线圈的主要故障有一次或二次绕组断路、短路或搭铁，绝缘破损漏电等。检查和试验方法如下：

1. 外观检查

仔细观察点火线圈的外表，若发现外壳裂损、填充物外溢、接线柱松动、螺纹滑牙、壳体变形、温度过高，应及时更换点火线圈。

点火系统
故障诊断

2. 电阻测量

用万用表测量点火线圈的初级绕组、次级绕组的电阻值，与维修手册列出的数据比较。初级绕组阻值应符合原厂规定值，阻值偏小或偏大，应检查型号是否匹配；电阻为无穷大，说明初级绕组断路；次级绕组阻值也应符合原厂规定值。

3. 绝缘性能检查

点火线圈初、次级绕组与外壳应绝缘，检查时，可用兆欧表检查接线柱与外壳的绝缘电阻。当采用500V兆欧表测量时，阻值不得小于200MΩ。

4. 比较法检验点火线圈的发火强度

点火线圈发火强度采用比较法进行检验时，将需要检验的点火线圈与标准点火线圈分别安装到点火系统内做跳火试验，比较两者火花强度，从而鉴别出点火线圈的性能好坏。

二、点火控制器的检修

点火控制器的检查一般包括对点火控制器的外观检查、输入端的电阻检查、输入端初级电流测量等。

1. 外观检查

仔细检查点火控制器的外表是否存在外壳裂损、接线柱松动、壳体变形、温度过高等故障现象。

2. 点火控制器输入端的电阻检查

用万用表测量点火控制器输入端（如接到传感器的端子等）的电阻值，其输入阻值因控制器电路不同有所差异，检测结果与维修手册列出的数据比较。输入端阻值应符合原厂规定值，检测时若发现阻值过大，应检查各插接件的焊点是否良好；若阻值过小，应仔细检查电路各个部分有无搭铁、元件击穿造成的短路。

3. 点火控制器输入端初级电流测量

在点火控制器输入端初级回路中串入电流表，检查电流值是否在规定范围内。

4. 替换法检查点火控制器

用相同规格的点火控制器替换怀疑有故障的点火控制器，如果故障现象消失，则表明点火控制器已损坏。

三、火花塞的检修

1. 火花塞的表面状态检测

① 正常火花塞：选型正确、使用正常的火花塞，瓷芯表面应洁净，表面有微薄的黄褐色粉末状积炭；电极可能略有烧蚀，如图8-17（a）所示。其余均为火花塞不正常状态，如图8-17所示。

② 火花塞积炭：如果个别缸火花塞积炭，则火花塞间隙可能过小；该缸高压线可能漏电；气门或汽缸间隙可能有泄漏等。如果各缸火花塞均出现积炭，则混合气可能过浓；点火线圈质量欠佳或火花塞选型不当等。

③ 火花塞过热：瓷芯表面呈瓷体原色或淡灰色，中心电极烧蚀严重，甚至有熔化现象，个别瓷芯上还会有小疹泡等。在正常使用情况下，如果多数火花塞出现过热现象，说明所选用的火花塞型号不对，火花塞的热值偏低，应换用高热值火花塞。

④ 火花塞油污：如果火花塞暴露在燃烧室内的表面内有湿润油渣状质硬黑

图8-17 火花塞的表面状态

笔记

色的积炭，说明汽油机有窜油故障，应清洁火花塞、检修汽油机。

⑤ 火花塞漏气：火花塞暴露在燃烧室内的瓷芯，有时会出现碎裂现象，轻者在突出的前端产生小块崩裂，出现缺口，重者会裂成几块脱落。由于瓷芯硬度高，当裂块落入汽缸可能会引起拉缸，因此，火花塞出现瓷体碎裂现象不论轻重均应更换新件。

2. 火花塞间隙的调整

火花塞间隙一般为 0.7～0.9mm，测量时应用钢丝式专用量规，不得使用普通厚薄规，如图 8-18（a）所示。火花塞间隙不符合规定数值时，可用专用工具［图 8-18（b）］弯曲侧电极进行调整。

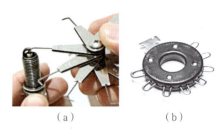

图 8-18　火花塞间隙测量与调整

四、高压线的检测

检查高压线的外表绝缘层是否破损，若破损严重应更换新品。检查高压线是否有折叠，在折叠处有时会折断而使电阻增大使火花变弱。

五、传感器的检测

由于汽油机的电控点火部分具有失效保护功能，因此除曲轴位置传感器、凸轮轴位置传感器之外，其他传感器的故障都不会导致无高压火花故障，而这两传感器的检测在汽油机电控燃油喷射系统已经讲过。

六、汽油机电控点火系统高压无火花的故障诊断流程及故障排除

汽油机电控点火系统的故障原因除了点火线圈、点火控制器、配电器、高压线、火花塞发生故障外，还包括各种传感器及其线路连接异常或微机控制单元异常。

1. 利用汽车专用解码器进行诊断

怀疑是点火系统故障时，应首先利用发动机 ECU 的自诊断功能进行诊断和检查，必要时再进行人工诊断，最后通过人工检查明确故障部位和原因。维修人员利用汽车专用解码器读出故障代码后，查出故障的含义、类别以及故障范围，再进行人工检查，明确故障的具体原因和部位，将故障排除。一般情况下，故障代码只代表了故障类型及大致的范围，不能具体指明故障的全部原因和部位，因此，必须以此为依据进行具体、全面的人工分析和检查，确诊故障，予以排除。

2. 人工诊断

当怀疑电控点火系统有故障或自诊断系统显示点火系统有故障，需要人工诊断时，对于有分电器微机控制点火系统一般从中央高压线的跳火试验开始。从分电器盖上取下中央高压线，使其端部距离汽缸体 6～10mm，转动曲轴，根据中央高压线和汽缸体之间的跳火是否正常，按图 8-19 所示步骤进行检查和维修，图中 IG_f 是点火控制器给 ECU 的点火反馈信号，IG 是点火线圈的控制信号。

对于无分电器点火系统由于高压配电方式和有分电器微机控制点火系统不同，个别汽缸工作不良（或不工作）故障的原因和诊断方法也存在一些差异。如果是火花塞缺火导致的个别汽缸工作不良，主要原因除了火花塞、高压线的故障外，还可能是相应的点火信号控制电路连接不良或点火线圈、点火控制器、微机控制单元的相应部分等发生故障。可以从分缸高压线的跳火情况开始，参照图 8-19 所示进行检查。

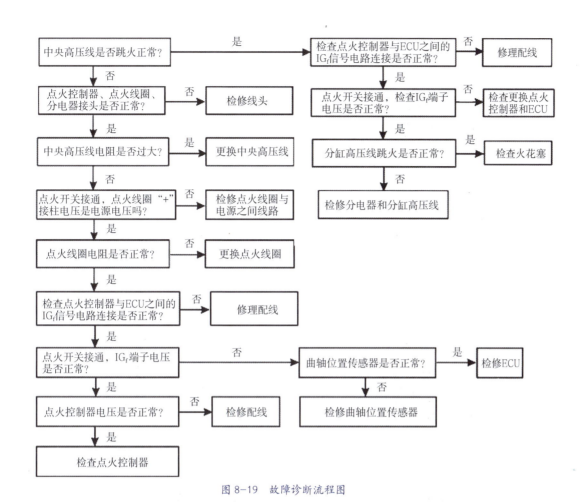

图 8-19 故障诊断流程图

一、任务准备

（1）设备 科鲁兹汽车 1 辆。
（2）工具 常用工具 1 套，解码器 1 台。

二、实施步骤

步骤1 车辆、工具准备	
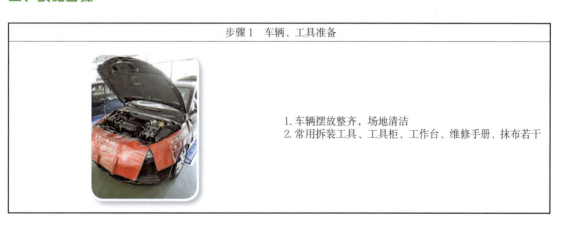	1. 车辆摆放整齐，场地清洁 2. 常用拆装工具、工具柜、工作台、维修手册、抹布若干

点火线圈线路检测与故障排除

续表

步骤2 故障诊断	
 1.打开发动机舱盖，并准备好维修手册	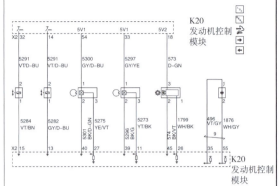 2.查看维修手册，找到点火系电路图
 3.检查蓄电池，确保搭铁正常，蓄电池电压正常	 4.打开点开关，确认车辆通电，看仪表盘有无故障码
 5.盖板背面有对应的保险丝名称还有位置	 6.检测传感器相关保险丝电阻
 7.关闭点火开关，连接故障诊断仪，找到相应车型，读取故障码，清除故障码，再读取有效故障码	 8.根据解码器显示的故障码，对线路进行诊断与排除

一. 填空题

1. 引起火花塞积炭的原因有_____、混合气过浓、_____电极间隙过大等。
2. 微机控制点火系统主要有两种形式：微机控制_____和微机控制无分电器点火系统。
3. ECU通过传感器得到发动机的_____信号，查阅存于其内部存储器中的最佳控制参数获得这一工况。
4. 点火提前角和点火线圈初级电路通电时间，将其转换成_____信号（IG_t）送至ECU。
5. 微机控制点火系统的点火线圈都采用_____式，因为其铁芯是闭合的，磁通全部经过铁芯内部。

二. 选择题

1. 如果车辆经常在地势平坦、路况较佳的地段（如高速公路）行驶，车辆经常处于高速状态，发动机高负荷运转，根据火花塞选型原则应当选用（　　）火花塞。

    A. 热值较低的冷型　　　　　　　　B. 热值较高的冷型
    C. 热值较低的热型　　　　　　　　D. 热值较高的热型

2. 如果车辆经常行驶在地形复杂、路况较差的地段，车辆不得不低速行驶，发动机负荷降低，火花塞达不到自净温度，就可能因油污积炭造成发动机熄火，此种情况下应选用（　　）火花塞。

    A. 低热值　　　　　　　　　　　　B. 高热值
    C. 高热值冷型　　　　　　　　　　D. 低热值热型

3. 使用"有铅汽油"，火花塞的自净温度为450℃；使用无铅汽油，火花塞的自净温度为500～520℃，使用无铅汽油时要求火花塞的下限温度必须提高，此时应选用（　　）火花塞。

    A. 热值较低的冷型　　　　　　　　B. 热值较高的冷型
    C. 热值较低的热型　　　　　　　　D. 热值较高的热型

4. 关于电阻型火花塞，技师甲说："电阻型火花塞在结构上与普通型火花塞没有大的区别，仅仅是将绝缘体内的导体密封剂改为电阻密封剂"；技师乙说："电阻体使火花塞放电时电容放电电流受到抑制，因而降低了向外发射的电磁干扰，同时通过熄灭电容性再发火减少对电极的腐蚀，从而延长了火花塞的使用寿命。" 上述说法正确的是（　　）。

    A. 技师甲正确，技师乙错误　　　　B. 技师甲错误，技师乙正确
    C. 技师甲和技师乙均正确　　　　　D. 技师甲和技师乙均错误

三. 简答题

1. 简述无高压火花的可能原因。
2. 简述曲轴位置传感器故障的排除步骤。

参考文献

[1] 左适够. 汽车发动机构造与维修.4版.北京：人民交通出版社，2020.

[2] 谢伟钢，张伟.汽车发动机构造与维修（配实训任务书）.北京：机械工业出版社，2020.

[3] 李庆军，王月雷.汽车发动机构造与维修.2版.北京：机械工业出版社，2020.

[4] 王会，刘朝红.汽车发动机构造与维修.3版.北京：人民交通出版社，2019.

[5] 朱方新.汽车发动机构造与维修.南京：江苏凤凰教育出版社，2020.

[6] 胡胜.汽车发动机构造与维修.3版.北京：机械工业出版社，2019.

[7] 李强，杨金玉.汽车发动机构造与维修.北京：人民交通出版社，2019.

[8] 刘贵森.汽车发动机构造与维修.2版.北京：中国劳动社会保障出版社，2019.

[9] 高洁.汽车发动机构造与维修.上海：上海交通大学出版社，2015.